Du hast deine Ideen, deinen Gedanken, dein Leben – dein Leben ist ein Märchen, das du selbst schreibst … und wenn du ein Happy End haben möchtest, habe den Mut, die Drachen, Hexen und bösen Geister aus deiner Geschichte zu verscheuchen.

Das langweilige Vorwort

Ich habe eine ganze Weile überlegt, wie ich den Anfang dieses Buches kürzen kann. Da steht eine Menge über mich drin und ich habe wirklich keine Ahnung, ob das nun da rein gehört oder nicht.

Inzwischen glaube ich aber, dass es etlichen so geht wie mir und habe einfach alles so gelassen. Wenn du etwas doof findest, kannst du es ja überspringen.

Mache ich auch manchmal.

Um dich trotzdem neugierig zu machen:

Ich mache mich auf den Weg durch Deutschland. Zu Fuß, ohne Essen und nur mit 20 Euro.

Ich bin 54. Ich habe keinen Orientierungssinn, ich bin kein Camper und meine Angst, draußen in der Dunkelheit, ist riesig. Als ich mich eines Nachts, mit meinem Auto auf einen düsteren Feldweg stelle und endlich den Wagen verlasse, mache ich mir vor Angst fast in die Hose.

Spinnen und Käfer finde ich auch nicht gerade umwerfend, die muss ich echt nicht haben und morgens ungeduscht das Haus zu verlassen, kommt für mich nicht infrage.

Meine Kondition? Na ja, als ich mich das letzte Mal wog, zeigte die Waage 111 Kilo an, danach stellte ich mich einfach nicht mehr drauf. Meine Freundin überredete mich dann noch einmal, weil sie eine ganz neue Digitalwaage hatte, die auch das Fett und alles misst, aber bei mir zeigte das blöde Ding nur *Error* an.

Nach außen bin ich selbstbewusst und mitreißend – nach innen … na ja.

Und im Großen und Ganzen habe ich ziemlich viel Schiss.

Aber ich laufe trotzdem los.

Mit einer Plane statt Zelt und mit Mut statt Geld.

Tag 11

Himmel nochmal! – Wie kann man mit noch weit über hundert bequemen und unsportlichen Kilo Lebendgewicht auf die Idee kommen, einmal der Länge nach durch Deutschland rennen zu wollen? Ich bin schon ein paar Tage unterwegs und man hatte mir doch versichert, dass nach einiger Zeit der Quälerei alles besser wird: Der krumme Rücken, die lahmen Beine und vor allem die blasenübersäten Füße!

Aber nix da – meine Füße entwickeln sich immer mehr zu einer Katastrophe und ich traue mich noch nicht einmal, so richtig rumzuheulen und zu jammern … entweder lacht man mich dann aus oder es heißt: Beiß\` doch endlich mal die Zähne zusammen – du wolltest es doch so. Also entscheide ich mich für letzteres … denn was ich überhaupt nicht hören will, ist: »Höre auf deinen Körper, achte auf die Warnsignale und beende diese Aktion endlich.«

Es ist der 11. Tag meiner »Reise«, es geht mir nicht gut und eigentlich könnte jetzt der Zeitpunkt sein, an dem ich selbst sage: »Es reicht. Das tue ich mir nicht mehr an.« Wozu auch? Es geht nicht mehr, ich habe Schmerzen – den Weg, den ich eigentlich geplant hatte, habe ich schon längst verlassen, die Art und Weise *wie* ich gehen wollte, habe ich nur ansatzweise hinbekommen und überhaupt: Es ist bisher nichts so gekommen, wie ich es geplant oder mir gedacht hatte. Ich schaffe es einfach nicht …

… doch seltsamerweise kommen mir diese Gedanken überhaupt nicht in den Sinn.

Ich bin 54 Jahre alt und bis vor Kurzem hätte ich mich beschrieben mit: humorvoll und bequem, mit einem freundlichen Ohr für alle und immer möglichst nett, um Harmonie besorgt.

Vor nicht allzu langer Zeit lebte ich eingestrickt in einem sicheren Kokon aus Familie, Job und Nachbarschaft in einem netten Örtchen und versuchte Erwartungen zu erfüllen, die gar keiner an mich stellte. Und jetzt befinde ich mich auf einer endlosen Straße, den ganzen Tag schon knallt die Sonne auf mich runter und ich fühle immer wieder, wie kleine Schweißbäche unangenehm an mir herunterlaufen. Auf dem heißen Asphalt kann ich direkt fühlen, wie die Hitze dort unten abprallt und mich auch von unten her einhüllt.

Ich bin mitten in Deutschland.
Und wenn man mich jetzt fragen würde, wo genau ich denn gerade bin, hätte das nicht viel Zweck – ich habe im Moment keine Ahnung, und es interessiert mich auch nicht; ich sehe, dass der Himmel in der Ferne ganz finster wird und habe Sorge, dass ich in ein Unwetter gerate, denn ich habe noch keinen Unterschlupf, in dem ich mich für diese Nacht verkriechen kann.

Begleite mich auf diesem Weg, der so anders wurde als geplant – leide mit mir und lache mit mir, teile meine Freude, meinen Schmerz und meine Hoffnung. Bekämpfe mit mir meine Ängste.

Vielleicht bin ich sogar manchmal ein Stück deines Weges gegangen.

Deine Sabine

Wenn du wissen willst,
wer du sein wirst,
dann schau was du tust.

Buddha

Wie ich meine *Zentimeter* fand und damit alles anfing

Kennst du das?

Dieses grummelnde Gefühl, dass du irgendwie in deinem Leben feststeckst.

Ich meine nicht so etwas Gravierendes wie eine Depression, sondern eher so ein kleines blödes unvollständiges Gefühl – als ob etwas fehlen würde, als ob irgendetwas nicht richtig wäre.

Dieses Gefühl, das man auch bei einem Puzzle hat: Man versucht immer wieder ganz sanft, ein Puzzleteil in eine bestimmte Stelle eines Bildes zu drücken – und dann passt es einfach nicht! Es sieht so aus, als ob es hinhau´n würde; die Farbe stimmt, die Form stimmt und es geht auch fast rein … aber es passt einfach nicht!? Man guckt über das Puzzle, betrachtet alles ganz genau und denkt: Das gibt`s doch nicht – wieso geht das denn da nicht rein?

Dieses blöde Gefühl meine ich. So: Ein bisschen unvollständig und du weißt nicht wieso.

Nicht, dass du ständig darüber nachdenkst, dauernd frustriert bist oder miese Laune hast – nein, eher dieses winzige, manchmal kaum wahrnehmbare und doch laut klopfende Gefühl, das hin und wieder fragt: »Hallo? Bleibt das jetzt alles so? Oder kommt da noch was?«

Im Normalfall überhörst du diese kleinen Worte – du hast gar keine Zeit und wahrscheinlich auch gar keine Lust, darüber nachzudenken und wenn – was bringt das schon?

Du lebst einfach dein Leben mit deinen Leuten und deinem Job und allem was eben gerade so anliegt. Meistens läuft alles rund und so vor sich hin und du bist echt zufrieden. Manchmal läuft es auch blöd, dann hast du Stress mit dem Partner oder die Kiddis nerven irgendwie; kann auch sein, dass der Chef oder die Kollegen gerade mal wieder spinnen – aber deshalb gleich alles umkrempeln, anders machen oder etwas ändern ?

Und wenn – was?

Darüber nachzudenken ist ja eh meistens sinnlos – da macht man sich nur `nen Kopf und kann letztendlich doch nix machen.

Dann passt dieses blöde Puzzleteil eben nicht richtig – man kann`s ja reinpressen oder einfach nur so schön oben drauf legen – Farbe und Form stimmen ja. Das sieht man gar nicht; nur: wenn eins nicht richtig liegt, passen ein paar andere wahrscheinlich auch nicht so ganz – das ist ja wie eine Kettenreaktion.

»Ach, macht doch nix. Wenn alles fertig ist, fällt das doch gar nicht mehr auf.«

Wir hatten früher einen tollen Spruch für so unfertige Sachen wie z.B. ein fehlendes Stückchen Fußleiste oder eine kleine Macke im Holztisch: »Das guckt mit der Zeit sich weg. Da guckt man nachher gar nicht mehr hin.«

Ja, das guckt sich weg und du achtest immer weniger darauf; es stört dich nicht so sehr und du gewöhnst dich daran – und es kann durchaus sein, dass die Dinge bleiben wie sie sind, weil`s ja auch gar nicht so schlimm ist.

Aber was ist, wenn du – aus irgendeinem Grund – plötzlich ganz genau hinschaust, und auch nicht mehr wegsehen kannst? Wenn du merkst, hier stimmt etwas ganz und gar nicht? Wenn eine Sehnsucht an dir herumzerrt, der du keinen Namen geben kannst?

Genau das ist mir passiert.

Mein Leben verlief normal, mit Höhen und Tiefen, wie man das so schön bezeichnet – wie bei so vielen eben. Wenn ich mir mal Gedanken über meine Zukunft machte – na ja, da war der Wunsch nach einem abbezahlten Haus, und dass eigentlich alles so bleibt, wie es ist … also keine schweren Krankheiten, die Kinder vernünftig großgezogen, und dass man sich das eine oder andere kleine Extra leisten kann.

Natürlich dachte ich schon mal darüber nach, was man vielleicht anders machen könnte und was wohl wäre, wenn endlich der ganz große Gewinn ins Haus flattern würde. Ich war nicht unglücklich, mein Leben verlief einfach normal.

Vor ein paar Jahren war meine Ehe nach 25-jähriger Laufzeit zwar zu Ende, doch war das kein Streitende, sondern einfach eine gemeinsame Entscheidung, die wir getroffen haben, als wir merkten, dass es ist nicht mehr so ist, wie wir es gerne hätten. Das war schon mal eine Leistung, für die uns viele bewundert haben. Seit Jahren mache ich einen guten Job in meiner kleinen Selbstständigkeit – ich verkaufe auf Homepartys und Messen Magnetschmuck, so wie man es von den Tuppertanten kennt, und meine Aufgabe als Trainerin für Neueinsteiger und Alte Hasen macht mir wirklich Spaß.

Die letzten 30 Jahre meines Lebens habe ich damit verbracht, möglichst bequem durchs Leben zu kommen – Arbeit, Familie und Sofa, unregelmäßiges und nicht immer besonders gesundes Essen, viele Jahre rauchen, eine große Portion Faulheit und Bequemlichkeit und natürlich Unsport. Ich war zwar mit schon fast 120 kg viel zu …

hm …äh … na ja … wie sagt man so schön – moppelig? Aber ich war trotzdem kerngesund und mir ging es gut. Mit über 50 keine Diabetes und keinen Bluthochdruck, trotz des Gewichtes, das war doch schon mal was.

Meine Knochen? Ich würde mal sagen, das Übliche – ein bisschen Rücken, ein bisschen Knie – das haben schon 30-Jährige und ich hatte meine Wehwehchen ganz gut im Griff.

In meiner Familie gab es keine Streitigkeiten, was ja auch nicht immer so ist, und ich genoss bei Nachbarn, Freunden und Kollegen ein gutes Ansehen.

Also – ich war nicht wirklich unzufrieden und doch spürte ich, dass sich ein richtiges, aus tiefstem Herzen Glücklich-sein-Gefühl wohl ein wenig anders anfühlen müsste.

Aber was sollte ich machen? Das Leben ist wie es ist und – Mein Gott! – ich konnte doch nun wirklich zufrieden sein!

War ich ja auch. Irgendwie.

Und wenn ich wirklich mal darüber redete, irgendetwas anders zu machen – ich wusste ja noch nicht mal, was das sein sollte – dann kamen so Antworten wie: »Was willst du eigentlich – du hast einen tollen Mann, hättest es echt schlechter treffen können. Es gibt doch immer mal Probleme, das ist ja wohl normal.« Oder gerne auch: »Sooo ein schönes Haus, so nett eingerichtet, Mensch, du hast es doch wirklich gut.«

Und dann der erhobene Zeigefinger. »Andere haben nicht so ein Glück wie du.«

Wenn dann noch kommt: »Sei doch mal froh – du bist gesund, du hast alles was du brauchst – was willst du eigentlich?«

Dann war das der Zeitpunkt, an dem ich spätestens dachte: »Ja, ihr habt ja recht – eigentlich.«

Aber irgendetwas stimmte ganz einfach nicht.

Mit all diesem kleinen wirren Gedankenkrempel, der sich irgendwo in einer winzigen Ecke in meinem Hinterstübchen versteckte, landete ich auf einem Vortrag von Antony Fedrigotti. Es war auf einer dieser Veranstaltungen meiner Firma – ich wollte Leute treffen, plaudern, Neuigkeiten austauschen und am Ende Party machen – doch zuvor gab es eine nette plausible und humorvolle Präsentation über die Erfolgsgesetze, die mir auch wirklich gut gefiel. Motivation kann man immer gebrauchen und dieser Mann machte das wirklich gut.

Doch dann kam das Zentimetermaß des Lebens ins Spiel.

Für jeden Teilnehmer gab es ein Zentimetermaß aus Papier, das

100 Zentimeter maß.

Antony sagte: "Schau dir dieses Maß genau an. Es symbolisiert dein Leben.

Ein Zentimeter entspricht genau einem Jahr deines Lebens."

Ich schaute auf meinen Streifen Papier und wusste noch nicht so richtig, was ich davon halten sollte. Dann sprach Antony weiter: "Wir haben jetzt leider das Problem, dass wir alle nicht bei null anfangen. Jeder von uns hat ja schon einige Jahre hinter sich, also müssen wir diese auch auf unserem Zentimetermaß entfernen. Reiß einfach so viele Zentimeter vorne ab, wie es deinem Alter entspricht."

Ich riss also die ersten 51 Zentimeter ab.

Ich schaute auf meinen Streifen Papier, der sich innerhalb einer Sekunde mehr als halbiert hatte und war ein bisschen geschockt. »Ach du Schreck! Das wird ja richtig kurz!«

Ich meine – klar weiß ich, wie alt ich bin. Jeder weiß, wie alt er ist. Üblicherweise wird der Übergang von einem Jahr zum nächsten ja auch noch richtig gefeiert. Und das nicht mit: Hurra – wieder ein Jahr weg!, sondern es wird gefeiert, dass man überhaupt geboren wurde, dass man noch da ist und hoffentlich auch noch sehr lange – und das bei guter Gesundheit. Außerdem gibt`s Geschenke und man kann vielleicht sogar mal ordentlich die Sau rauslassen.

Mein Alter war nie ein Problem für mich. Man altert und fertig. Der Kreislauf des Lebens war mir hinlänglich bekannt, über dessen Ende wurde natürlich geschwiegen. Sich Gedanken darüber zu machen, machte ja nun wirklich reichlich wenig Sinn. Ich hielt es wie die meisten von uns: Augen zu und durch, das Ende kommt noch früh genug.

Dennoch – meinen Streifen Papier fand ich … zu kurz. Wie durch Watte hörte ich Antony weiterreden: »Wir haben jetzt aber noch ein Problem.«

Ich dachte: »Waaas? Noch ein Problem? Lieber Mann – ich habe gerade ein Riesenproblem und ich kann jetzt echt nicht noch eins davon gebrauchen! Ich muss das hier gerade mal verdauen!«

Doch meine Gedanken verhallten ungehört und Antonys Worte drangen an mein Ohr: »Da man im Normalfall keine 100 wird, sondern die Frau laut Statistik 83 Jahre und der Mann 79, reißt du jetzt hinten die entsprechenden Jahre auch noch ab.«

Am anderen Ende meines Zentimetermaßes gingen bei mir also nochmal siebzehn Zentimeter flöten.

Da blieben dann noch zweiunddreißig Zentimeter übrig. Und in drei Monaten wurde ich zweiundfünfzig.

Ich konnte zunächst nur auf diesen Schnipsel in meinen Händen starren und gar nicht mehr denken. Mir war, als steckte ich kopfüber in einem Eimer voll Kleister.

Weißt du wie kurz zweiunddreißig Zentimeter sind?

Der Schock, mein kleines Stückchen Leben so in der Hand zu halten, ging wirklich ziemlich tief. Dieses Papier begann, mich nervös zu machen, mein Herz klopfte lauter als gewöhnlich und in meinem Bauch grummelte es. Antony redete noch eine Weile weiter, über das Leben, über die Zeit und was wir denn mit unserer, dieser Lebenszeit eigentlich anfangen würden.

Ich aber steckte den Streifen Papier in meine Tasche, lehnte mich auf meinem Stuhl wieder zurück und hing vollkommen meinen eigenen Gedanken nach: noch zweiunddreißig Zentimeter.

Noch zweiunddreißig mal Weihnachten feiern, noch zweiunddreißig mal den Geburtstag zelebrieren – wenn denn die Statistik auf mich zutrifft.

»Mensch, an so einem Jahr ist aber auch nix mehr dran«, diese Worte gingen mir durch den Kopf. Diese Worte, die wir uns immer mal wieder gedankenlos einfach zuwerfen.

Nicht, dass ich jetzt plötzlich Angst bekam – nein, das war es nicht, was mich so verwirrte, nachdenklich machte und beschäftigte.

Mich hatte eine ganz einfache Frage überfallen: »Was fange ich mit meinen restlichen zweiunddreißig Zentimetern an?«

Diese restlichen verbliebenen Zentimeter gingen mir fortan nicht mehr aus dem Kopf – sie begleiteten und beschäftigten mich fast jeden Tag und oft dachte ich: »Himmel, schon wieder was weg.«

Und so begann ich mich zu fragen, wo denn alle meine Träume abgeblieben waren, die ich doch mal hatte.

Mensch, als ich jung war, da war die Welt noch spannend!

Da lag sie wie ein riesengroßer knallbunter Regenbogen vor mir und ich hatte die Wahl der Farben. Ich war sehr gespannt auf diese Welt und ich hatte den Wunsch, sie zu bereisen – überall wollte ich hin; am liebsten mal eine Expedition machen! Auf dem Meer fahren, Berge besteigen, wilde Tiere sehen und all diesen Menschen begegnen!

Und ich wollte Menschen helfen – ich fand, dass es auf diesem Planeten einfach viel zu ungerecht zugeht und das musste ich doch ändern! Ich weiß noch, ich war ungefähr 8 Jahre alt und ich machte mir immer wieder Gedanken darüber, wie man denn den Kindern in Afrika, die mit diesen aufgeblähten hungrigen Bäuchen, helfen könnte und dann hatte ich auch eine supertolle Idee …

Für mich war es damals faszinierend, dass man Essen so einfach in der Dose kaufen konnte und meine Mutter hatte mir erklärt, wie das da rein kommt und dass dieses Essen ewig lange hält. Solche Dosen wollte ich sammeln! Ich sah ja, dass bei uns immer ein paar im Vorratsregal standen und ich dachte: »Wenn man da eine oder zwei wegnimmt, macht das doch nix.«

Ich erzählte meiner Mutter von meinem Plan: »Ich frage überall herum, in all den Straßen in unserer Nachbarschaft – die geben mir ganz bestimmt alle ein paar Dosen! Und dann packen wir ein ganzes Flugzeug bis unter die Decke damit voll und fliegen damit nach Afrika!«

Ich freute mich, ich war aufgeregt, ich hatte einen Plan!

Und dann erklärte mir meine Mutter, dass das nicht so einfach geht: »Woher bekommst du ein Flugzeug? Damit darfst du auch nicht einfach über alle Grenzen fliegen – die gibt es nämlich auch in der Luft! – und überhaupt: Wie viele Dosenöffner willst du eigentlich mitschicken und wo kriegst du die her?«

Mein Traum zerplatzte wegen eines Dosenöffners.

Oder ich stellte mir vor, ein Star zu sein – ich wollte berühmt werden!

Da ich damals schon so schön singen konnte wie eine Krähe, fiel der Schlagerstar leider schon mal aus. Obwohl ich doch so ein Fan von Heintje war und ich mir ausmalte, wie er sich dann in mich verliebt und wir heiraten würden! Meine Freundin wollte ihn allerdings auch heiraten und das war ein riesengroßes Problem für mich, denn sie hatte lange blonde Haare und ich nur eine große doofe Brille!

Aber eine berühmte Schauspielerin konnte ich doch werden! So wie Pippi Langstrumpf, die vor gar nix Angst hatte und immer Abenteuer erlebte, oder doch besser wie Nscho-tschi, die so wild und frei mit ihrem Bruder Winnetou um die Wette reiten konnte. Danach waren dann eher Rollen wie von Romy Schneider in Sissy mein Favorit und später noch liebte ich die Geschichten von Dürrenmatt und stellte mir vor, wie wunderbar ich die Claire Zachanassian aus *Der Besuch der alten Dame* spielen würde.

Oder tanzen wollte ich, wie in den alten Filmen mit Fred Astaire und Ginger Rogers oder ganz viele Sprachen lernen oder Schriftsteller werden oder Altertumsforscher oder Kapitän …

Ich habe nichts davon gemacht. Aber auch gar nichts.

Habe ich gedacht, das geht nicht? Habe ich gedacht, das kommt schon irgendwie von alleine? Dachte ich, ich kann das sowieso nicht?

Habe ich denn überhaupt mal an meine Träume gedacht? Und wann eigentlich zuletzt?

Es vergingen Monate nach diesem denkwürdigen Seminar. Der Alltag holte meine Gedanken langsam wieder ein und aus dem »Ach, man müsste eigentlich mal irgendwas machen« wurde wieder für lange Zeit – gar nichts.

Das Merkwürdige mit uns Menschen ist ja wirklich die Macht der Gewohnheit. Es war unfassbar: Ich hatte mit dem Zentimetermaß so einen fürchterlichen Tritt in die Seite bekommen, war tagelang neben der Spur und dann machte ich einfach in meinem Trott weiter!

Jean Cocteau, ein französischer Schriftsteller, sagte einmal: »Die Menschen vegetieren in den Ruinen ihrer Gewohnheiten.«

Was für ein schrecklicher Satz!

Und doch leider so wahr.

Wir machen einfach immer so weiter wie bisher, egal wie es uns dabei geht. Nur nichts verändern – es könnte ja noch schlechter werden, als es gerade ist.

Veränderungen sind meist schwierig, oft umständlich, machen Angst, lassen zweifeln und die täglichen Verpflichtungen müssen ja auch noch irgendwie erfüllt werden. Dazu kommt das eigene Umfeld, das manche von diesen Veränderungen vielleicht sogar mittragen müsste, und wenn man sich nicht sicher ist, ob es dann wirklich besser wird, möchte man auch niemandem wehtun. Oder aber man hat Angst, sich ständig rechtfertigen zu müssen.

Ich selbst hatte schon mit erschrecktem Erstaunen festgestellt, dass mir Veränderungen furchtbar schwer fallen. Als mein Mann und ich vor Jahren endlich entschieden hatten, getrennte Wege zu gehen, konnte ich mich damals nicht so ohne weiteres aus meiner gewohnten Umgebung lösen und blieb noch lange Zeit in unserem gemeinsamen Haus wohnen. Ich zog einfach in eines der leerstehenden Kinderzimmer und folgte weiterhin meinem alltäglichen Trott. Erst anderthalb Jahre später konnte ich mich wirklich aufraffen und mir eine eigene Wohnung suchen. Um mich selbst endlich aus meiner Lethargie zu reißen und einen wirklichen Neuanfang zu starten, suchte ich mir meine neue Bleibe nicht an meinem bisherigen Wohnort, sondern zog mit nur ganz wenigen persönlichen Sachen in ein entfernteres Städtchen.

Meine Suche nach einer großen Altbauwohnung mit riesigem Garten war schnell von Erfolg gekrönt und mit Feuereifer machte ich mich erst an das lange Renovieren der heruntergekommen, aber dennoch sehr charmanten Behausung und an das liebevolle Einrichten von über hundert Quadratmetern, die nur für mich alleine waren. Ich wollte unbedingt ein separates Büro und ein Gästezimmer mein Eigen nennen – und genau das hatte ich auch bekommen.

Ich stellte mir vor, wie ich Gäste bewirte, vielleicht sogar Schulungen in meinen neuen Räumen abhalte und es ein lustiges Rein und Raus in meiner großen, schönen Wohnung geben würde. Es machte mir riesigen Spaß, immer wieder loszufahren, auf der Suche nach Möbeln, Gebrauchsgegenständen und Dekorationen, die ich nach meinen Vorlieben und Geschmack aussuchte. Wochenlang verschwand ich in einem regelrechten Kaufrausch. Alles, aber auch alles, jedes kleinste Detail stöberte ich in den Geschäften und auf Flohmärkten auf und schleppte es in mein neues Zuhause. Dort dekorierte ich, stellte laufend um und füllte allmählich Schränke und Regale.

Es war nicht überladen, doch eine so große Wohnung braucht schon einiges, um die Leere die dort wohnt, zu verscheuchen.

Doch mit der Zeit fiel mir auf, dass ich mich dennoch in meiner neuen Bleibe fremd fühlte. Wie ein Gast in der eigenen Wohnung.

Alles was ich in die Hand nahm war neu und ungewohnt und wenn ich nach Hause kam, fehlte der Geruch nach Menschlichkeit und Wärme. Es roch stattdessen nach Tapeten, Farbe und neuen Möbeln. Es roch noch nicht einmal nach mir.

Die Gäste, die ich hatte bewirten wollen, blieben aus und ich kümmerte mich auch nicht sonderlich darum. Einige Male startete ich zwar noch ein paar hilflose Versuche, vermeintliche Freunde zu mir einzuladen, doch mein Herz war scheinbar schon nicht mehr dabei. Und von alleine kamen diese Freunde nicht.

Es war wie verhext – ich wurde einsam, konnte mich aber dennoch nicht auf andere Menschen einlassen. So verbrachte ich drei Jahre in meiner selbstgewählten Isolation. Es wäre ja ein leichtes gewesen, mein Alleinsein zu beenden, das mich unendlich bedrückte und traurig machte – doch mir wurde immer bewusster, dass es nicht die Einsamkeit allein war, die mir so zu schaffen machte.

Irgendetwas stimmte nicht und ich wusste nicht, was das sein sollte. Nach etlichen Monaten des Wieder-in-den-Trott-fallens nahm die Unruhe in mir, die mich nach diesem denkwürdigen Seminar mit Antony Fedrigotti überkommen hatte, wieder massiv zu. Ich fing an, schlechter zu schlafen – das war mir ganz neu. Auch lesen konnte ich nicht mehr so konzentriert; ich bekam kein Buch mehr zu Ende. Filme wollte ich nicht mehr sehen, für die wenigen Freunde, die ich noch hatte, nahm ich mir immer weniger Zeit und ich fing stattdessen an, draußen herumzurennen, ziellos, planlos.

Immer öfter dachte ich über meine Zukunft nach und die alten Fragen tauchten wieder auf: »Sollte alles so bleiben, wie es ist? War alles so, wie ich es für den Rest meines Lebens haben wollte? Was würde ich aufgeben wollen und was sollte so bleiben? Was, zum Teufel, stimmte nicht und was wollte ich eigentlich?«

So richtig reden konnte ich darüber auch nicht, weil ich noch nicht einmal wusste, was ich hätte sagen sollen – und wenn ich wirklich mal etwas sagte, war die lapidare Antwort: »Du bist in den Wechseljahren.«

Irgendwann fiel mir mein Schnipsel Leben wieder ein. Dieser Streifen Papier, der mein Leben symbolisierte – wo hatte ich den bloß hingetan?

Ich kramte in meinen Schubladen herum und fand meine 32 cm wieder – die jetzt nur noch 30 cm waren.

Einfach mal ausbrechen, Neues probieren, Abenteuer erleben, alles abschütteln – aber das ging doch nicht; man konnte doch nicht einfach … der Job, die Routine, das tägliche Allerlei und überhaupt – was für absurde Gedanken.

Was sollte man schon großartig tun?

Was konnte *ich* tun?

Und was sollen denn die Leute denken, wenn ich einfach alles über den Haufen werfe?

Und will ich das überhaupt?

Ich habe mal gelesen: *Finde deine besonderen Fähigkeiten und dann lebe sie. Dann bist du glücklich und zufrieden bis an dein Lebensende.*

Na, das haben bestimmt wieder so Neunmalkluge von sich gegeben! Was für besondere Fähigkeiten hatte ich denn schon? Keine, soweit ich wusste. Und jetzt nochmal etwas Neues anfangen? Mann, ich bin 53, da ist der Zug abgefahren. Da fängt man nicht einfach so etwas Neues an. Außerdem liebte ich meinen Job. Ich liebte es, meinen Kunden etwas Gutes zu tun, ich liebte meine

Abende, die ich mit ihnen verbrachte, wenn sie mir ihre Geschichten erzählten und über ihre Erfahrungen mit meinem Magnetschmuck berichteten. Dennoch – ich konnte nicht anders – ich hätte am liebsten meine Lebensgeschichte neu geschrieben oder wenigstens den Rest davon. Aber ich hatte keine Idee, wie ich das bewerkstelligen sollte.

Dann, im Juni 2013 lernte ich auf einer unserer Firmenveranstaltungen Joey Kelly, bekannt aus der Kelly-Family und heute einer der Extremsportler in Deutschland, kennen – und diese Begegnung sollte noch so einiges in meinem Leben verändern …

Am Ende dieses Tages bekam ich von ihm ein Buch, in dem er seinen wahnsinnigen Deutschlandlauf beschreibt: *Hysterie des Körpers*. Ich hätte mir dieses Buch niemals gekauft (Sorry, Joey!), denn Laufen war nicht mein Ding und unter extremen Bedingungen schon gar nicht. Ich hätte mir noch nicht einmal ein normales Wanderbuch gekauft oder eines über Radtouren oder Ähnlichem. Bewegung war ja nicht so meins. Ich gehöre eher der bequemen Fraktion an, diejenigen, die landläufig als Couchpotatoe bezeichnet werden.

Als ich in dem Buch zu lesen begann, dachte ich: »Na ja, wer`s braucht, der rennt halt durch Deutschland. Muss man ja auch Zeit für so etwas haben. Und überhaupt – so viel Langeweile hätte ich gar nicht …«

Ein paar Seiten weiter: »Das ist unmöglich zu schaffen – so etwas funktioniert doch nicht! Wie kann man denn so viele Kilometer einfach so ablaufen? Und dann noch ohne Geld und ohne Nahrung! Der Mann ist ja völlig durchgeknallt!«

Wieder einige Seiten später: »Wie kann man so extreme Strapazen aushalten? Wie kommt man auf die Idee, so etwas zu machen? Und wozu ist das gut?«

Und dann, weitere 20 Seiten später, aus dem absoluten Nichts, formte sich urplötzlich ein Gedanke in meinem überstrapazierten Hirn: »Das mache ich auch!«

Diese Idee, so richtig unmöglich und absurd, setzte sich sofort irgendwo in meinem kleinen Oberstübchen fest. So richtig fest. Sie hakte sich in meine Gehirnwindungen, machte sich breit und brachte meine Haut zum Prickeln. Ich war von jetzt auf gleich komplett von der Rolle.

Ja, ich war wortwörtlich aus der Fassung geraten … mit einem einzigen Gedanken hatte ich begonnen, mich aus dieser Schablone zu lösen, in der ich es mir vor Jahren so bequem gemacht hatte.

Ein Gedanke nur, eine einzige kleine Idee.

Später bin ich immer wieder gefragt worden, woher denn diese verrückte Idee kam und ich habe bis heute keine Antwort darauf. Wo kommen Ideen her? Da muss doch das Unterbewusstsein mit im Spiel sein – vor dir selbst geheime Wünsche und Träume, die sich mit Macht auf einmal ihren Weg bahnen und du stehst selbst staunend davor und weißt nicht, was du davon halten sollst. So erging es mir.

Ich bin noch nie weite Strecken gelaufen – früher mal gejoggt ja; du meine Güte – das ist 30 Jahre her! – aber heute? Ohne Auto geht gar nichts. Nicht mal zur Post. Und die ist in diesem kleinen Ort noch nicht mal so weit …

Ich weiß nicht woher diese Idee kam.

Doch jetzt wollte ich laufen – es Joey Kelly nachmachen … komplett verrückt!

Bei all dem Gedanken-Wirrwarr, der mir an diesem Tag noch durch den Kopf schoss, war mir eines lustigerweise sofort klar: dass ich nicht auch noch klettern könnte wie Joey. Er ist am Ende seiner (Tor)tour tatsächlich noch auf die Zugspitze gekrabbelt!

Na, dann würde ich dafür eben weiter laufen. Genau. Einmal komplett durch Deutschland durch. Von einem Ende zum anderen. Ohne Nahrung und ohne Geld …

Du lieber Himmel! Ist es überhaupt möglich für jemanden wie mich, so etwas durchzuführen? Untrainiert, dick und völlig planlos?

Als mir durch Joey Kellys Buch die Idee kam, glaubt ja nicht, dass ich da gleich »Hurra« geschrien hätte … weit gefehlt! … die ersten zwei oder drei Wochen bin ich wie verrückt durch meine Bude getigert, habe mich immer wieder vor den Spiegel gestellt: »Schau dich doch an! Wie willst du das denn nur im Entferntesten hinkriegen? Ha! Blödsinn! Du läufst nie, du gehst nie, du fährst noch nicht mal mit dem Rad! Wie soll das denn überhaupt funktionieren? Du hast doch gar keine Ahnung. Von gar nix hast du auch nur den blassesten Schimmer. Selbst in den bekanntesten Gegenden bringst du es noch fertig, dich zu verlaufen oder zu verfahren. Du hast Angst im Dunkeln. Du magst keine Spinnen, Käfer oder irgendwelche anderen Krabbeltiere. Was willst du denn da draußen essen, ohne dich gleich zu vergiften? Und überhaupt – macht dein behäbiger Körper das alles überhaupt mit? Du klappst doch bei der ersten größeren Strapaze gleich zusammen!«

Doch eine kleine Stimme in meinem Kopf antwortete immer unverdrossen: »Na und?«

Egal, mit welchen Argumenten ich mir kam – es nutzte nichts, dieser absurde Gedanke ließ sich einfach nicht mehr abschütteln. Er begleitete mich immer und überall, brachte mich tagsüber um meine Konzentration und schlich sich des Nachts in meine Träume.

Irgendwann musste ich einfach anfangen, darüber nachzudenken, wie ich das alles vielleicht doch bewerkstelligen könnte. Mit all meinen Ängsten, die sich sofort eingestellt hatten, und mit all meinen Sorgen, die ich mir sofort machte. Meine letzte Hürde, die ich mir baute, war Joey Kelly selbst: Ich wusste, dass ich eine winzig kleine Chance hatte, ihn im September 2013, auf einer großen Firmenveranstaltung, in Berlin zu treffen und ich wollte ihn fragen, was er von meiner Idee hält – ob er mir wenigstens eine Nanomöglichkeit einräumt, diese in die Tat umzusetzen und auch zu schaffen … wenn er denn überhaupt mit mir reden würde …

Tja, und wie es dann so geht: Auf dieser Feier rannte er mich in einer Pause fast um, ich packte die günstige Gelegenheit beim Schopfe und Joey Kelly am Ärmel und fragte mit heftig klopfendem Herzen ungefähr so: »Joey, ganz schnell mal eben, bitte, ich habe dein Buch gelesen und ich will das auch machen, vielleicht nicht ganz so streng, aber auch durch Deutschland, nicht so wie du, von Wilhelmshafen, ich kann auch gar nicht klettern, eigentlich kann ich gar nichts, aber ich gehe dann weiter, vielleicht bis nach Flensburg und guck` mal wie ich aussehe und ich glaube, essen muss ich auch etwas – aber ohne Geld.«

Dass dieser Mann überhaupt verstanden hat, was ich von ihm wollte, ist schon erstaunlich!

Sein Gesichtsausdruck wechselte von kurzzeitigem augenaufgerissenem Erstaunen zu stirngerunzelter Konzentration und seine Antwort war: »Nicht in 18 Tagen so wie ich, und du musst dein Überleben sichern.« Zu mehr hatte er kaum Zeit, jemand zog an seinem Arm und ein anderer rief seinen Namen, aber er sagte noch etwas: »Du musst es wollen.« Dann war er weg.

Und mir war, während ich meine Frage an Joey Kelly heraussprudelte, klar geworden: Egal, was er antwortet – ich mache es sowieso. Dass er kein klares *Nein* von sich gegeben hatte, machte mich dennoch ganz glücklich. Er traute es mir vielleicht zu – und es kam jetzt nur auf mich an:

Wenn du etwas willst, kriegst du es auch hin. Egal wie.

Aller Anfang ist schwer

Ich fasse also den Entschluss, meine Idee in die Tat umzusetzen.

Und ich habe wirklich absolut keine Ahnung, an was man da alles so denken muss – ich weiß noch nicht einmal, womit ich anfangen soll. Die ersten Tage passiert zunächst … nix.

Ich bin wie gelähmt von meinem eigenen Vorhaben. Ich weiß nicht, was auf mich zukommt, ich weiß nicht, wie man so etwas plant, ich weiß nicht, ob und mit wem ich darüber reden soll – und so bleibt ein einziges großes Durcheinander in meinem Kopf.

Ich will auch mit niemandem darüber reden; was hätte ich auch sagen sollen?

So etwas wie: »Du, hör mal, ich will durch ganz Deutschland laufen, einmal lang durch, ohne Essen und ohne Geld – so wie der olle Joey - kannst du mir mal bei der Planung behilflich sein?«

Hallo! Wenn *ich* die Idee schon irgendwie sehr seltsam finde … was sollen dann erst die anderen sagen!?

Ich mache mich doch nicht zum Affen. Also behalte ich alles schön für mich.

Ich habe Angst vor meiner eigenen Courage. Ich habe Angst, mich lächerlich zu machen. Ich habe Angst vor Fragen, Sprüchen und Blicken ... also sage ich nichts und bleibe in meinem Kopf alleine ...

Einige Tage später krame ich in meinem so genannten Bügelzimmer herum – ein Zimmer, in dem nicht nur die Bügelwäsche geparkt ist. Habt ihr auch so ein Zimmer, in dem man alles so schön aufbewahren kann? Also, da krame ich herum und finde eine große zusammengerollte Deutschlandkarte. Wusste ich doch, dass ich die einmal gebrauchen kann! Gab es mal für 2 Euro im Schnäppchenmarkt.

So – die kommt mit Stecknadeln an die Wand und dann gehe ich anhand von Joeys Buch seine Route durch und zeichne diese auf der Karte ein. Jedenfalls fange ich im Süden damit an, versuche seinen Orten zu folgen und stelle ungefähr bei Würzburg fest, dass das so nicht geht. Ich brauche eine andere Karte. Oder andere Orte. Ich brauche eine Karte, auf der alle seine Orte drauf sind – aber das sind so kleine Pupsnester, die er da beschreibt – so eine große Karte gibt`s ja gar nicht. Und überhaupt: Was nützt es mir, wenn ich weiß wo *er* lang gelaufen ist? Davon weiß ich immer noch nicht wo *ich* lang muss.

Himmel! Aber Gott sei Dank, gibt es ja Google Maps. Also – Klimperkiste an, auf Google Maps gegangen und … wo gehe ich eigentlich los?

Wisst ihr, was mir allerdings von vornherein klar war? Dass ich im Süden anfangen muss.

Meine Mutter hat immer gesagt: »Kind, fange immer mit dem Schwierigsten an.«

Und da mir mein kleiner gesunder Menschenverstand sagte, dass ich, wenn ich vom Norden komme, immer und stetig hügelan Richtung Berge laufen müsste, war das meine allererste Entscheidung: Ich starte im Süden. Dann kann ich immer schön bergab gehen.

Ich sehe mir also stundenlang die Karte auf Google Maps an und stelle wieder fest: So wird das nix!

Ich scrolle hin und her, bei jeder möglichen Route schaue ich mir auch die Topografie mit allen Höhen und Tiefen an und dann scrolle und zoome ich, um wieder einen Überblick zu bekommen – das dauert ja ewig! Und meine Augen machen da nicht mit.

Ich brauche einfach eine andere Karte!

Eine auf der zwar viele kleinere Orte sind, die aber dennoch nur aus einer Seite besteht. Und mir wird klar, dass das so nicht funktionieren kann, denn so eine Karte gibt es nicht.

Wenn ich alles haben will, kleine Straßen, kleine Orte – dann muss ich einen Atlas nehmen; ich kann aber nicht mit einem ganzen Atlas durch die Gegend rennen. Und auch nicht mit einem riesigen Stapel Wanderkarten. Sogar mir ist klar, dass das alles viel zu schwer und zu umfangreich ist.

Und nun?

Okay, dann fange ich erst mal mit etwas anderem an: Ich beginne zu überlegen, wann denn der beste Zeitpunkt für mein Abenteuer wäre und dazu muss ich wissen, wie lange ich unterwegs bin. Also rechnen wir mal: 5 Kilometer pro Stunde – mal 10 – macht 50 Kilometer am Tag … Hahaha … ich kann wahrscheinlich noch nicht mal drei oder vier Stunden durchhalten – und dann noch Gepäck, Hitze, Wind und fehlende Nahrung … hmmm … Wassersuche, Lager bauen, Feuer machen … Heiliger Bimbam! Also nochmal: 5 km x 4 Std. ergeben 20 km pro Tag. Bei geschätzten 1000 km bin ich dann 50 Tage unterwegs – wenn`s gut geht. Aber 50 Tage kann ich nicht bringen – mein Geld verdient sich auch nicht ganz von alleine.

Was jetzt?

Okay, dann überlegen wir mal was ich überhaupt alles so mitnehmen muss – was braucht man eigentlich an Ausrüstung für so eine Tour?

Rucksack, Zelt, Schlafsack, Isomatte – und was noch?

Und wieder mal sitze ich vor Google und schlage mich durch unendlich viele Outdoor- und Survivalseiten.

Ich lese seitenweise über Zelte – Firstzelte, Bergzelte, Hauszelte, Lavvus, Geogät-Zelte … Hilfe! – weiter zu Tarps, die ich als Giebel, Hängematte oder Pultdach bauen kann … Aha.

Beim Schlafsack muss ich mich entscheiden, ob lieber Daune oder Kunstfaser, ob besser Quallofil-7, Dry Soft Shell oder Ultraloft … Selbst so etwas Einfaches wie eine Isomatte wird zur Herausforderung, denn ob ich auf Schaum schlafe oder eingeblasener Luft oder am besten einer Therm-a-Rest-Matte kann über Wohl und Wehe meiner zukünftigen Nächte in der rauen Wildnis entscheiden!

Und was ist mit Kleidung? Ich besitze nur ein paar selbstgestrickte Wollsocken - diese Socken sind vielleicht das Einzige was ich an outdoorfähiger Klamotte besitze.

Ich lerne, dass Baumwolle da draußen Mist ist, weil sie bei Nässe und Schwitzen kalt wird, dass ich die Wahl zwischen Wolle (uuuhhh, kratzige Erinnerungen aus meiner Kindheit kommen hoch) oder Kunstfaser habe (hm … gefällt mir auch nicht); dass meine Hosen fest und ramponierfähig sein müssen, aber leicht und schnell trocknend und die Jacke natürlich winddicht und so wasserabweisend wie möglich. Google lehrt mich diesbezüglich, dass es Wassersäulen nicht nur wunderschön beleuchtet in tollen Springbrunnen gibt, sondern dass sie mir anzeigen, wie wasserfest ein Material sein kann …

Warum mache ich mir eigentlich so viele Gedanken?

Bin ich nicht früher – viel, viel früher! – immer wieder auf Achse gewesen? Bin ich nicht als junger Mensch durch die Gegend getrampt, habe Touren unternommen und bin auf gut Glück immer mal wieder einfach so unterwegs gewesen?

Wo ist meine Unbekümmertheit hin? Wo meine Sorglosigkeit und mein Urvertrauen? Selbst in Ägypten bin ich damals per Daumen und Rucksack auf Reisen gewesen, obwohl jeder mich warnte, wie gefährlich das werden könnte. Ich habe mir einfach keine Gedanken und keine Sorgen gemacht, sondern habe ein paar Sachen zusammengepackt und bin los. Keine Spur von Angst, Unsicherheit oder Was-ist-wenn?

Wo ist die alte Sabine geblieben?
Versunken, versackt im Leben der Erfahrungen und Gewohnheiten.
Die alte Sabine ist einfach weg.
Kann ich sie wiederfinden?
Wachrütteln? Wiederbeleben?

Ich brüte über 1000 verschiedenen Rucksackarten. Deren Vor- und Nachteile kann ich bei Nummer fünf schon nicht mehr unterscheiden und bei den Koch- und Essgeräten, soll ich wissen, was für mich besser ist: Gaskocher, Sturmkocher, Spirituskocher oder doch lieber der Mehrstoffkocher. Und zum Kochen selbst dann lieber die einfache Aluschale oder doch besser den Power Practical Power PotV?

Wochenlang sammle ich alles, was ich an Infos kriegen kann und stündlich fällt mir Neues ein, das ich noch nicht bedacht habe oder das mich nachts aufwachen lässt. Auf meinem Schreibtisch sammeln sich Notizen über Notizen und über das ganze Wirrwarr und der Flut an Informationen, beginne ich allmählich zu verzweifeln. Und das ist erst der Anfang …

Ich kaufe mir Bücher über Outdoor- und Survivaltrainings und lerne die Theorie über die Wahl des Lagers bei Hanglage oder starkem Wind, ob und welche Höhlen man vielleicht nutzen kann und wie man ein kleines Kochfeuer macht. Ob ich verschiedene Knotentechniken wie den Palstek, den Würgeknoten oder den Webeleinstek brauchen werde, weiß ich nicht – aber diese zu können, ist vielleicht nicht verkehrt. Und so ganz nebenbei versuche ich, die Namen und das Aussehen essbarer Pflanzen auswendig zu lernen.

Was da draußen auf mich zukommt, kann ich überhaupt nicht einschätzen – ich weiß nicht, ob ich Menschen finde, die mir helfen – ich weiß noch nicht einmal, wie ich diese ansprechen soll. »Entschuldigen Sie bitte, aber könnte ich bitte mal bei Ihnen duschen? ... oder so ...?«

Ich weiß nicht, wie ich das mit dem Essen machen soll. Ich weiß nicht, wie das mit dem Wetter wird. Ich weiß nicht, ob ich meine Angst in Dunkeln in den Griff kriege. Ich weiß nicht, ob ich so lange zu Fuß unterwegs sein kann. Ich weiß einfach nicht, wie ich das mit meiner Orientierung machen soll (denn die habe ich definitiv nicht!). Ich habe immer noch keine passende Karte, also auch immer noch keine Route und im Großen und Ganzen komme ich mir vor wie David, der vor einem riesengroßen Goliath steht.

Verlierer: »Es ist möglich, aber es ist zu schwierig.« oder ... Gewinner: »Es ist schwierig, aber es ist möglich.«

Ich entscheide mich für letzteres …

An einem wunderschönen warmen Sommertag 2013 stand ich einmal mit meinem Schmuck auf einem Markt irgendwo im norddeutschen Raum. Schräg gegenüber von mir war eine nette kleine Cocktailbar aufgebaut. Aus dieser Bar ertönte mindestens einmal in der Stunde ein Song, von dem ich noch nicht ahnte, welche Bedeutung er eines Tages für mich haben würde: One day, Baby, we`ll be old … von Asaf Avidan.

Der Song gefiel mir, er ging ins Ohr und war auch leicht zu verstehen: *Eines Tages, Baby, werden wir alt sein und an all die Geschichten denken, die wir uns hätten erzählen können ...*

Jetzt will ich nicht nur daran denken, sondern ich will meine gelebten Geschichten erzählen!

Und wie um mich zu bestätigen, brachte Julia Engelmann im gleichen Sommer 2013 ihren wunderbaren Poetry Slam über gerade diesen Song heraus.

Sie beschreibt darin in ihrer unvergleichlichen Weise, wie sehr wir uns immer wieder vor unseren Plänen, Vorsätzen und Träumen drücken und lieber doch nichts riskieren möchten. Wie wir im Wartezimmer unseres Lebens ausharren, für Veränderungen viel zu faul sind und stattdessen alles so lassen wie es ist. Und lieber nichts machen.

Dieser Slam, den ich erst Ende des Jahres zum ersten Mal hörte, sollte zu meiner ganz persönlichen Hymne werden. Im Laufe der folgenden Monate betete ich ihn mir immer wieder und wieder vor.

Anfang des neuen Jahres 2014 bekomme ich noch einmal die Chance mit Joey Kelly über mein Vorhaben zu sprechen – 10 Minuten in der Pause während einer Firmenveranstaltung.

In seinem Buch *Hysterie des Körpers* hatte er beschrieben, wie er sich Hilfe durch seinen Freund Rüdiger Nehberg, einem alten Veteran im Überlebenstraining, holte und ich hatte die Idee, dass mir vielleicht Joey Kelly helfen könnte.

Irgendwann, zwischen all dem Nachdenken, Planen und Verwerfen, nahm ich meinen ganzen Mut zusammen und schrieb ihm eine Mail, doch ich erhielt keine Antwort. Ich hatte keine Ahnung, ob er meine Mail gelesen und als dumm befunden oder ob sie ihn persönlich gar nicht erreicht hatte. Später erfuhr ich, dass er zu dieser Zeit gerade ohne Nahrung und sonstigen Hilfsmitteln im Dschungel unterwegs war. Selbst wenn ihn meine Mail erreicht hätte, hatte er zu dieser Zeit bestimmt ganz andere Probleme.

Doch das wusste ich zu diesem Zeitpunkt nicht und ich fühlte mich mal wieder alleine mit dem Gedankenkarussell in meinem Kopf.

Die Zweifel an meinem Vorhaben nehmen immer öfter Überhand. Ich weiß an manchen Tagen nicht mehr aus noch ein und frage mich dann ernsthaft: »Wozu, zum Teufel, tust du dir das an? Warum lässt du nicht ab von diesem Plan und machst stattdessen irgendetwas anderes? Oder einfach gar nichts – wie sonst auch?«.

Ich schlafe keine Nacht mehr durch, mein Herz steht wie unter Dauerbeschuss und ich sehne mich nach jemandem, der mir hilft. Ich denke, es ist meinem mangelnden Selbstvertrauen zuzuschreiben, dass ich mich nicht traue, an meine Freunde und Familie heranzugehen und zu sagen: »So, das und das habe ich vor und ich brauche jetzt einfach mal eure Hilfe.« Bisher wissen nur wirklich engste Freundinnen und meine beiden Söhne von meinem Plan.

Es ist seltsam: Als ausgebildete Trainerin unserer Firma fällt es mir nicht schwer, ganze Schulungen zu leiten. Doch der Weg dorthin war auch gepflastert mit Anfeindungen und Herabsetzungen. Auch hier wurde ich gefragt, wozu das denn gut sein solle, ob ich mich tatsächlich zu so etwas fähig fühle und warum ich mich so in den Vordergrund schieben wolle.

All dies kratzte ständig an meinem Selbstbild – nach außen ließ ich mir nichts anmerken, doch innen bröckelte es ordentlich.

Und jetzt will ich komplett aus der Rolle fallen, etwas Verrücktes tun, etwas das nicht der Norm entspricht – werden andere mich dafür verurteilen? Und warum würde mir das so viel ausmachen?

Ja, aus der Rolle fallen, das trifft es. Ich will meine Rolle nicht mehr so spielen, wie es von mir erwartet wird. Oder wie ich es vielleicht selbst von mir erwartet habe?

Wenn man dazu gehören *will, passt man sich an. Man erfüllt Erwartungen – und irgendwann erfüllt man sogar Erwartungen, die gar keiner an dich stellt.*

Bescheiden, sittsam und rein.

Ich muss und will das abschütteln!

Da ich zu diesem Zeitpunkt wirklich total überfordert bin mit allem und mir kaum noch Rat weiß, wie ich das alles bewerkstelligen soll, nehme ich meinen ganzen Mut zusammen und rufe in meiner Firma an. Ich rede also zum ersten Mal offiziell über mein Vorhaben und bin wahnsinnig aufgeregt, denn ich möchte ja nicht hören, wie bekloppt man mich und meine Idee findet – aber ich habe Glück.

Jessica, die gute Seele der Firma, hört sich meine Geschichte an und ist sogar ganz angetan von meiner Idee! So wage ich es, die Frage zu stellen, ob es wohl möglich ist, den Kontakt zu Joey Kelly herzustellen.

Jessica verspricht mir, sich darum zu kümmern und vielleicht ein Treffen mit Joey zu arrangieren. Und gleich – während des Jahresauftaktes der Firma, das alljährlich im Januar stattfindet – bekomme ich diese 10 Minuten, um meinem Idee-Initiator die wichtigsten Fragen zu stellen.

Nur – welches sind die wichtigsten Fragen? 10 Minuten sind so verdammt kurz und ich habe eine Million Fragen.

Mein Sohn Jan sagt: »Stelle ihm doch die allerwichtigste Frage: *Was würdest du beim nächsten Mal anders machen?«*

Mit Joey Kelly zu sprechen ist ja nicht gerade alltäglich und ich bin wirklich ziemlich aufgeregt! Dieser Mann ist so viel beschäftigt, dass er einen ganz straffen Zeitplan hat und per Fahrer von Termin zu Termin hetzt. Und ich darf ein paar Minuten ganz allein mit ihm sprechen!

Was mich wirklich verblüfft: Er weiß tatsächlich noch, dass ich ihn im vergangenen Jahr in Berlin mal megakurz auf mein Vorhaben angesprochen habe. *Und* er ist tatsächlich überzeugt, dass ich das durchziehe! *stolzguck*

Allerdings holt er mich sofort wieder von meiner Wolke runter, indem er mir von meinem Vorhaben abrät! Mir, als Frau, würde er nicht empfehlen, so alleine durch die Weltgeschichte zu gondeln - es passiert einfach zu viel, es sind jede Menge Idioten unterwegs und der Weg ist so unglaublich lang und birgt so viele Gefahren - ich solle das Ganze wirklich überdenken und stattdessen den Jakobsweg laufen …

Das frustet mich dann doch.

Und als ich dann noch meine megawichtige Frage stelle: »Was würdest du beim nächsten Mal anders machen?«, und er wie aus der Pistole geschossen antwortet: »Wasserfilter. Ich würde auf jeden Fall einen Wasserfilter mitnehmen. Wasser ist unterwegs ein Riesenproblem.«, da bin ich endgültig am Boden.

Jetzt habe ich wochenlang über den abenteuerlichsten Outdoor-Utensilien gebrütet und dann das! Ich sehe mich schon in der Wildnis laufen, ausgerüstet bis an die Zähne und an meinem Rucksack hängt ein riesiger Brita-Wasserfilter! Na toll!

Außerdem rät mir Joey Kelly, unbedingt ein paar Leute mit ins Boot zu holen.

»Alleine so etwas zu planen und durchzuziehen ist fast unmöglich«, meint er, »Du musst so viel bedenken – da sind Fehler unvermeidbar.«

Aus 10 Minuten wird eine Viertelstunde, dann muss er los. An der Tür dreht er sich noch einmal um: »Das mit der Frau musste ich dir sagen«, grinst er und schon ist er weg.

Ich gehe zu den Anderen zurück und bin ganz aufgewühlt.

Es geht mir so viel im Kopf herum.

Es gibt ja bisher nur ein paar wenige, die in meine Pläne eingeweiht sind – meine Söhne, die es vielleicht ganz cool finden, was ihre Mutter da vorhat, und ein paar Freundinnen, die mir aber mehr oder weniger aus Sorge um mein Wohlergehen davon abraten oder einfach nur skeptisch sind. Dies trägt nicht dazu bei, ganz gezielt nach Hilfe zu fragen – was mir ja ohnehin schon immer so schwer fällt.

Wie reagieren andere auf meine Idee? Wen soll ich mit ins Boot holen? Wer sollte mir dabei helfen und wie? Sie sind doch alle mit ihren eigenen Lebensaufgaben und Problemen beschäftigt.

Als ich durch einen Wohnungswechsel in eine andere Grundschule kam – ich war in der dritten Klasse – fiel es mir furchtbar schwer, in den bestehenden Klassenverband aufgenommen zu werden. Hinzu kam, dass ich meine Lehrerin ganz schrecklich fand. Sie war so streng und gab mir von Anfang an das Gefühl, mich nicht zu mögen.

In den ersten beiden Grundschuljahren war ich eine gute Schülerin gewesen und der Unterricht hatte mir großen Spaß gemacht. Jetzt aber entwickelte ich ziemlich schnell die Angst, ständig etwas Falsches zu sagen und wenn ich aufgerufen wurde, ohne dass ich mich gemeldet hatte, wurde ich knallrot, begann zu schwitzen und die anderen Kinder kicherten dann hinter meinem Rücken. Es dauerte lange, bis ich einigermaßen zurechtkam – mein Überlebenstraining hieß: Wenn ich immer schön brav bin, dann fallen die, die nicht so brav sind, noch mehr auf. Und die kriegen dann Ärger. Und ich nicht.

So kann man das Licht anderer auch kleiner machen, damit das eigene heller scheint.

Die Zeit der Grundschule ging vorbei, doch der Schaden, der angerichtet war, blieb.

Als Jugendliche wurde ich zwar mutiger, eigensinniger und rebellierte sogar, und nach außen wurde ich lauter, sagte meine Meinung und wurde manchmal sogar aufsässig. Dennoch blieben immer leise Zweifel. Die Angst, nicht dazu gehören zu dürfen, im Freundeskreis doch nicht so anerkannt zu sein, wie es den Anschein hatte, die Angst, dass hinter meinem Rücken geredet wird – das alles versteckte sich tief in mir.

Es war nicht so, dass ich ständig über diese Dinge nachdachte – sie rutschten einfach hin und wieder an die Oberfläche und in dieser Zeit war ich besonders bemüht, witzig und gut drauf zu sein.

Selbstsicherheit, so richtige tiefe, ehrliche Selbstsicherheit – dass ich mir ganz sicher bin, dass ich als Mensch wirklich gut bin, so wie ich bin ... die konnte ich nicht erreichen. Tief in mir verborgen gab es eine unbestimmte Angst, beschimpft, ignoriert oder ausgelacht zu werden.

Ich muss da jetzt durch … und wenn ich zu diesem Zeitpunkt gewusst hätte, über wie viele meiner Schatten ich im Laufe dieses ganzen Vorhabens noch würde springen müssen ...

Mit klopfendem Herzen und sehr aufgeregt spreche ich also noch mit einigen anderen, erzähle ihnen von meinem Plan und erhoffe mir natürlich nur Zuspruch und Hilfe. Sie sind zwar verhalten erstaunt, skeptisch und vielleicht auch ein bisschen aufgeregt, aber sie zerreißen meine Idee auch nicht gleich in der Luft. Ich hätte mir ein wenig mehr Zuspruch gewünscht, doch ganz so einfach wird es nicht – ich bekomme schon zu hören, wie gefährlich das ist und vor allem: »Warum willst du unbedingt alleine so eine Tour unternehmen?« und »Warum rennst du nicht einfach den Jakobsweg? Wieso muss es so extrem sein?«

Aber sie sind auch irgendwie fasziniert und ich muss zunächst einmal alle Fragen des ›Warum‹ und ›Wieso gerade so eine Tour und nicht irgendetwas Einfacheres‹ beantworten.

Eine konkrete Antwort auf diese Fragen gibt es allerdings nicht und so sage ich nur: »Ich weiß es auch nicht. Ich mache mir einfach nur mein eigenes Abenteuer.«

Wie soll ich erklären, dass ich mich buchstäblich auf den Weg mache? Nicht nur einmal durch Deutschland – sondern auf die

Suche nach meinen Träumen.

Danach sprechen wir schon des Öfteren über alle Möglichkeiten der Durchführung, aber ich merke dennoch sehr schnell, dass dieses Teamding wie Joey Kelly es mir angeraten hat, nicht ganz so funktionieren wird – ich fühle mich diesbezüglich niemandem so nah, dass er ermessen kann, welche Bedeutung diese Tour für mich hat und ich bin auch nicht in der Lage, es zu erklären.

Es wird aber ein paar praktische Dinge geben, die sie mir vielleicht abnehmen können.

Die große Frage, die sich mir dann allmählich tatsächlich stellt ist: Mache ich das Ganze richtig öffentlich? Gibt es wohl Menschen, die das interessiert? Menschen, die ebenfalls Gefangene in ihrem Leben sind und manchmal nicht wissen, was ihnen fehlt oder was sie unzufrieden macht? Ich weiß ja selbst nicht, ob mir diese Reise etwas bringen und ob sich danach etwas ändern wird. Ob ich etwas ändern kann oder auch werde. Es kann ja auch nicht jeder einfach so losrennen.

Oder fällt das wieder unter die Kategorie: sich wichtigmachen?

Ich drehe diese Gedanken lange Zeit in meinem Kopf hin und her und komme zu dem Schluss: Ja – so wie mir, ergeht es vielen.

Es gibt so viele Menschen, die mal ausbrechen wollen, die etwas Verrücktes tun wollen oder die einen Traum haben und sich einfach nicht trauen, ihm Raum und Gestalt zu geben – denn dann kommen diese Gedanken: *Ich bin es nicht wert. Das kann ich nicht. Dafür ist es zu spät. Was sollen denn die anderen denken? Ich will mich nicht in den Vordergrund stellen. Die anderen finden das bestimmt nicht gut.* Und so weiter …

Wir Menschen reagieren sehr anfällig auf die Meinung anderer (auch wenn wir das meistens nicht wahrhaben wollen). Lob und Anerkennung sind für unser Wohlbefinden enorm wichtig. Ob du ein Kind bist oder erwachsen.

Ich überlege mir, dass ich gerne eine eigene Seite auf Facebook hätte. Diese Plattform ist voll mit „Bessere-Welt-Videos“ und Botschaften über eine Menschlichkeit, wie sie denn wirklich gelebt werden sollte, dass ich bestimmt auch über diesen Kanal mal um Hilfe bitten kann. Denn eins ist mir inzwischen klar: Ich kann nicht wie Joey Kelly wochenlang ohne Nahrung, Dusche und menschlichen Kontakt durch die deutsche Wildnis laufen. Ich brauche Menschen, die mir helfen und so werde ich auch gleich

herausfinden, ob die Leute wirklich so nett und hilfsbereit sind, wie sie immer posten …
Jetzt muss ich mich auch noch um eine Seite auf Facebook kümmern! Ich habe weder Ahnung, wie man solche Seiten erstellt, noch weiß ich, wie sie überhaupt zu gestalten sind. Und wäre ein eigener Blog im Netz nicht auch toll?
Und was soll das alles eigentlich kosten? Die Ausrüstung, die Klamotten, die Zeit, in der ich nicht arbeiten kann und ergo auch nichts verdiene und jetzt auch noch eine eigene Website??

Mein Sohn Jan gibt mir den Rat, es mal mit Sponsoren zu versuchen … hmmm …

Ich will`s probieren. Jan und ich setzen einen Text auf, der zukünftige Sponsoren dazu bewegen soll, mein Vorhaben und mich, am besten mit Material, zu unterstützen. Wir geben uns wirklich große Mühe und schicken diese Bewerbung an verschiedene Ausstatter und auch an einen auf Youtube gut bekannten Outdoor-Berater – aber Fehlanzeige! Auf diesen Zug will niemand aufspringen – von den meisten bekomme ich gar keine Antwort, andere schreiben mir, dass sie schon andere Projekte unterstützen. Tja … sooo einfach ist das eben nicht.

Aber um dem Chaos in meinem Kopf, auf meinem Schreibtisch und inzwischen auch auf meinem Wohnzimmerfußboden Herr zu werden, erstellen Jan und ich an einem Flip-Chart eine Mindmap, damit ich überhaupt mal weiß, an was ich noch alles zu denken habe und ich einen Überblick über alles bekomme. Wir schreiben wirklich alles auf, was uns einfällt und notieren stundenlang alle Ideen und Gedanken und bringen diese in eine vernünftige Reihenfolge. Jetzt habe ich zumindest schon mal einen Leitfaden, an dem ich mich langhangeln kann und bin sicher, dass ich nichts Wichtiges vergesse.

Zu meinem Glück fällt mir dann doch noch eine Adresse ein, an die ich eine der wichtigsten Bewerbungen für mein Sponsoring schicken kann. In den frühen 90ern hatte ich eine Umschulung zur Reiseverkehrskauffrau gemacht und kürzlich traf ich meine ehemalige Chefin aus Paderborn wieder. Wir hatten uns ewig nicht gesehen und da wir uns immer gut verstanden hatten, erzählten wir uns demzufolge im Schnelldurchlauf, was uns bis dato alles so widerfahren war. Unter anderem berichtete sie mir von ihrem inzwischen erwachsenen Sohn Eric, den ich nie richtig kennengelernt hatte und Eric Pott hatte mit seinen 19 Jahren schon seine eigene Webdesign-Agentur gegründet.

Bingo!

Vielleicht habe ich Glück und ich kann ihn dazu bewegen, mich mit einer klitzekleinen Facebook-Seite zu unterstützen.

Ich schreibe Eric an und muss gar nicht lange auf eine Antwort warten. Er ist sofort begeistert und im Laufe der nächsten Monate folgen einige Treffen, auf denen wir alles besprechen und durchgehen. Eric erstellt mir auf Facebook eine Seite unter der man mich auf meinem Weg begleiten kann und sogar noch einen Blog, den ich dann auch noch später, wenn ich zurück bin, für meine Erfahrungen und Geschichten nutzen kann. Wir beschließen, dass Eric meine Kontaktperson wird, die meine Berichte – falls es denn welche geben wird – auf diesen Seiten veröffentlicht und somit werde ich nie das Problem haben, dass mein genauer Standort zu ermitteln sein wird.

Ich bin so froh, dass ich ihn habe! Und ich hoffe zutiefst, dass sich diese Arbeit eines Tages auch für ihn auszahlen wird.

Inzwischen bin ich auch in ein kleines Training gegangen und absolviere neben diversen Übungsmärschen, die, zugegeben, anfangs auch wirklich kurz ausfallen, mein tägliches homemade Fitnessprogramm. Ich bin viel zu massig und behäbig für so eine Tour – vielleicht kann ich dem so ein wenig entgegenwirken. Das Problem: Wenn du dick bist, hast du keine Puste, keine Ausdauer und somit keine Lust dazu.

Da ich es einfach aus Zeitgründen vermeiden will, auch noch ins Fitnessstudio zu rennen, kommt mir ein Übungsplan für Bauch- und Beinmuskulatur, den ich bei meinen täglichen Recherchen im Netz finde, gerade recht. Ich kann diese Einheiten zu Hause im Wohnzimmer absolvieren und spare dadurch sehr viel Zeit.

Fortan beschäftige ich mich also auch mit der Ausführung von sit-ups, leg-raises, planks und crunches – ich muss selbst erst im Internet googeln, was das alles ist.

Im Ganzen handelt es sich dabei um eine 30-Tage-Challenge und nach dieser fange ich an Tag 1 mit 15 sit-ups, 5 crunches, 5 leg raises und 10 planks an. An Tag 30 – laut Plan – bin ich dann bei 125 sit-ups, 200 crunches, 65 leg raises und 120 planks!

Wenn der geneigte Leser wissen möchte, um welche Übungen es sich dabei handelt, dem rate ich auf Youtube danach zu suchen. Denn auch ich hole mir dort die Anleitung für eine perfekte Ausführung meiner Trainingseinheiten und nach anfänglichen – walrossähnlichen – Versuchen, bei denen ich entweder hilflos auf dem Boden herumrolle oder einfach nur gnadenlos zusammenbreche, gelingt es mir sogar, die Anzahl meiner täglichen Übungen immer wieder zu steigern. Ich schaffe bei Weitem nicht, was laut Plan vorgegeben ist, aber ich bin wirklich riesig stolz auf mich, dass ich diese Einheiten überhaupt durchziehe.

Dazu kommen einzelne Märsche, die ich immer wieder absolviere, sobald es meine Zeit zulässt. Aber seltsam: gerade das, was ich später ständig tun muss, nämlich laufen, mag ich während meiner Vorbereitungszeit überhaupt nicht. Ich hasse es, im Kreis zu laufen – und noch schlimmer ist hin und zurück! Am allerbesten geht es mir, wenn ich losgehe und am Ende ist jemand, der mich aufgabelt und nach Hause bringt. Es tröstet mich, dass ich auf meinem Lauf später nicht hin und her zu gehen brauche, sondern immer nur in eine Richtung: Norden!

Meine Füße machen mir von Anfang an Probleme!

Ich habe zwar noch nicht das richtige Schuhwerk, aber selbst in ausgelatschten Schuhen bekomme ich nach ein paar Kilometern entweder Blasen oder andere offene Stellen.

Ich hatte mich bisher immer für sehr robust gehalten, und dass ausgerechnet meine Füße so zart besaitet sein sollen, verwundert mich doch sehr. Da kann man mal sehen, wie oft diese bisher benutzt wurden. Inzwischen ist es auch egal, welche Schuhe ich anziehe – irgendwo tut`s immer weh! Und dann muss ich natürlich auch immer wieder pausieren – zum Verrücktwerden!

In meiner Not versuche ich tatsächlich, Joey Kelly anzurufen. Er hatte nämlich darüber berichtet, welche äußerst schmerzhafte Erfahrungen er auf seinem legendären Wüstenlauf hatte und mit welchen – ebenfalls sehr schmerzhaften Mittelchen – sein Betreuer den elenden Blasen zu Leibe gerückt ist. Ich wollte dieses Mittel auch.

Und so fasse ich mir ein Herz und rufe ihn an. Aber er geht nicht dran. Ich bin zwar ein bisschen enttäuscht, aber andererseits auch erleichtert – ich meine, wie hätte sich das denn angehört: »Hallo Joey! Weißt du, ich habe immer so viele Blasen an den Füßen und ich wollte dich eigentlich nur mal fragen, ob du noch etwas von diesem Wundermittel für mich hast?«

Zwei Stunden später klingelt mein Handy. Ich guck aufs Display und da steht: *Joey Kelly* … Schluck!

Ziemlich nervös nehme ich den Anruf entgegen: »Hallo Joey, das ist ja toll, dass du zurückrufst! Weißt du denn wer ich bin?«

(Himmel, was für ein blöder Anfang!!)

Aber Joey antwortet ganz locker: »Klar weiß ich wer du bist.«

(Ich konnte ein *»ÄÄÄÄCCHT????« gerade noch unterdrücken!!)*
»Du bist Sabine und hast dir diese Deutschlandtour in den Kopf gesetzt.«

Ja, und dann bleibt mir nix anderes übrig, als ihm von meinem Dilemma zu erzählen. Aber Joey kann mir auch nicht helfen. Dieses Mittel ist nicht mehr auf dem Markt und ein anderes wirksames kennt er auch nicht.

»Du musst dir unbedingt die richtigen Schuhe für deinen Marsch kaufen und dann richtig einlaufen; anders geht`s nicht.«

Er fragt noch nach meinen Vorbereitungen und wie es mir mental geht. Er sagt: »Im Kopf werden die meisten Dinge entschieden. Du musst dich von deinen Ängsten frei machen. Meistens ist es nur die Angst vor der Angst.«

Joey wünscht mir noch viel Glück für meine Tour und dann ist das Gespräch beendet. Nach ein paar Sekunden, in denen sich mein aufgeregtes Herz beruhigen kann, reiße ich das Handy wieder hoch, rufe meine Freundin an und brülle fast in den Hörer: »WEISST DU WER MICH GERADE ANGERUFEN HAT?« Weiß sie natürlich nicht, aber ich erzähle es ihr Wort für Wort!

Ich schaffe mir also feste Wanderschuhe an – auch dafür muss ich erst stundenlang zwecks Material und Beschaffenheit im Netz recherchieren – doch fortan werden diese Treter meine ständigen Begleiter. Und es fühlt sich gut an. Ich kann gut laufen und habe festen Halt. Zu diesem Zeitpunkt ahne ich noch nicht im Entferntesten, was mit meinen Füßen noch auf mich zukommt …

Zwischendurch versuche ich mich durch all das andere Material zu wühlen, das ich vielleicht brauche – oder auch nicht – und lande bei meinen Recherchen tatsächlich bei einem Outdoor-Laden ganz in meiner Nähe. Ich muss dazu erklären, dass ich sehr ländlich wohne; nach Paderborn habe ich fünfzig Kilometer und nach Kassel vierzig – eine große Stadt liegt also nicht gerade um die Ecke und all die Vorbereitungen nehmen ohnehin schon unglaublich viel Zeit in Anspruch.

Da berichtet man mir von diesem Geschäft auf einem der umliegenden Dörfer! Ich kann das erst gar nicht glauben und fahre ganz gespannt dorthin. Und wirklich: Kein kleiner Schmuddelladen, in dem man vielleicht ein paar verstaubte Rucksäcke und nach

Mottenkugeln riechende Schlafsäcke bekommt, nein – richtig toll ausgestattet und mit allem was das Herz begehrt. Hier sehe ich zum ersten Mal viele von den Ausrüstungsgegenständen, die ich bislang nur von Youtube her kannte!

Ich treffe dort auf Judith, eine Beraterin mit Leib und Seele, und als ich ihr diese wirre Geschichte mit Joey Kelly und meinem Vorhaben erzähle, lässt sie sich nicht anmerken, was sie davon hält, sondern erklärt mir mit einer Engelsgeduld alle möglichen Materialien und Gegenstände. Ich fahre noch oft nach Körbecke und löchere Judith mit meinen Fragen.

Zwischen Verzweiflung und Zuversicht. Wer will, findet Wege – wer nicht will, findet Gründe

Während ich mich mit gefühlten hunderttausend Vorbereitungen für mein großes Abenteuer herumschlage, muss ich mir natürlich auch über jeden Cent, den ich dafür ausgebe, Gedanken machen. Ich spare an allem was nur geht, um mir meine *Sommerferien* zu finanzieren (inzwischen ist nämlich klar, wann die Reise losgeht) und ich gönne mir keine Extras. Es ist ja nicht nur das Equipment, das ich mir zulegen muss, sondern mehr noch schlagen meine monatlichen fixen Kosten zu Buche – diese laufen ja einfach weiter, während ich mich wochenlang einmal durch Deutschlands Wildnis schlage.

Ich nehme quasi einen langen unbezahlten Urlaub und muss zusehen, dass alles abgesichert ist. Alle, die es gut mit mir meinen, hatten mir immer wieder geraten, meinen Plan noch ein Jahr länger reifen zu lassen und so eine bessere Vorbereitung in jeder Hinsicht zu erzielen – sei es die körperliche Verfassung, das Sammeln von Outdoor-Erfahrungen oder den finanziellen Background etwas besser auszupolstern … aber ich ticke wie so viele: *Wenn ich es jetzt nicht mache, dann mache ich es nie.* Und das weiß ich.

Sobald eine Rechnung ins Haus flattert, meine Füße schlapp machen oder ich in der Flut an Gedanken und Infos versinke, bekommt meine Freundin Sabine das mit – klar, wenn wir jetzt darüber sprechen, klage ich ihr auch mein Leid – und sie sagt: »Siehst du, du sollst das gar nicht machen. Du sollst schön hier bleiben, wo ich dich gesund und in Sicherheit weiß!«

Meine Ängste nehmen immer noch oft Überhand, aber langsam gehen diese in eine andere, praktischere Richtung – neben den Sorgen, dass mein wochenlanger Ausfall meinem Geschäft natürlich nicht zuträglich ist, brechen sich immer wieder meine Ängste vor der nächtlichen Finsternis und meiner kompletten Unwissenheit da draußen Bahn. Oft halte ich nachts auf dem Heimweg einfach an, steige aus meinem Wagen und gehe ein paar Schritte in der Dunkelheit. Diese Beklemmung, die mich dann überfällt, kann ich gar nicht beschreiben ... sie nimmt mir die Luft zum Atmen und jedes Mal frage ich mich, wie ich diese Angst bekämpfen soll ... es geht manchmal sogar so weit, dass mir richtiggehend schlecht wird und ich mir schwöre, nie wieder nachts rauszugehen ... ich verdränge dann mit aller Macht den Gedanken an meine bevorstehende Tour und tue einfach so, als wäre nichts ...

Diese Angst ist für den Zeitpunkt des Starts meines Abenteuers ausschlaggebend. Ich will mitten im Hochsommer laufen, weil dann die Nächte am kürzesten sind und es von den Temperaturen her am wärmsten ist. Ich stelle mir sogar vor, dass ich mir über die Mittagshitze ein Lager suche und mich darin verkrieche. Dann bin ich vielleicht in der Lage, abends oder nachts ganz lange zu laufen, sodass ich ja nicht irgendwo da draußen nächtigen muss.

Ich Blödie.

Was ist denn wohl leichter zu ertragen? Einfach die Augen zuzumachen und sich ganz tief im Schlafsack zu vergraben oder in der Dunkelheit draußen herumzurennen und bei jedem Schatten oder Geräusch fast einen Herzanfall zu bekommen?

Es wird Zeit, einmal den Ernstfall zu proben und mit Sack und Pack nach draußen zu gehen. Mein Sohn Jan erklärt sich bereit, mit seiner alten Mutter eine Wander- und Klettertour über Nacht zu unternehmen. Ich muss endlich herausfinden, ob ich in der Lage bin, meine Ängste in der Dunkelheit zu überwinden und ob es obendrein für mich überhaupt möglich ist, mit meinem lädierten Rücken auf einer relativ dünnen Unterlage auf dem Waldboden zu schlafen.

Wir beschließen die Tour für Anfang April – es ist nachts noch sehr kalt und so kann ich auch gleich die wollene Unterwäsche testen, die Judith mir so sehr empfohlen hat.

Meinen lieben Lesern möchte ich allerdings erklären, dass die Empfehlung für Wolle nicht unbedingt aus witterungstechnischen Gründen erfolgte, sondern wesentlich banaler war: Da ich keine Idee hatte, wie lange ich diese Wäsche würde tragen müssen – ohne eine Möglichkeit, sie waschen zu können – puh! – wurde mir Wolle dringendst empfohlen, da diese auch nach geraumer Zeit nicht anfängt zu stinken.

Jan und ich machen uns also auf ins Egge-Gebirge. Nach meinen Übungsläufen, die ich immer wieder absolviere, ist diese Tour die erste, die auch die Überwindung von Höhenmetern von mir verlangt. Schon zu Beginn geht es nur bergauf und nach einigen hundert Metern bin ich schweißgebadet und mein Atmen gleicht eher einem Japsen nach Luft. Ich denke an meine Trainingseinheiten, die ich täglich im heimischen Wohnzimmer absolviere und wundere mich, dass ich immer noch so wenig Kondition habe. Aber ich lasse keine Schwäche zu, sondern kämpfe mich einfach langsam und stetig voran.

Ich bin sehr froh, dass ich endlich anderes Schuhwerk habe und freue mich, dass es meinen Füßen gut geht und ich wirklich gut darin laufen kann.

Die Witterung ist perfekt und Jan und ich legen Kilometer um Kilometer in dieser herrlichen Landschaft zurück. Natürlich muss er immer wieder mal auf mich warten, weil er durchtrainiert und schnell ist, doch für meine Bedingungen komme auch ich gut voran.

Einmal stellen wir fest, dass wir falsch abgebogen sind und querfeldein unseren Weg zurück suchen müssen. Normalerweise ist das nicht weiter schlimm, nur heißt querfeldein in diesem Fall steil hügelabwärts über. rutschiges Laub, große querliegende Äste und verdeckte Erdlöcher. Mit Gepäck und Null Erfahrung, dafür Angst um Rücken und Knie. Das ist für mich schon eine Herausforderung. Mein eigenes Gewicht nicht zu vergessen, das mich nicht so wendig unterwegs sein lässt. Ich meistere aber auch diese Aufgabe und später am Abend frage ich mich tatsächlich, ob mein Sohn bei dieser Aufgabe nicht seine Finger mit im Spiel hatte.

Danach geht es noch ziemlich häufig bergauf, auf unwegsamem Gelände und durch tiefe matschige Riefen im Erdreich. Wir legen dennoch viele Kilometer zurück und machen nur hin und wieder kurze Pausen, in denen ich neue Kräfte sammeln kann. Zu essen habe ich nur etwas Obst mitgenommen – ich will schon mal wissen, wie sich ein leerer Magen unterwegs anfühlt. Als es wieder einmal ziemlich steil bergauf geht, wir uns dabei von Baum zu Baum hangeln und jede Erdkuhle für einen scheinbar sicheren Tritt nach oben nutzen, habe ich beim Klettern immer mehr das Gefühl, dass das Gepäck auf meinem Rücken mich nach hinten und nach unten zieht. Und es kommt der Moment in dem ich sage: »Es reicht. Ich komme keine 10 Meter mehr hoch.«

Jan ist ein wenig entsetzt, denn wir befinden uns mitten in einer Hanglage und hier einen Lagerplatz zu finden, der einigermaßen eben ist, könnte schwierig sein. Doch wir haben Glück und ein gutes Stück Waldboden an einem großen Felsgestein bietet Platz für ein ausreichendes Lager für uns zwei.

Ein paar Meter muss ich noch hoch und dann ist es geschafft. An Ausruhen ist allerdings nicht zu denken, denn sofort machen wir uns daran, eine Plane so zu spannen, dass sie ein Dach für uns ergibt, und sammeln Äste und Zweige für unser Feuer. Es ist feucht und Jan zeigt mir, worauf ich achten muss, wenn ich unter diesen Umständen ein Feuer entfachen muss. Für mich habe ich noch eine Luftmatratze, die ich mit den Händen aufpumpen muss, und dann kann ich endlich in meine tolle Wollunterwäsche schlüpfen, mich in meinem Schlafsack einkuscheln und einfach den restlichen Abend genießen. Ich bin gespannt, ob ich mich am nächsten Morgen überhaupt noch bewegen kann.

Ich kann. Doch zuvor kommt die Nacht …

Es ist seltsam: Während wir heute stundenlang unterwegs waren, habe ich keine Sekunde darüber nachgedacht, wo und wie ich wohl die Nacht verbringen werde und auch jetzt mache ich mir – zunächst einmal - keinen Kopf darum. Mich beschäftigen zu viele andere Gedanken: Meine körperlichen Grenzen sind noch sehr, sehr eng gesteckt, obwohl ich wirklich merke, dass ich Bauch- und Beinmuskulatur schon trainiert habe. Ohne meine ständigen sit-ups und leg-raises wäre ich heute nicht halb so weit gekommen!

Aber auch die Orientierung ist ein großes Problem für mich. Jan musste mich immer wieder daran erinnern, auf die Zeichen zu achten, die mich auf dem richtigen Weg halten und selbst dann war es schwierig für mich, diese zu erkennen und richtig zu deuten. Das Feuermachen bereitet mir ebenfalls Kopfzerbrechen: Ich habe einen Heidenrespekt vor diesem Element und da ich im Hochsommer unterwegs sein werde, stellt sich mir die Frage, ob das nicht einfach zu gefährlich ist … so rauschen die Gedanken durch meinen armen Kopf, während Jan schon lange eingeschlafen ist …

An seinen tiefen Atemzügen merke ich, dass er sich jetzt keinen Kopf um wilde Tiere macht oder irgendwelche Zombies, die es vielleicht ja doch in diesen Wäldern gibt … energisch rutsche ich noch ein bisschen tiefer in meinen Schlafsack, schließe die Augen und versuche die Geräusche, die plötzlich so laut in meinen Ohren widerhallen, auszublenden. Und es gelingt! Ich schaffe es sogar relativ schnell und leicht, die Welt da draußen – mit all ihren Ungeheuern – aus meinen Gedanken verschwinden zu lassen. Das hätte ich nicht erwartet und ganz erleichtert schlafe ich ein.

Die Nacht wird dennoch nicht ganz so gemütlich, denn das Ungewohnte lässt mich immer wieder erwachen, meine Matratze verliert ihre komplette Luft, sodass ich geradezu direkt auf dem unebenen Waldboden liege und für etwa eine Stunde bin ich felsenfest der Meinung, dass irgendein größeres Tier immer wieder an meinen Haaren herumschnuppert …

Bei nur ein paar Grad über Null am Morgen sind wir dann ziemlich zügig wieder unterwegs, als wir uns endlich aus unseren molligen Schlafsäcken herausgepellt haben.

Es gibt weder Frühstück noch Kaffee und so laufen wir einfach unserer ersten Pause entgegen. Unterwegs probiere ich alle möglichen Blattsorten von Bäumen, die ich erkenne und von denen ich aus Büchern gelernt habe, dass man sie essen kann. Allerdings nützt mir dieses Wissen nicht viel, da diese Blätter nur ganz jung im Frühjahr zu genießen sind und meine Reise ja erst viel später beginnt. Aber ich will jetzt probieren, wie das alles so schmeckt und ich will testen, ob ich mich an diese ungewöhnliche Nahrung überhaupt herantraue. Alleine für meine Tour habe ich meine Ernährung seit einem halben Jahr auf vegane Kost umgestellt und für mich ist es jetzt interessant herauszufinden, ob ich auch alles vertrage, was die Natur so hergibt.

Bis kurz nach Mittag legen Jan und ich nochmal um die zweiundzwanzig Kilometer zurück; und das nach dem ersten anstrengenden Tag gestern – damit bin ich ganz zufrieden. Leider ist damit unser Ausflug in die Wildnis auch beendet, denn mehr Zeit ist uns einfach nicht vergönnt.

Ob ich des Nachts immer noch diese große Angst haben werde, weiß ich nicht; aber ich glaube, dass ich jetzt besser mit ihr umgehen kann. Außerdem habe ich festgestellt, dass ich länger ohne Essen klarkomme, als ich zuvor gedacht habe und ich weiß jetzt ganz sicher, dass ich mir mit meinem Kartenmaterial etwas Gravierendes einfallen lassen muss, da meine Orientierung mich einfach komplett im Stich lässt. Bis jetzt habe ich immer noch keine Ahnung, wie ich dieses Problem lösen soll. Ein Navi für unterwegs zieht einfach zu viel Saft und selbst wenn ich es immer wieder aufladen könnte, wäre es ganz fix immer wieder leer.

Und ein Kompass?

Der zeigt mir zwar den Norden an, doch woher soll ich wissen, ob ein Weg, der nach Norden beginnt, nicht unterwegs in eine ganz andere Richtung führt?

Nach diesem gemeinsamen Trainingslauf mit Jan schaue ich mir auf Youtube ganz häufig die Videos von dem Survivaltrainer Kai Sackmann an, der nicht, wie so viele Möchtegern-Rambos, aus einem Stück Stacheldraht und einem Streichholz eine Bombe basteln kann, sondern das Leben da draußen mit sehr gutem Filmmaterial und klaren Worten verständlich erklärt.

Wesentlich leichter wäre es, einen Survivalkurs zu absolvieren – doch sind diese schon seit Monaten ausgebucht. Der Versuch, Kai Sackmann persönlich zu erreichen, scheitert kläglich und so bleibt mir nichts anderes übrig, als Youtube zu meinem Lehrer zu machen.

Die Zeit beginnt zu rasen und ich muss mich endlich um die technische Ausrüstung kümmern. Nach vielen Überlegungen, wie ich es denn schaffe, auf meiner Tour zwecks Berichterstattung und der Möglichkeit um Hilfe zu bitten, immer wieder online zu sein, komme ich als beste Alternative auf mobile Solarzellen, die ich auf meinem Rucksack tragen kann. Mit diesen Zellen wäre ich in der Lage, mein Handy, meine Kamera und auch mein Tablet immer wieder aufzuladen. Ich stelle mir vor, wie ich täglich kleine Filmchen drehe und mittels Tablet gut in der Lage bin, meine Berichte zu schreiben und online zu stellen … dass alles ganz anders kommen würde, ahne ich zu diesem Zeitpunkt noch nicht.

Da ich von all diesen Dingen gar keine Ahnung habe und auch nicht die Zeit, mich damit zu beschäftigen, bin ich heilfroh, dass mein Kumpel Jörg sich bereit erklärt, herauszufinden, was für mein Unterfangen am besten geeignet ist. Die Ausrüstung muss klein, einfach zu bedienen, günstig und ganz leicht sein.

Ich für meinen Teil, habe schon Horror davor, wenn er mir all die technischen Finessen erklären muss – denn darin bin ich eine absolute Niete …

Als Jörg dann mit seinen Vorschlägen kommt, frage ich immer nur: »Das oder das?« Und wenn er sagt: »Das!«, dann fackel ich nicht lange. Bei den Solarzellen gibt es keine günstige Alternative und wieder mal schreibe ich einen Bittstellerbrief, erkläre mein Vorhaben und bitte um ein Sponsoring. Und tattattattaaa … die Firma Inpro Solar gibt mir zumindest 50 % Rabatt! Wie genial! Dafür darf sie gemeinsam mit Eric Pott, meinem Webmaster, als Sponsor auf meiner Website auftreten.

Wow – Wie sich das anhört! Sehr professionell.

Die ganze Geschichte nimmt allmählich Formen an, sie wird realer und der Zeitpunkt meines geplanten Starts rückt rasant näher. Meine Nächte werden immer kürzer und ich schlafe kaum noch durch. Manchmal wache ich sogar schweißgebadet auf, mein Herz klopft dann wie wild und ich frage mich, ob das alles gerade tatsächlich stattfindet.

Oft fällt es mir auch tagsüber schwer, die Ruhe zu bewahren und dann laufe ich einfach hin und her und versuche verzweifelt meine Gedanken zu sortieren. Ich habe das Gefühl, sie stapeln sich in meinem Kopf und ich kann genau den einen Gedanken, den ich gerade brauche, nicht zu fassen bekommen – weil er zwischen all den anderen festklemmt.

In diesen Momenten stürzt alles auf mich ein und ich fühle mich hilflos.

Dann hilft nur noch eins:

Mir klar zu machen, dass ich mich nicht gerade in Gefahr begebe.

Ich muss keine Naturgewalten durchleben, denn es gibt bei uns weder Erdbeben noch Tsunamis.

Ich werde nicht verhungern.

Ich muss mich durch keine furchtbaren Krisengebiete schlagen.

Ich kann jederzeit nach Hause gehen.

Millionen von Menschen können das nicht.

Anfang Juni, sechs Wochen vor Beginn meiner Tour, mache ich meinen Plan bei Facebook und auch in der realen Welt bekannt. Bisher waren nur meine Geschwister, meine beiden Jungs und einige enge Freunde mit meinem Vorhaben vertraut. Ich bin sehr aufgeregt und gespannt, wie die Reaktionen sein werden und obwohl ich mir immer wieder sage, dass es inzwischen überhaupt keine Rolle mehr spielt, was andere davon halten, weiß ich, dass es mir sehr wohl immer noch etwas ausmachen würde, wenn man mich auslachen oder einfach für bekloppt erklären würde.

Doch das komplette Gegenteil ist der Fall! Ich bin völlig überwältigt von den Reaktionen, die ich auf einer Schulungsveranstaltung, die ich selber leite, erfahren darf. An deren Ende erzähle ich den Teilnehmern in groben Zügen meine Idee, meine Motivation und meinen Plan.

Die Leute reagieren tatsächlich begeistert! Es gibt spontanen Beifall und anschließend werde ich mit allen möglichen Fragen bombardiert, die ich nur allzu gerne beantworte.

Alexandra, die Inhaberin von SCS-Düsseldorf, einer Druckerei, ist auch dabei und macht sich sofort mit Feuereifer daran, mir Visitenkarten und T-Shirts für meinen Lauf zu entwerfen und sponsert mich sogar damit!

Dann überlege ich noch, wie ich die Menschen, die mir unterwegs hoffentlich helfen, bezahlen kann und komme auf die Idee, mir Buttons machen zu lassen. So kleine runde Dinger, die man sich anstecken kann, wenn man mag.

Über das Internet finde ich die Firma Floss Bros., die mir meine sogenannten Helferbuttons – wie ich sie nenne – herstellen und mir sogar auch einen ordentlichen Rabatt geben, als sie hören, worum es geht.

Jetzt habe ich doch richtig echte Sponsoren auf meiner Website! Cool!

Es gibt kein Zurück mehr.

Habe ich mich bislang mit den Fragen um die Ausrüstung, dem Überleben in der Natur und meiner körperlichen Aufrüstung beschäftigt, hocke ich in den letzten Wochen wieder stundenlang vor dem Rechner und studiere auf Google-Maps meine Route. Denn endlich habe ich für das Kartenproblem eine praktikable, wenn auch etwas unorthodoxe, Lösung gefunden: Ich hatte mir eine einzelne komplette Radwanderkarte für ganz Deutschland besorgt und als ich mir die einzelnen Fern- und Nahradwege von Nord nach Süd genau ansah, stellte ich fest, dass es möglich ist, fast nahtlos von einem Radweg zum nächsten eine direkte, zusammenhängende Route zu erstellen. Ich zeichne also meine Route von Süd nach Nord ein, teile sie in einzelne Streckenabschnitte und mache mich daran, über Google-Maps alle kleineren Orte herauszufinden, die direkt an dieser Route liegen. Diese schreibe ich der Reihe nach auf ein Blatt Papier und werde so später anhand von Wegweisern immer wissen, durch welchen Ort ich als nächstes kommen muss, um die Richtung nach Norden beizubehalten. Geht meine Tour durch ein größeres Waldstück, in dem es nur einfache Wege ohne Ortschaften gibt, zeichne ich diese in groben Zügen einfach nach. Das ist zwar mühselig, gibt mir aber die Sicherheit, dass ich mich zurechtfinden werde.

Ich habe mir vorgenommen, im südlichsten Ort Deutschlands zu starten und im nördlichsten wieder anzukommen. Das heißt, der nördlichste auf dem Festland, denn ansonsten müsste ich noch bis nach Sylt laufen.

Die Streckenabschnitte teile ich ein in: Oberstdorf – Ulm, Ulm – Rothenburg o. d. Tauber, Rothenburg o. d. Tauber – Schweinfurt, Schweinfurt – Göttingen, Göttingen – Schwarmstedt, Schwarmstedt – Buxtehude, Buxtehude – Flensburg

Jeder ausgearbeitete Abschnitt landet zusammengefaltet in einem Klarsichtbeutel und kann später klein und wasserfest von mir verstaut werden.

Es ist eine mühselige Arbeit, aber ich glaube, dass es die beste Methode ist, um möglichst viel Papier zu sparen – und Gewicht.

Außerdem ist es wie in der Schule: Was man selbst erarbeitet und aufschreibt, bleibt besser im Gedächtnis.

Dass ich Etliches der ausgearbeiteten Route gar nicht gebrauchen und bei anderen Dingen dagegen heilfroh sein werde, dass ich sie habe, ahne ich zu diesem Zeitpunkt noch nicht.

Neben meinen stundenlangen Recherchen über Städte, Dörfer und Wege und all den anderen Dingen, die noch zu erledigen sind, muss ich mich natürlich auch noch darum kümmern, dass nach meiner Rückkehr mein Terminkalender voll mit Kundenterminen ist. Damit kann ich nicht erst beginnen, wenn ich nach meiner sechswöchigen Auszeit wieder zurück bin. Außerdem gehe ich natürlich auch jetzt meiner Arbeit nach, organisiere für mein Team Workshops und Schulungen und absolviere zwischendurch immer wieder meine kilometerlangen Übungsläufe.

Über Langeweile kann ich mich wahrlich nicht beschweren.

Und es gibt noch etwas, um das ich mich jetzt bald kümmern muss: Ich habe mich ziemlich zeitnah zu meinem Start mit einer bekannten Kräuterfrau aus Borgentreich verabredet. Verena Arendes wird versuchen, mir in zwei Exkursionen Pflanzen und Kräuter nahezubringen, die ich entweder essen oder zur Unterstützung meiner Gesundheit verwenden kann. Da ich ja nicht weiß, was auf mich zukommt, beruhigt mich die Gewissheit, dass es einige nahrhafte Pflanzen gibt, die ich erkennen und bedenkenlos essen kann. Die versierte Kräuterfrau bringt mir nur die für mich bedeutsamsten Pflanzen und Pflanzenmerkmale bei, damit ich nichts verwechsle und mir beim Bestimmen der Pflanzen auch ganz sicher bin.

Es gibt Tage, an denen ich von all dem einfach nichts mehr hören und sehen möchte. Am liebsten würde ich jetzt einfach losmarschieren. Losmarschieren und alles hinter mir lassen. Ich möchte dann nicht darüber reden und noch nicht einmal darüber nachdenken, aber das ist nicht so leicht.

Mein Kopf kommt einfach nicht zur Ruhe. Egal wo ich mich aufhalte, mit wem ich spreche oder was ich gerade unternehme – das Gedankenkarussell dreht sich unaufhörlich.

Ich frage mich manchmal, warum mich die ganze Sache so aufregt. Ein bisschen Abenteuerurlaub, ein bisschen Camping; dabei

Bewegung und viel von der Landschaft sehen – darüber muss man sich ja wohl nicht so einen Kopf machen.

Wahrscheinlich bin ich doch einfach zu alt für solche Unternehmungen ...

Bevor ich am 17. Juli endgültig die Bahn nach Oberstdorf besteige, regle ich noch die Weiterleitung meiner Post, schalte die Rufumleitung zu meiner Freundin Sabine, damit meine Kunden bei mir nicht so lange ins Leere laufen, informiere meine Nachbarn und sogar die Polizei über meine wochenlange Abwesenheit und bringe alle meine Pflanzen und Wertgegenstände in Sicherheit. Ich wohne Parterre in einem Altbau, der ganz leicht zu knacken ist, und wenn Gott und die Welt über Facebook mitbekommt, dass die Katze aus dem Haus ist … also: Lieber auf Nummer sicher gehen.

Und dann ist es endlich soweit.

Das Abenteuer beginnt

Meine Freunde bringen mich zum Bahnhof, umarmen mich und nehmen mir zum hundertsten Mal das Versprechen ab, sofort anzurufen, wenn ich in Schwierigkeiten gerate. Außerdem muss ich immer wieder versichern, dass ich doch ein kleines Notgeld (20 €) für alle Fälle, sowie meine Bank- und Krankenkassenkarte dabei habe. Ich nicke immer brav. Was soll ich auch darauf antworten? Ich würde nichts anderes zu jemandem sagen, von dem ich ab morgen früh nicht mehr weiß, wo er steckt oder wie es ihm geht.

Aber ich möchte einfach nicht mehr darüber nachdenken, was alles passieren könnte.

Ich will jetzt los.

Und so liest sich dann mein erster Bericht auf Facebook:

Tag 0

Die allererste Erfahrung: Ich steige in den Zug ein, suche mir einen Platz und schmettere meinem zukünftigen Sitznachbarn ein fröhliches »Hallo« entgegen.

Ich kann nur sagen: In den folgenden 3 Stunden herrscht eisiges Schweigen! Der Mann nuschelt nämlich nur ein kurzes Wort vor sich hin und als ich frage: »Bitte?«, zischt er: »NICHTS!«

Ups! Und ICH dachte, ich würde im Zug sitzen, umringt von staunenden Mitfahrern, die mit offenem Mund mein Woher und Wohin anhören, während ich innerlich nur am Überlegen bin, wie ich meinen monsterschweren Rucksack überhaupt bis zur Pension bekomme.

Aber im nächsten Zug die Wende: Ein Zugbegleiter wie aus dem Bilderbuch: freundlich, schmunzelnd, helfend! Und zur Krönung darf ich die letzten zwei Stationen in der 1. Klasse mitfahren, weil ich zuvor eine ziemlich lange Zeit im Gang stehen musste. Und als dann die 1. Klasse nach einem Halt ganz leer wird, winkt der gute Mann mich freundlich lächelnd herein!

Ich mache ein Foto von uns beiden und darf es sogar posten – ich hoffe nur, die DB macht ihm jetzt keinen Ärger – bitte, sollte das sein – ich zahle gerne nach! Und einen Riesendank an meinen "Lieblingsschaffner"!

Bussi, eure Sabine

Ich komme also in Oberstdorf an, schultere meinen Riesenrucksack und stemme mich damit in den Asphalt. Ich will gar nicht mehr viel erleben, sondern einfach nur noch meine Pension aufsuchen und versuchen, Ruhe zu finden. Den Weg kenne ich, als wäre ich ihn schon hundert Mal gegangen – ich weiß nicht wie oft ich meine selbstgemachten Karten studiert habe, gerade für den Anfang meiner Reise.

Mein Gepäck ist wirklich schwer und schon auf dem Weg zu meiner Unterkunft überlege ich krampfhaft, was ich wieder auspacken könnte. Wenn ich nur wüsste, was ich wirklich brauche und was einfach überflüssiger Ballast ist! Jeder Outdoorfreak würde wahrscheinlich aus dem Kopfschütteln nicht mehr herauskommen, aber ich weiß einfach nicht wie ich meinen 18 Kilo schweren Rucksack leichter bekommen soll.

Und so denke ich einfach: »Sabine, lass die Jammerei – du wirst dich schon daran gewöhnen. Es hilft jetzt nix – es ist wie es ist.«

In Oberstdorf mache ich meine ersten kleinen Erfahrungen mit den Steigungen und hoffe nur, dass das nicht so weiter geht – jedenfalls nicht gerade in den ersten ein, zwei Tagen, bis ich mich ein bisschen in die Lauferei eingewöhnt habe … haha … ich befinde mich im Allgäu …

Joey Kelly hatte mich schon vorgewarnt: »Die ersten 7 - 10 Tage wirst du denken, du schaffst das nicht. Du wirst fluchen, jammern und vielleicht sogar heulen. Dann heule eben, aber gib nicht auf – es wird besser.«

Ich bin voller Angst und Zuversicht – eine seltsame Mischung … jede Seite rutscht mal kurz an die Oberfläche … die Empfindungen wechseln rasant.

Schon die erste gebrochene Regel

Meine Nacht ist kurz.

Seltsamerweise bin ich relativ entspannt. Während ich alles zusammenpacke, erlaube ich meinen Gedanken kein Abschweifen mehr. Ich konzentriere mich nur auf den Moment und auf das, was jetzt wichtig ist: Wie packe ich am besten? Was brauche ich heute Abend zuerst? Wie wird das Wetter? Ist alles richtig verstaut? Ein letzter Blick, dann bezahle ich meine Unterkunft und mache mich auf den Weg.

Es geht zügig hinaus aus Oberstdorf, am Iller-Ursprung vorbei und dann an dem breiten Fluss entlang – immer Richtung Norden. Zunächst schaue ich noch in die atemberaubende Landschaft, bin versucht, ständig Fotos zu machen und versuche, irgendwie meinen Rhythmus zu finden. Aber eigentlich denke ich nicht weiter als bis zum nächsten Schritt.

... und irgendwann kehrt endlich Ruhe in meinen Kopf ein.

Keine bohrenden Fragen mehr, keine Unsicherheiten, keine Ängste.

Mit gesenktem Kopf, auf die gleichmäßige Bewegung meiner Füße achtend, stehen meine Gedanken still. Ich höre nur meinen lauten Atem, der wie ein fließendes Band ständig und immer wiederkehrend durch mich hindurchzieht. Und obwohl ich meine schwere Last auf Rücken und Schultern durchaus spüre, überkommt mich schon ziemlich bald so etwas wie:

»Was wäre, wenn ich einfach immer so weiterginge? Einfach immer weiter? Ich bin jetzt frei.« Ein verwegenes Gefühl!

Hin und wieder hebe ich den Kopf, um meine Umgebung zu mustern, oder bleibe sogar stehen, um ein paar Schlucke aus meiner Wasserflasche zu nehmen. Doch noch senkt sich mein Blick immer wieder schnell zu Boden und die beginnenden Schmerzen in den Schultern ignorierend, setze ich einfach meine Wanderung fort.

Mein Magen meldet sich. Heute Morgen war an Frühstück kaum zu denken, ein halbes trockenes Brötchen und etwas Kaffee waren alles, was ich runter gebracht habe. Den Rest machte ich mir für unterwegs als Vesperpaket fertig und nun suche ich mir ein Plätzchen, an dem ich Rast machen kann. Meine Güte – gerade jetzt gibt es hier überhaupt keinen Schatten! Rechts von mir liegen unglaublich weite Wiesen und auf der anderen Seite befindet sich der breite Fluss; gesäumt von trockenem Gestrüpp und einigen Büschen.

Mir wird bewusst, wie heiß es ist, jetzt da ich vergebens nach einem Platz suche, an dem ich der Sonne nicht so gnadenlos ausgesetzt bin.

Ganz weit vorne, wo der Weg eine scharfe Rechtskurve macht, kann ich auf der linken Seite ein großes Schild entdecken – wird wohl eine dieser riesigen detaillierten Wanderkarten sein – und ich denke mir, dass so ein riesiges Ding ja wohl auch ausreichend Schatten spendet. Als ich näher komme, entdecke ich auch eine Bank.

Ooohh, ... wäre das toll, sich da jetzt einfach draufzusetzen!

Aber diese Bank steht etwas abseits in der prallen Sonne und da muss ich nicht lange überlegen. Mein Rucksack fällt wie ein Sack Steine schwer auf den Boden und von meiner Last befreit, falle ich praktisch einfach hinterher.

Könnt ihr euch vorstellen, dass ich nach ein paar Minuten Verschnaufpause tatsächlich auf einmal denke: »Ach herrje, hoch mit dir, das gibt Grasflecken auf meinen Klamotten.«

Ich muss über mich selbst grinsen.

Während ich meine Rast genieße und auch endlich wieder etwas mehr von meiner Umgebung wahrnehme, wird die Bank unterdessen von einer älteren Frau besetzt, die mich erst misstrauisch beäugt und sich dann aber leise vor sich hin murmelnd dort niederlässt. Zunächst sitzt sie stoisch in der prallen Sonne und bewegt sich nicht mehr, und als ich schon denke, dass vielleicht etwas mit ihr passiert ist, fängt sie an, einfach ins Blaue zu lamentieren: »Zeitverschwendung, einfach so herumzuliegen. Die Menschen sind so faul. Die haben keine Ahnung, wie das früher war. Ha! Die würden einfach kaputtgehen. Ja, einfach kaputtgehen. Faul alle. Keine Ahnung haben die …«

Ich bin ganz konsterniert und frage: »Meinen Sie mich?«

Die Frau stutzt und sieht mich so erstaunt an, als ob sie sich fragen würde, wieso ein Wesen wie ich ihre Sprache sprechen würde.

Aber sie antwortet mir nicht. Nach einer Weile beginnt sie von neuem mit ihrer Litanei und da ich keinerlei Lust habe, mir das weiterhin anzuhören, packe ich mein Zeug zusammen, schultere meinen Rucksack und mache mich wieder auf den Weg.

Es ist wirklich sehr heiß und ich versuche einfach zu ignorieren, dass ich meinen Körper aus dieser schweißtreibenden Situation nicht herausbringen kann. Auch die nächsten Tage wird das einfach so weitergehen und ich brauche mir keine Gedanken darüber zu machen, wie ich da Abhilfe schaffen kann. Es gibt keine.

In den Ortschaften ist es noch extremer mit der Wärme – der Asphalt und die Hauswände werfen die Sonneneinstrahlungen einfach wieder zurück und dadurch kommt die Hitze nicht nur von oben, sondern von allen Seiten.

In Agathazell, durch das nur eine einzige einsame heiße Straße führt, entdecke ich auf der anderen Straßenseite ein geöffnetes Lokal. Da ich kein Geld habe, ist diese Gaststätte für mich eigentlich tabu - aber die großen aufgespannten Sonnenschirme, die davor stehen, sind einfach zu verlockend. Ich gehe hinüber und frage, ob ich mich auch ohne Verzehr kurz im Schatten ausruhen dürfte. Ich darf.

Die komplette Familie, die zu dem Lokal gehört, ist gerade mit all ihren drei Generationen dort versammelt und neugierig fragen sie nach meinem Woher und Wohin. Ein bisschen fassungslos hören sie meine ganze Geschichte.

Als der Inhaber vom *Grüntenblick* erfährt, was es mit meiner Tour auf sich hat, eilt er hinein, kommt mit einem großen Pott Kaffee und einer Tafel Schokolade wieder heraus und bringt beides freudestrahlend an meinen Tisch. Ich bin baff und gerührt. Die erste Hilfeleistung, die mir auf meinem Abenteuer gewährt wird!

Während mir der Kaffee schmeckt, als hätte ich Jahre keinen mehr getrunken, bin ich mir mit der Schokolade nicht so sicher. Jetzt kann ich die auf gar keinen Fall essen, dafür ist es einfach viel zu heiß und ich würde bestimmt ganz großen Durst davon bekommen. Aber transportieren geht auch nicht – dann habe ich innerhalb kürzester Zeit eine schokoladige Schmiererei in meinem Rucksack. Aber die Oma hat die Lösung!

Sie gibt mir einen Gefrierbeutel und sagt: »Mach deine Schokolade man da rein, mein Kind, dann kann sie ruhig darin schmelzen, aber auch wieder hart werden. Sie sieht dann zwar nicht mehr wie eine Tafel aus, aber das tut ja nix zur Sache. Schokolade ist Schokolade!«

Ich weiß nicht, dass ich noch froh und dankbar sein werde, dass ich diese Notnahrung habe.

Als ich von Agathazell aufbreche, wird mir schon bald klar, dass ich heute nicht mehr sehr viel weiter kommen werde. Neben all dem

Ungewohnten macht mir die Hitze wirklich sehr zu schaffen und irgendwann wünsche ich mir nichts sehnlicher als einen Sprung in irgendein kühles Nass. Das einzige was mir dazu einfällt, ist der Öschle-See – aber so wie ich das in Erinnerung habe, ist der noch etliche Kilometer entfernt und für mich wahrscheinlich heute nicht mehr erreichbar.

So führt mein langer Weg an vielen grünen Wiesen entlang, auf denen lustige braune Wollkühe stehen, die mich mit Blicken aus schwarzen Kulleraugen neugierig verfolgen. Inzwischen ist die Straße schmaler geworden und geht ständig bergauf und bergab, und hin und wieder steht mal ein großer Baum am Straßenrand, dessen Schatten ich dann immer kurz genießen darf. Immer wenn ich durch so einen Schatten komme, schaue ich schon wo der nächste Baum steht und denke dann: »Bis zu dem noch und dann machst du Pause.« Aber letztendlich gehe ich immer langsam weiter.

An einer Kreuzung muss ich mich zum ersten Mal anhand meiner Karten orientieren und ich nutze die Gelegenheit, um mich meines Rucksacks zu entledigen, der mir schwer wie Blei auf dem Rücken liegt. »Himmel, ist das schön, sich so zu recken und zu strecken!« Fast sofort hält eine Frau neben mir an und fragt, wohin ich denn wolle – sie könne mich ja vielleicht ein Stück mitnehmen!

Bei dieser harmlosen Frage schießen mir sofort zwei Worte durch den Kopf:

Fahren und *See.* Und dann: *Darf ich das überhaupt??* Aber ich kann jetzt nicht lange darüber nachdenken; die Frau sieht mich immer noch fragend an und ich folge einfach meinem Impuls und sage ihr, dass ich am liebsten zu diesem Öschle-See möchte. Sie entgegnet fast enttäuscht: »Das ist aber blöd. Ich kann Sie nur zwei oder drei Kilometer mitnehmen, dann muss ich in eine andere Richtung abbiegen.«

Und ich: »Oh, das ist fantastisch! Genau richtig! Zwei Kilometer können seeehr lang sein!« Die Frau lächelt verständnisinnig.

Und schon sitze ich in ihrem gemütlichen, klimatisierten, bequemen, so herrlich weich gepolsterten Auto und lasse mich durch die Gegend kutschieren. Und bin erstaunt, wie lang zwei Kilometer tatsächlich sind. Am Ende frage ich die Frau, ob sie genau weiß, dass es nicht mehr waren, denn gefahren kam mir die Strecke seltsamerweise noch viel länger vor.

Als ich wieder auf der heißen Straße stehe, habe ich dann nur noch den See im Kopf und ich mache mich wieder auf die Socken, um dieses Ziel eventuell doch noch heute zu erreichen. Da ich aber nicht weiß, ob ich das heute wirklich noch schaffe, muss ich langsam mal darüber nachdenken, mir Wasser für das abendliche Duschen zu besorgen.

Auf der Tour, die ich mit meinem Sohn gemacht hatte, kam mir nämlich die Idee mit den Duschflaschen.

Jan hatte für unseren Proviant, neben den Wasserflaschen in seinem Rucksack, auch jeweils eine große Plastikflasche rechts und links in zwei Außentaschen an seinem Rucksack. Da ich mir ja auch immer wieder Gedanken um meine Hygiene machen musste, kam mir dadurch der Gedanke, dass ich mir diese Flaschen einfach immer wieder mit Wasser nachfüllen könne, um mich damit abwaschen zu können.

Auf meinem Weg befinden sich keine Wohnhäuser, in denen ich nach Wasser fragen könnte und langsam beginne ich mir Sorgen zu machen, kein Trinkwasser zu bekommen. Durch die Hitze muss ich mich immer wieder daran erinnern, ausreichend Flüssigkeit zu mir zu nehmen, will ich nicht dehydrieren, und so eine kleine Wasserflasche ist immer wieder sehr schnell leer.

Endlich entdecke ich rechter Hand vor mir ein großes Gebäude, sieht eher nach einem Gewerbe als nach einem Wohnhaus aus. Beim Näherkommen stellt sich heraus, dass es sich um ein Küchenstudio handelt. Ein Küchenstudio und sonst nichts? Keine anderen Gewerbeobjekte? Mir soll es egal sein – ich gehe hinein und frage nach meinem Wasser. Und ich bekomme es auch sofort.

Am liebsten würde ich mir das kühle Nass direkt über den Kopf kippen.

Aber ich muss es für heute Abend aufbewahren – und schleppen. Wasser ist schwer.

Mein ganzes Denken kreist jetzt schon wieder um den See und in meiner Vorstellung renne ich dort hinein, tauche immer wieder unter und spüle Hitze, Staub und Schweiß einfach von meiner Haut. Ohne rechts und links zu schauen, marschiere ich einfach weiter.

Neben mir hält ein Cabrio: Wohin ich wolle. Wieder überlege ich nicht lange und als der junge Mann sagt: »Liegt zwar nicht an meiner Strecke, aber schmeiß deinen Rucksack hinten rein – ich bringe dich an diesen See«, sitze ich – schwupps – neben ihm auf dem Beifahrersitz, lasse mir den herrlichen, kühlenden Fahrtwind um die Nase wehen und frage mich, ob ich eigentlich inzwischen so müffele, dass er durch den Wind immer eine volle Dröhnung Körpergeruch von mir abbekommt. Aber dem scheint nicht so zu

sein, zumindest merke ich ihm nix an, obwohl ich ihn zunächst haarscharf darauf beobachte.
Ich kann mich entspannen, lehne mich zurück und genieße die Fahrt und die kleine Plauderei mit meinem netten Chauffeur, der extra meinetwegen einen Umweg macht, um mich endlich an meinen so ersehnten See zu bringen.

Es ist so merkwürdig, als ich endlich dort ankomme. Wo ich doch heute noch nicht einmal gewagt hatte, daran zu denken. Ich bin komplett verunsichert, wie ich mich verhalten soll.

Alle Welt an diesem See ist luftig leicht und bunt bekleidet und es wird gelacht, geschrien und gespielt oder es wird sich unterhalten, in der Sonne gedöst und gelesen. Und ich komme schwer bepackt an diesem See an, sehr dunkel gekleidet, vollkommen verschwitzt und erschöpft und hebe mich von den anderen dort ab wie Salzwasser zwischen Schampusfontänen.

Meine erste Berührung mit fragenden, misstrauischen und neugierigen Gesichtern.

Ich fühle mich unwohl und den vielen Blicken dieser Menschen einfach ausgesetzt, die mich beobachten. Ich mag dieses Gefühl nicht, aber es hilft mir jetzt nichts – ich muss mir einfach einen Platz suchen, an dem ich aus der Sonne komme oder ich verlasse den See einfach wieder und gehe weiter.

Seltsam – ich denke, dass die Menschen nicht besseres zu tun hätten, als zu schauen, was ich wohl dort will. Mein körperliches Unbehagen wächst mit jedem Schritt und so kommt es, dass ich mich einfach nur in den Schatten eines Gebüsches verkrieche, meinen Schlafsack ausbreite und dann mit geschlossenen Augen, die Blicke der anderen ausblendend, einfach nur dort liege und warte, dass der Tag endgültig zu Ende geht.

Warum ist das so mit mir? Warum kann ich nicht einfach mein Ding *machen, ohne immer wieder darauf bedacht zu sein, was andere davon halten? Warum ist das wichtig und was würde es mir nützen, das zu wissen?*

Die Leute dort, an diesem See, wissen doch wenig später noch nicht einmal mehr, dass sie mich gesehen haben.

»Welche Frau?«

»Die mit dem Rucksack.«

»Nö, nicht geseh´n.«

»Ach, die meinst du – ja, doch, hab ich gesehen – wieso, was ist mit der?«

Unwichtig, Sabine, mache dir doch nicht immer so einen Kopf!

Doch ich kann nicht aus meiner Haut. Verunsichert – und mit mir selbst völlig im Unreinen – liege ich dort und warte.

Vielleicht ist das ein guter Platz zum Übernachten. Ich könnte einfach warten, bis alle weg sind, dann endlich das heißersehnte Bad nehmen und mein Nachtlager dort aufschlagen.

Aber dann wird mir irgendwann klar, dass das so für mich nicht funktionieren wird.

Es sind etliche Jugendliche an dem See, die genau die gleiche Idee haben und mir wird Angst und Bange, wenn ich daran denke, was passieren wird, wenn dann noch Alkohol mit im Spiel ist. Alle möglichen gewalttätigen Szenarien huschen durch meine überreizten Gehirnwindungen und ich komme überhaupt nicht mehr auf die Idee, dass ich einfach mit ihnen sprechen könnte, meine Situation und Idee erkläre und so vielleicht sogar einen tollen Abend haben könnte. Meine Vorurteile und Ängste nehmen überhand und so packe ich irgendwann einfach alles zusammen und mache mich von dannen – weg von den Menschen.

Meine Route führt mich zurück an die Iller; ich bin inzwischen total kaputt und müde, deprimiert und überfordert und es wird höchste Zeit einen Schlafplatz zu finden. Irgendwie gelange ich durch ziemlich unwegsames Gelände an einen Pfad, der mir einigermaßen verlassen erscheint und nur ein paar Meter entfernt am Fluss entlang führt. Ein Platz ist so gut wie der andere und worauf ich achten muss, weiß ich ohnehin nicht. Also entscheide ich mich, mein Lager hier zwischen Pfad und Wasser aufzuschlagen und mache mich daran, den Platz ein wenig zu ebnen, meine Nässeschutzplane auszubreiten und alles andere zum ersten Mal so aufzubauen, dass ich – so hoffe ich – darunter schlafen kann.

Ich gehe langsam vor, baue Stück für Stück zum allerersten Mal mein nächtliches Heim und denke dabei: »*Wie gut, dass mich niemand dabei beobachtet. Ich kann alles so machen, wie ich es für richtig halte und niemand sagt mir, wie ich das hier machen muss. Und wenn alles zusammenkracht, fange ich einfach von vorne an und niemand lacht mich aus, weil ich zu blöde bin.*« So und ähnlich geht es in meinem Kopf herum.

Als mein Werk endlich fertig ist, betrachte ich es – nicht ganz ohne Stolz – und mache mich dann, auch zum allerersten Mal, an meine Freilufttoilette. Ich putze mir die Zähne, seife mich ein und mit dem Wasser aus meinen Duschflaschen spüle ich den Schweiß endlich von meiner Haut.

Als ich fertig bin, bleibe ich lange einfach so, schaue über das Wasser und möchte mich gar nicht mehr bewegen. Mein Kopf ist ruhig und meine Gedanken bleiben einen Moment still. Seltsam, in der bereits begonnenen Dämmerung nackt und dadurch irgendwie schutzlos mitten in der Natur. Doch nach einer Weile erwache ich und sofort ziehe ich mir etwas für die Nacht an und krieche unter meine Plane.

Als es endlich still wird um mich herum und ich beginne, mich zu entspannen, fangen meine Gedanken wieder gnadenlos an, in meinem Kopf zu kreisen ...

... denn ich habe gleich am ersten Tag meines Abenteuers gegen eine der von mir aufgestellten Regeln *verstoßen: Ich habe mich mit dem Auto mitnehmen lassen! Und das sogar gleich zweimal.*

Und ich frage mich, ob ich das darf.

Und ob ich das auf Facebook *erzählen soll.*

Die alten Fragen tauchen wieder auf: Habe ich schon am ersten Tag versagt, weil ich nicht das gemacht habe, wozu ich eigentlich losgegangen bin? Nämlich laufen.

Habe ich nicht groß rumgetönt, dass ich es wie der Joey Kelly mache und einfach die ganze Strecke zu Fuß zurücklege?

Bin ich glaubwürdig? Traue ich mir überhaupt etwas zu?

Und die allumfassende Frage: »Was denken die anderen über mich, wenn ich von den Autofahrten erzähle?«

Wieso kann ich mich nicht davon freimachen, dass das in irgendeiner Form wichtig für mich ist?

Es ist warm unter meiner Plane und ich schlage sie zurück und schaue in den nachtschwarzen Himmel. Meine Gedanken kann ich nicht alle auf Facebook mitteilen, aber ich mache ein kleines Filmchen, um zu zeigen, wo und wie ich liege und dass es mir gut geht. Und wie dunkel es ist.

Während ich mein Handy in die Dunkelheit halte, um meine schwarze Umgebung aufzunehmen, überkommt mich zwar ein leichter Schauer, aber ich stelle fest, dass ich tatsächlich keine wirkliche Angst habe.

Das ist ja verrückt!

Ich bin so beschäftigt mit mir, in jeglicher Form, dass die Angst vor der nächtlichen Dunkelheit und des Alleinseins sich eigentlich fast verflüchtigt hat.

Und gerade als ich das feststelle, nehme ich sich nähernde Geräusche wahr. Schritte auf Kies. Schritte auf dem Pfad, der direkt an meinem Lager vorbeiführt. Ich bin nicht zu übersehen und ich kann mich nicht verstecken!

Mein Herz klopft mir plötzlich bis zum Hals.

Doch dann setzt mein Verstand, Gott sei Dank, wieder ein – derjenige, der hier vorbeikommt, kennt diesen versteckten Pfad – geht hier wahrscheinlich abends seine Runde und schnappt noch frische Luft, woher auch immer dieser Mensch gerade kommen mag – aber er weiß garantiert nicht, dass ich dort mein Lager aufgeschlagen habe und wird sich wahrscheinlich ebenso erschrecken wie ich.

Bevor ich aber irgendwie reagieren kann, höre ich das Getrappel und das Geschnüffel von einem Tier, einem Hund, dann sehe ich ein hin und her huschendes Licht und schon trifft mich der helle Strahl einer Taschenlampe.

Die Schritte verstummen abrupt, durch das Licht sehe ich irgendwie gar nichts mehr und auch den Hund kann ich nicht mehr hören.

Und dann ertönt eine angenehme tiefe Stimme, die einem älteren Herrn zu gehören scheint: »Das ist aber nicht gerade ein guter Platz zum Campieren, junge Dame. Hier ist es ziemlich zeckenverseucht – da müssen Sie sich auf jeden Fall gut schützen. Ich wünsche Ihnen dennoch eine angenehme Nacht.«

Sprach`s und verschwand.

Gesehen habe ich diesen Menschen leider nicht, da mich das Licht zu sehr blendete, aber ich bin ihm dankbar, dass er mich auf diese Gefahr aufmerksam gemacht hat. Ich habe zwar ein Spray mit, das mich hoffentlich vor diesen Viechern schützt, aber ich hatte noch nicht daran gedacht, es auch zu benutzen.

Also hole ich das jetzt nach, krabble wieder unter die Plane und mache alles so dicht wie möglich und wickle mich fest in meinen Schlafsack. Das Zeckenzeug klebt auf meiner Haut.

Ehrlich? So kann kein Mensch richtig schlafen!

Dösen, ja – hin und wieder einnicken, vielleicht sogar mal ein halbes Stündchen ganz fest im Land der Träume sein – aber durchschlafen ist etwas anderes.

Ich weiß noch nicht, dass ich während der Nacht zahlreichen Besuch bekomme.

Am nächsten Morgen ist es erstaunlich kühl. Und in meinem Schlafsack ist es so schön kuschelig, da ist es fast wie zu Hause: Du willst nicht aufstehen.

Dazu kommt: Es ist auch nur *im* Schlafsack kuschelig. Außen ist er nass, genauso wie die Plane über mir, meine Fleecejacke, die ich als Kopfkissen benutzte und mein Rucksack – wie ich mit einem Griff ans Kopfende feststelle. Hat es geregnet, ohne dass ich es mitbekommen habe? Das kann gar nicht sein, ich habe ja kaum geschlafen.

Nein, es ist zum einen die Feuchtigkeit, die vom Fluss heraufsteigt, und zum anderen ist es Schwitzwasser, das ich selbst durch meine Körperwärme produziert habe.

Hm … wenn jetzt alle Nächte so nass werden, dann wird mir das keinen Spaß machen.

Also, erst einmal raus aus dem Schlafsack, recken und strecken und dann zusehen, dass ich mich wasche, meine Zähne putze und meine Sachen packe. Ich habe noch einen langen Weg vor mir und muss schleunigst weiter.

Da ich mehrere Wochen unterwegs sein werde, muss ich natürlich in den sauren Apfel beißen, nicht jeden Tag frische Klamotten anziehen zu können. Unterwäsche schon – ich hoffe einfach, dass ich immer wieder Wasser finde, wo ich sie fix mal auswaschen kann (*und dann hänge ich sie mir zum Trocknen außen an den Rucksack, haha*), aber Hose und Shirt müssen sich mit Wasser und Seife gedulden.

Nachdem ich also gestern Abend all meine Utensilien, die ich für die Nacht brauchte, aus meinem Rucksack geholt hatte, breitete ich meine Klamotten über ihn aus, damit sie für den nächsten Tag ein wenig auslüften.

Als ich mich jetzt in der Morgenkühle fertig mache und nach meinem Hemd greife, fasse ich in eine klebrige schleimige Masse und … *Iiiiiieeeeehhhhh!!!!*

Das Teil fliegt erst einmal einige Meter weit weg. *Was* war *das* denn?

Vorsichtig nähere ich mich wieder meinem Shirt, das jetzt traurig in einem Gebüsch hängt. Ich ahne schon, womit ich es zu tun habe, denn die vermehrten Nacktschnecken um mich herum sind mir natürlich schon aufgefallen. Und mir wird zugleich bewusst, dass diese Viecher keinen Halt vor irgendetwas machen, was bedeutet, dass ich leider auch einen Blick in meinen Rucksack werfen muss, den ich gestern Abend nicht mehr hermetisch abgeschlossen habe.

Es kommt genauso, wie es sich jetzt gerade liest: In meiner allerersten Nacht in Mutters freier Natur bin ich kein Zeckenopfer geworden, sondern von einer höllischen Invasion von Nacktschnecken überfallen worden, die überall auf meinen Sachen ihren zähen klebrigen Schleim hinterlassen haben.

Am ersten Morgen meiner Abenteuerreise habe ich also auch gleich mein erstes Problem zu bewältigen: Ich muss irgendwie meine Klamotten wieder sauber kriegen. Und das ist ohne heißes, oder zumindest warmes Wasser und ein Stück Seife nicht zu bewerkstelligen. Außerdem reicht mein kleines Behältnis, in dem ich vielleicht mal ein bisschen Gemüse heiß machen kann, bei Weitem nicht aus, um meine Sachen darin zu waschen. Ich muss mir etwas einfallen lassen.

Zunächst einmal untersuche ich aber meine gesamte Ausrüstung und reinige notdürftig, was ich reinigen kann. Dann packe ich alles zusammen und mache mich weg von diesem nassen, schleimigen Ort.

In der Hoffnung, dass ich vielleicht in einer Bäckerei ein altes Brötchen oder ein Stück Brot bekomme, schlage ich an der Iller entlang den Weg in Richtung Kempten ein und tausche somit schattige Wege wieder gegen heiße Straßen. Ob das eine so gute Idee war, bezweifle ich schon recht bald, denn obwohl es noch recht früh ist, knallt die Sonne schon ganz schön auf den Asphalt und Lärm und Straßenstaub machen das Gehen nicht gerade einfacher. Mein rechter Fuß beginnt zu schmerzen.

Aber da muss ich jetzt durch. Es ist erst Tag 2 und ich jammere schon wie ein altes Waschweib.

Ganz so schlimm kann mein Zustand aber noch nicht sein, denn in der einen Bäckerei, an der ich vorbeikomme, hat man weder ein Brötchen noch sonst irgendetwas für mich. Meine Wasserflasche füllt man mir wohl gerne auf, aber etwas zu essen könne man mir nicht geben – die Chefin sei nicht da und wenn das rauskäme, dass man einfach so etwas herausgegeben hat … das gibt Ärger …

Ich frage nicht weiter nach, schnappe mir mit einem verlegenen Lächeln die gefüllte Wasserflasche und verschwinde schleunigst aus der wohlduftenden Bäckerei.

Himmel! Wie unangenehm ist es, abgewiesen zu werden! Und dabei ist es noch nicht einmal peinlich, etwas nicht zu bekommen, sondern wieder mal die anderen Leute, die dort ihre frischen Brötchen oder das Brot für das Wochenende einkaufen wollen und so mitbekommen, dass ich abgewiesen werde.

Ich hatte meinen ganzen Mut zusammengenommen, um überhaupt hinein zu gehen und nach etwas zu essen zu fragen. Schon als ich von weitem die Bäckerei erblickt hatte, klopfte mir das Herz vor Aufregung bis zum Hals und ich sagte mir: »Was kann dir schon großartig passieren? Sie können nur Nein sagen – mehr nicht. Daran ist nichts Schlimmes.«

Dennoch – ich fühle mich … erniedrigt? … würdelos? Nein, so schlimm ist es nicht, aber ich bekomme eine ganz leise Ahnung davon, wie verloren sich jemand fühlen muss, der wirklich um Hilfe bittet und abgelehnt wird.

Ich esse meine beiden Äpfel und hoffe, dass ich für heute irgendwo noch etwas auftreiben kann.

Mein Weg führt mich durch den Stadtrand von Kempten und dann auch wieder hinaus und während ich ohne etwas zu essen, einfach weiter laufe, denke ich angestrengt darüber nach, wie ich das denn nun mit meinen Sachen regeln soll. Als ich unterwegs nach einem Campingplatz frage, bekomme ich die Auskunft, dass es am Öschle-See einen gibt. Also, wie blöd ist das denn, bitte schön?

Na gut, es wird schon irgendeine Möglichkeit für mich geben – ich kann eh nix weiter machen, als einfach weiterzulaufen.

Ich gehe also weiter an der Iller entlang und ich kann euch sagen, dort ist es wirklich schön. Der Fluss hat eine helle blau-grüne Farbe und fließt beständig leise rauschend seines Weges. Wenn ich Zeit hätte, würde ich versuchen, ein schönes schattiges Plätzchen an seinem Ufer zu suchen, die Füße im herrlich kalten Wasser kühlen und … Ooohhhh … kaltes Wasser für die Füße – was für eine herrliche Vorstellung! Meine rechte Ferse tut mir immer mehr weh und als ich einmal anhalte und nachschaue, was denn damit los ist, entdecke ich eine offene … Blase!

Das glaube ich jetzt nicht!

Heute Morgen hab` ich dieses kleine, nervtötende Ding entdeckt, als ich wieder in meine Schuhe schlüpfen wollte. Da war ich schon ziemlich verwundert, dass ich überhaupt eine Blase habe, denn meine Schuhe sind bestens eingelaufen und ich habe doppelte Socken an. Okay, also Blasenpflaster drauf und los.

Trotzdem hat sie sich innerhalb ziemlich kurzer Zeit in eine große offene Blase verwandelt.

In der Hoffnung, dass mir die Blätter des *Breitwegerich* noch Linderung verschaffen, lege ich diese über die offene Stelle und ziehe Socken und Schuhe wieder darüber. Humpelnd führe ich meinen Weg weiter fort, komme an schönen großen Gärten vorbei und hoffe, dass ich in einem dieser Gärten vielleicht jemanden antreffe, den ich um eine kleine Zucchini anbetteln kann.

Auch hier kostet es mich reichlich Überwindung, überhaupt meinen Mund aufzumachen und da es im Gegensatz zur Bäckerei, viele Gärten gibt, lasse ich erst einige aus, bevor ich den Mut aufbringe, jemanden nach etwas zu essen zu fragen. Zu meiner Verteidigung kann ich allerdings anbringen, dass ich tatsächlich noch nicht so sehr viele Menschen bei ihren Lauben sehe – sind wohl alle noch am Arbeiten, Putzen oder Einkaufen. Aber als ich mich dann endlich einmal zusammennehme und einen Herrn über den Gartenzaun hinweg anspreche, bekomme ich nur ein Kopfschütteln zur Antwort. Ich frage sogar ganz verblüfft nach: »Sie haben keine einzige Zucchini? Oder etwas anderes Essbares für mich in Ihrem Garten?« Doch die Antwort bleibt: »Nein.«

Meine Stimmung sinkt.

Der Weg wird wieder heißer, die Schatten weniger und mein Fuß pocht. Außerdem habe ich immer noch das Problem meiner schneckenverschleimten Klamotten.

Ich weiß nicht, ob dieses Zeug vielleicht auch hart wird und dann kriege ich es eventuell gar nicht mehr raus. Warum, zum Teufel, müssen diese blöden Viecher auch auf meinen Sachen rumrutschen?! Die haben doch, weiß Gott, genug Platz, wo sie ihren Schleim loswerden können, dazu brauchen die mich doch nicht!

So schimpfe ich vor mich hin, als ich plötzlich vor einer großen Baustelle direkt am Fluss stehe.

Hä? Geht es hier gar nicht weiter?

Also, ich kenne ja Baustellen zur Genüge! Auf den Autobahnen ohne Ende und auf Landstraßen heißt es plötzlich: *Anlieger frei bis zur Baustelle*. Und wenn du dich nicht auskennst und das Pech hast, dass keine Umleitung ausgeschildert ist (Ja, das kommt vor!), dann kannst du zusehen, wie du dein Navi überlistest, das dich immer und immer wieder an diese Stelle zurückführen will.

Aber hier fließt ein Fluss! Warum, zum Henker, gibt es hier auf dem *Wanderweg* eine Baustelle? Ich komme hier nicht weiter.

Mir bleibt nichts anderes übrig, als dem mit Holzpfählen und rotem Flatterband markierten Weg zu folgen und bewege mich vom Fluss weg in Richtung eines Dorfes.

Doch das Schicksal meint es gut mit mir: Kaum gelange auf die Hauptstraße, hält ein Auto an. Ein junger Fahrer, der Joschi, fragt mich, wohin ich denn wolle und ich erzähle kurz von meinem Dilemma und ob es denn einen Campingplatz in der Nähe gäbe. »Oder ein Freibad«, fällt mir spontan ein. Ja, ein Freibad wäre gar nicht weit weg, da könne er mich wohl hinbringen, meint der Gute. Gesagt, getan.

Beim Freibad angekommen, habe ich sofort das gleiche Gefühl wie gestern am Öschle-See. Alle starren mich an und ich fühle mich total unwohl. Wie ein Außenseiter – abgegrenzt. Und jetzt muss ich auch noch fragen, ob ich das Bad vielleicht ohne Bezahlung betreten darf.

Ich stelle mich also in die Schlange vor der Kasse und falle mit meinem super Sonnenoutfit und meinem Monsterrucksack natürlich auch überhaupt nicht auf.

Als ich an die Reihe komme und erkläre, worum es bei meiner Tour geht, und dass ich ohne Geld und ohne Essen und bla bla bla … keine Chance. Die Kassiererin hat, genauso wie die Bäckersfrauen heute Morgen, Angst, dass das rauskommt und dann nur Ärger gibt. Mir bleibt nichts anderes übrig, als von meinen 20 Euro Notgeld tatsächlich am zweiten Tag meiner Tour schon etwas auszugeben! Die Verzweiflung steht mir wohl ins Gesicht geschrieben – es ist ja heute schon das dritte Mal in Folge, dass mir Hilfe verwehrt wird – denn die Frau an der Kasse sagt: »Na gut. Bezahlen Sie den Kinderpreis von 1,50 Euro. Das wird wohl gehen.«

Strahlend bedanke ich mich und sehe zu, dass ich die Kasse freimache, denn die Schlange ist mittlerweile noch viel länger geworden.

Suchend schaue ich mich um und entdecke den Durchgang zu einer Liegewiese. Diese steuere ich an und während ich das Gefühl habe, dass hunderte von Augenpaaren mir Löcher in den Rücken starren, suche ich mir gleich linker Hand einen Platz am Rand, da wo diese Wiese eingezäunt ist. Ich will nicht so weit weg von diesem Durchgang liegen, denn ich weiß ja, dass ich gleich mit meinen verdreckten Klamotten wieder zurück zu den Duschen muss, die ich auch gleich schon entdeckt habe.

Ich gehe mich umziehen, inspiziere dabei die Duschen und entdecke ein großes Waschbecken, das für meine Zwecke gerade gut geeignet ist. Dann schnappe ich mir meine verschmutzten Sachen sowie meine Seife und mache mich an die Arbeit. Während ich eifrig damit beschäftigt bin, die Schleimkrusten aus meinen Shirts zu rubbeln, geht hinter mir immer wieder die Tür auf und es kommen und gehen Frauen, junge Mädchen und Kinder. Keiner spricht mich an, niemand sagt ein Wort. Alle schauen.

Es ist ein seltsames, ausgegrenztes Gefühl ... ich sehe mich dort stehen, wo die anderen jetzt sind, und schaue auf meinen Rücken und meine Arme, die sich beim Schrubben hin und her bewegen und ich denke genau das Gleiche wie all die anderen:

»Was macht die denn da? Hat die kein Zuhause? Wäscht ihre Klamotten hier, im Freibad, in unserer *Dusche! Wenn das jeder machen würde! Was ist denn mit der los? Bestimmt Asylantin oder Assi – die machen das so. Die brauche ich auch gar nichts zu fragen, die spricht bestimmt nicht meine Sprache. Außerdem – die sind so anders ...«*

Meine Gedanken rutschen hin und her – mal stehe ich am Waschbecken, rubbel meine Wäsche und schäme mich und mal stehe ich hinter mir und bohre strafende Blicke in meinen Rücken. Ich fühle mich nicht in der Lage, mich herumzudrehen und zu erzählen, wer ich bin und was ich hier gerade tue.

Warum nicht? Was ist los mit mir? Warum durchlebe ich diese Gefühle?

Ich bin doch nicht auf den Mund gefallen!

Außerdem – wer sagt denn, dass alle das Gleiche denken?

Aber ich kenne die Antwort.

Ich *bin die anderen. Ich denke so. Oder ich würde so denken, wenn ich jemanden wie mich dort stehen sehen würde, der seine Wäsche in einem öffentlichen Waschbecken wäscht.*

Ich kann doch gar nicht wissen, was die anderen denken, aber weil ich weiß, wie ich *reagieren würde, meine ich, dass das* alle *so tun würden.*

Ich komme gar nicht auf die Idee, dass sie vielleicht auch ganz simpel nur neugierig sind, sich aber auch nicht trauen, mich einfach anzusprechen.

Aahhh ... langsam komme ich dahinter, wie ich ticke.

Ich verspreche mir, weiterhin ganz ehrlich zu mir zu sein. Das ist nicht leicht. Denn schon diese einfache Erkenntnis, dass ich –

liberal, aufgeschlossen, herzlich, ehrlich, nett – genauso bin, wie ich gar nicht sein will, nämlich doch irgendwie kleinkariert und engstirnig, macht mich tief betroffen.

Es ist heftig. Ich helfe doch gerne. Ich bin immer für die Verlierer – sogar beim Fußball. Ich bin für Gerechtigkeit. Und ich trete für die ein, die sich nicht selbst helfen können – ob zu klein oder zu schwach oder zu alt.

Aber ich habe noch nie einen Bettler nach seiner Geschichte gefragt. Ich habe noch nie einen fremdländischen Menschen gefragt, ob ich helfen kann und sei es auch nur, dass dieser Mensch ratlos vor einem Einkaufsregal im Supermarkt stand.

Ich habe immer nur geguckt. Und wieder weggeschaut.

Als ich endlich mit dem Waschen fertig bin, habe ich das Gefühl, ich hätte noch mehr gereinigt als nur meine Wäsche.

Ich gehe zurück zu meinem Platz, breite meine tropfnassen Klamotten auf der Wiese aus und hoffe, dass die Sonne stark genug ist, sie wenigstens einigermaßen zu trocknen. Tja, so klatschnass ist eben die Wäsche, wenn man gerade keine Schleuder zur Hand hat … und wieder schauen mir viele Augen bei meinem Tun zu und wundern sich vielleicht und denken …? Was?

Ich-will-dass-mir-das-egal-ist!

Während also die Sonne ihr Bestes gibt, nutze ich diese einmalige geniale Gelegenheit und springe in das große Schwimmbecken, um mich abzukühlen und ein paar ordentliche Züge zu schwimmen – was allerdings bei diesem Gedränge im Becken kaum möglich ist. Egal – ich lasse mich bis zum Rand treiben, lege den Kopf in den Nacken auf den Beckenrand und schaue in das endlose Blau des Himmels. Mein Fuß gibt jetzt auch Ruhe. Es geht mir gut.

Später – meine Sachen sind noch nicht trocken, aber ich muss weiter – packe ich alles zusammen, mache mich auf die Socken und frage mich durch, zurück zur Iller. Es gibt viele verschiedene Möglichkeiten, aber wenn ich weiter Richtung Norden will, muss ich hoch nach Altusried, den Ort durchqueren und auf der anderen Seite wieder hinunter in die Täler und dort bis zum Fluss. Ich mache mich ausgeruht und erfrischt auf den Weg, doch bald schon schmore ich in der Hitze wieder in meinem eigenen Saft und halte nach jeglicher Art von Schatten Ausschau.

Als ich in Altusried etwas ratlos an einer Straßengabelung stehe, da kein Wegweiser vorhanden ist, öffnet sich am gegenüberliegenden Haus eine Haustür und ein Mann mit einer Gießkanne in der Hand kommt die Treppe herunter, direkt auf mich zu. Als ich ihn nach dem Weg zum Fluss frage, schaut er auf meine Ausrüstung und sagt: »Wenn du da unten am Fluss auf den Wiesen übernachten willst – das wird nicht gehen. Die sind alle privat und die Leute haben`s nicht gerne, wenn man dort wild campt.«

Ich antworte, dass ich doch über den Fluss gehen könne, da es dort doch die Hängebrücke gäbe – aber er meint, dass dann erst etwas unwegsames Gelände käme und dann der Wald und der wäre auch nicht so gut zum Übernachten. Er gibt mir den Tipp: »Geh bis zur Hängebrücke und kurz davor, auf der linken Seite – dort gibt es einen Hof. Bestell` einen schönen Gruß vom Werner und sie sollen dich dort draußen schlafen lassen.«

Ich bedanke mich für den Tipp und die Empfehlung, bitte ihn noch, mir meine Wasserflaschen aufzufüllen – man weiß ja nie und demnächst kommt auf diesem Weg auch erst einmal keine Behausung – und marschiere wieder los.

Es geht in etlichen Windungen wieder bergab, aber die schöne Landschaft zu genießen fällt mir schwer, da es auch hier keinen Schatten gibt und ich immer noch ständig der Sonne ausgesetzt bin. Zwar ist es schon später am Tage, aber das tut um diese Jahreszeit der Sonne keinen Abbruch – im Gegenteil – haben sich doch Straßen und Wege im Laufe des Tages ordentlich aufheizen können.

Endlich komme ich an diesen Hof, wo mir zunächst mitgeteilt wird, dass die ursprüngliche Besitzerin, die ich von Werner grüßen sollte, hier nicht mehr wohnt.

Ich denke schon: »Sollte ich heute schon wieder Pech haben?«, als die jetzige Familie, die dort lebt, mir erklärt, dass ich gerne unter dem Vordach der Scheune campieren könne. Und ich dürfe auch eine sanitäre Anlage im Haus benutzen, wenn ich wolle – nur Duschen ginge nicht, aber eine Toilette wäre für mich vorhanden.

Ich bin vollkommen zufrieden: Ich habe ein Dach über dem Kopf und ein paar nette Menschen, mit denen ich reden kann.

Franz, mein Gastvater, lässt es sich nicht nehmen, mir noch eine gepolsterte Unterlage zu besorgen, die er mir auf die Betonplatte unter dem Vordach legt und nur wenig später kann ich endlich meinen wunden Fuß verarzten. Bald darauf liege ich unter dem Scheunendach, lasse den Tag Revue passieren und esse meinen letzten Apfel. Ich schlafe mit der Gewissheit ein, dass mich am anderen Morgen freundliche Menschen und ein leckeres Frühstück erwarten.

Es geht schon schief

Es ist Sonntagmorgen, das Wetter verspricht wieder heiß und schön zu werden und nach meiner noch ungewohnten Morgentoilette gehe ich ins Haus, um zu schauen, ob meine Gastgeber schon auf den Beinen sind.

Der Frühstückstisch ist schon reichlich gedeckt und es duftet herrlich nach frischem Kaffee! Hmm … schon meine zweite Tasse Kaffee auf meiner Tour – die erste vorgestern in dem netten Lokal, in dem ich auch die Schokolade bekam und die zweite schon heute!

Ich fühle mich gut ausgeruht und Gabi, meine Gastgeberin, ist ganz erstaunt, dass ich noch nicht einmal etwas von den vielen Autos mitbekommen habe, die des Nachts immer wieder zur Iller runtergefahren sind. Meist handelt es sich dabei um junge Leute, wie mir meine freundlichen Gastgeber erklären, die hier am Ufer des Flusses ihre Grillpartys feiern und im Wasser herumtollen.

Als ich mich an den gedeckten Frühstückstisch setze, stelle ich erstaunt fest, dass ich gar keinen Hunger habe! Keine Ahnung, was das jetzt ist, aber ich bekomme kaum einen Bissen runter. Dafür darf ich mir meine zwei Brötchen für später einpacken und Gabi guckt ganz aufgeregt, was sie mir denn noch alles Gutes mitgeben könnte. Da ich immer noch meine Schokolade habe, brauche ich von den angebotenen Süßigkeiten nichts, greife bei Äpfeln und Bananen aber zu.

Bevor ich gehe, möchte ich über mein Tablet noch einen Bericht für Facebook verfassen und stelle mit Erschrecken fest, dass das Teil schon nicht mehr funktioniert.

Himmel, das kann doch jetzt nicht wahr sein!

Zuerst nehme ich an, dass es einfach nur leer ist, aber das Display sieht irgendwie merkwürdig aus – als ob da Schatten drauf wären – und ich komme ziemlich schnell zu dem Schluss, dass es die Hitze in dem Rucksack einfach nicht ausgehalten hat. Um es ständig am Laden zu halten, hatte ich es direkt zu meinen tragbaren Solarzellen gepackt und eingestöpselt – und da dort die Sonne ja direkt draufknallt, ist das Innenleben wohl gleich verschmurgelt.

Missmutig über meine Dummheit, lasse ich das Tablet bei Gabi und Franz, die mir sofort versprechen, es an meine Adresse zu schicken, von wo es ja direkt an meine Freunde weitergeleitet wird. Jetzt bleibt mir für die Berichterstattung nur mein Handy und noch meine Kamera, mit der ich zwar filmen – diese Filmchen aber nicht weiterschicken kann. Wenn ich daran denke, wie viel Zeit mein

Kumpel Jörg und ich damit verplempert haben, herauszufinden, welches Gerät für meine Zwecke am besten geeignet ist ... und ich bin so blöd und setze es fast ungeschützt dieser Hitze aus!

(Als ich schon lange von Hof weg war, hat der liebe Franz dann herausgefunden, dass es tatsächlich nur leer war! Warum auch immer.)

Wohl ausgeruht und mit frischem Proviant ausgestattet, mache ich mich wieder auf die Socken. Es geht über die schöne Iller-Hängebrücke – die zwar nicht gerade sehr hoch ist, aber für jemanden, der ein bisschen mit Höhenangst zu kämpfen hat, schon eine Herausforderung darstellt – und verschwinde auf der anderen Seite des Flusses im Wald.

Schatten! Herrlich! Schon jetzt ist es mehr als warm und ich freue mich auf einen angenehmen Weg durch dieses, mit seinen verschlungenen Pfaden und knorrig gewachsenen Bäumen, märchenhaft anmutende Waldstück. Es geht ziemlich hinauf und hinunter und für mich ungeübte Wanderin ist das ein Stück Arbeit, aber leider führt mein Weg auch viel zu schnell wieder hinaus in die pralle Sonne und dort geht es auf komplett ungeschützten Wegen weiter bergauf.

So richtig kann ich meinen Rhythmus noch nicht finden, dafür ist dieser Lauf für meinen behäbigen Körper und mich einfach noch zu anstrengend. Aber meine Gedanken kann ich dennoch laufen lassen.

Ich muss an meine Mutter denken ... sie weiß weder, dass ich mich auf diese Reise begeben habe, noch unter welchen Umständen.

Als meine Geschwister von meinem Plan erfuhren, reagierten sie zunächst so ähnlich, wie es die meisten taten. Es gab ein sehr verhaltenes: »Na ja, sehr schön. Mal sehen ...« Und: »Aha, na dann« – und diese Worte waren gepaart mit ein bisschen Ratlosigkeit, wie mir schien. Blöderweise hatte ich ein bisschen mehr Enthusiasmus erwartet und so beschloss ich sofort, dass ich alles weitere erst einmal für mich behalten würde. (So ist das manchmal mit unseren dummen Erwartungshaltungen)

Für meine eigene Gefühlswelt war das ziemlich ernüchternd gewesen und ich fragte mich, wie es kommt, dass mein Gegenüber gar nicht erkennt, wie *aufregend, spannend und wichtig dieses Vorhaben für mich ist. Es ist ja auch nicht so, dass ich ständig mit neuen Ideen um die Ecke komme, die ich dann nicht in die Tat umsetze oder wegen verrückter Lebenswege nicht der Norm entspräche. So stellte ich jedoch traurig fest, dass wir Geschwister uns zwar lieb haben, uns aber über die Entfernungen dennoch fremd geworden waren.*

Andererseits bin ich sehr froh, dass wir überhaupt hin und wieder Kontakt haben, das ist in vielen Familien ganz anders. Da wird viel gestritten oder gar nicht mehr miteinander gesprochen. Bruder gegen Bruder, Schwester gegen Schwester – ich habe es so oft in den verschiedensten Familien erlebt. Ganz schrecklich!

Erst später, als meine Geschwister merkten, dass ich diese Idee wirklich in die Tat umsetzen werde, konnten sie sich mit meinem Vorhaben anfreunden und wir sprachen hin und wieder darüber. Als der Start meiner Reise nahte, stellte sich mir aber die Frage: »Wie sage ich es jetzt meiner Mutter?« und ich dachte darüber nach, wie ich *reagieren würde, wenn eines meiner Kinder sich auf ein so großes Abenteuer einließe – würde ich das wissen wollen, oder nicht? So nach dem Motto: »Was ich nicht weiß, macht mich nicht heiß ...« Meine Geschwister meinten schon, dass unsere Mutter ein Anrecht darauf hätte, von diesem Abenteuer zu erfahren, ich aber scheute die damit verbundenen Fragen und ihre Ängste. Also nahm ich Bruder und Schwester das Versprechen ab, Stillschweigen zu bewahren. Im besten Fall würde meine Mutter erst darauf aufmerksam werden, wenn ich schon eine ganze Weile unterwegs bin und dann könnte ich sagen: »Schau, Muttern, es ist alles ganz toll! Und mir ist noch nix passiert!« Dann wäre sie vielleicht richtig sauer auf mich, aber das ist immer noch besser, als wenn sie schon wochenlang vorher vor lauter Sorge um mich nicht in den Schlaf käme. So ist meine Mutter nämlich. Auch wenn ich schon selbst so alt bin. Sie sagte mal: Da kannst du noch so alt werden – du wirst schließlich immer mein Kind bleiben.*

Sollte sie viel früher schon etwas von meinem Abenteuer erfahren ... na ja ... dann müsste ich mir halt etwas einfallen lassen.

So bin ich mit meinen Gedanken unterwegs, es wird im Laufe des Tages immer heißer und mit meinem inzwischen sehr schmerzenden Fuß gehe ich einfach nur strunz weiter Richtung Norden. Hin und wieder mache ich mal eine kleine Pause, allerdings niemals lange und ich darf das Trinken zwischendurch nicht vergessen. Neues Wasser zu bekommen, ist überhaupt kein Problem – das bekomme ich an jeder Tankstelle und auch in jedem Geschäft oder ich frage jemanden, der gerade in seinem Vorgarten steht – wenn ich denn durch eine bewohnte Gegend komme ... aber ich sehe ja immer an den Entfernungsschildern wie weit es bis zum nächsten Ort ist, also komme ich wegen des Wassers nicht in Verlegenheit. – *Wie der Joey Kelly das wohl immer gemacht hat? Der hat niemanden um Hilfe gefragt. Ich meine, ich habe sein Buch gelesen, aber diese Situationen in Echtzeit zu erleben, ist eine komplett andere Hausnummer!*

Um Kilometer und Zeit zu sparen, gehe ich östlich der Iller in Richtung Memmingen und vermeide somit die verschlungenen und dadurch wesentlich längeren Wanderpfade, die ich eigentlich gehen wollte. Ich bin viel zu langsam und wenn ich auf den Pfaden bleibe, kann ich mir jetzt schon ausrechnen, dass es mit meiner Zeit nicht reichen wird.

Hinter Memmingen will ich wieder auf die Iller treffen und von dort weiter in Richtung Ulm gehen.

Aber es kommt ganz anders …

Mein Weg führt mich irgendwann ein ganzes Stück an der Autobahn entlang und es ist einfach nur öde. Heiß und öde.

Mein Text dazu in Facebook:

Ich gehe und gehe und denke ganz laut: »Scheiße! Wer hat sich das bloß ausgedacht?!« Ich muss stundenlang neben der Autobahn marschieren, kein Schatten, nix!

Und dann fließt irgendwann neben mir ein Bach – plätschernd, kühl, einladend – ich komme aber nicht da runter; Rutschgefahr am Ufer – ich hab ja nicht sooo viele Klamotten mit - wenn was nass ist, muss ich gucken, wie ich's trocken kriege – und nasse Klamotten sind noch schwerer ...

Also denk` ich: »Da gibt's bestimmt irgendwo mal 'nen Steg oder nur eine Bohle« ... Und voilà – das Schicksal meint es wieder gut: Da ist der Steg!

Damit hatte ich nun wirklich nicht gerechnet: Da liegen wirklich ein paar Holzbohlen quer über dem Bach!

Mein Fuß schreit förmlich nach Abkühlung und ich hoffe nur noch, dass dieser Steg nicht zu hoch ist und ich auch wirklich mit den Füßen bis ins Wasser reiche.

Mein Rucksack landet unsanft auf dem Boden und mein Gürtel mit Wasserflasche und Kartentasche fliegt hinterher. Dann mache ich mich daran, meinen Schuh vom Fuß zu ziehen und schaue ganz erschreckt auf meine schmerzende Ferse, als das Schuhwerk endlich runter ist: Die Wollsocke ist ziemlich groß durchgeblutet und ich merke auch schon, dass einzelne Fasern in der Wunde kleben. Aber da muss ich jetzt irgendwie durch.

Den Fuß in das kühlende Wasser zu bringen ist dann noch mal eine eigene Geschichte; aber irgendwie bringe ich ihn da rein und als das Brennen und Pochen nachlassen, kann ich endlich beginnen, mich langsam zu entspannen.

Und dann setze ich mit einem Anruf einen wahren langanhaltenden Dominoeffekt in Gang.

Während ich auf diesem Steg hocke, kommt mir kurioserweise die Idee, meine liebe Kollegin Dominique anzurufen. Der Gebrauch meines Handys war eigentlich nur für den Notfall gedacht (außer, dass ich damit auf Facebook poste). Domi und ich telefonieren sehr selten miteinander. Warum rufe ich also ausgerechnet sie jetzt an??

Ich weiß es nicht – aber als ich sie an der Strippe habe und sie hört, wo ich gerade bin, ist sie ganz aufgeregt: Dort in der Nähe wohnt doch die Claudia! – Ach, ja? Wer ist Claudia?

Dominique ist ganz aus dem Häuschen und sprudelt sofort los: »Ja, ich glaube, Mensch – so genau weiß ich das auch nicht – aber, ja doch – das ist doch wo du jetzt bist – ach, ich frag mal den Dave in der Schweiz, der weiß das bestimmt und ich ruf dich wieder an …«

Okay … Claudia ist auch eine Kollegin, wir kennen uns nur flüchtig und ich weiß, dass sie lieb und nett ist. Mal sehen …

Die gute Domi ruft also zurück und erklärt mir, dass sie jetzt weiß, wo Claudia wohnt, und dass sie dort schon angerufen habe, und dass die Claudia in Prag sei, dass aber ihr Mann Peter wohl ein ganz Netter sei und ich könne da jetzt anrufen und der würde mir helfen.

Genau so mache ich es auch.

Und ich bin sehr froh, dass ich diese Hilfe erfahren darf, denn als ich mit der offenen, blutenden Ferse wieder in den Schuh steigen will … *AUAAAAAH* …

Der Peter holt mich also samt meinen Sachen dort ab, wo ich gerade bin, bringt mich in das schöne kühle Haus der Beiden und ich darf sofort duschen, während der Herr des Hauses sich extra meinetwegen mit der Waschmaschine vertraut macht, damit meine Wäsche auch gleich erledigt werden kann. Denn morgen will ich ja weiter.

Aber zunächst einmal muss ich über meine Idee und mein Vorhaben berichten, meinen bisherigen Werdegang erzählen und bekomme dabei ein lecker gekochtes Abendessen vorgesetzt.

Am späten Abend, als Claudia von ihrem Kurztrip in das schöne Prag zurückkehrt, erzähle ich noch einmal die ganze Geschichte in

Kurzform. Da sie sich in der Homöopathie ein wenig auskennt, schaut sie sich meinen Fuß an, versorgt ihn neu und gibt mir dennoch den Tipp, vor meiner Weiterreise einen Arzt aufzusuchen. Die Wunde ist inzwischen ziemlich groß und sieht nicht gut aus.

Da uns nichts anderes übrig bleibt, beschließen wir, den morgigen Tag abzuwarten und zu schauen, wie ich dann weiter vorgehe.

Gut untergebracht, satt und geduscht, verbringe ich die Nacht also wieder in einem sicheren Haus.

Nach dem Frühstück am nächsten Morgen, bringt Claudia mich zu ihrem Arzt, den sie zuvor telefonisch über mein Kommen und auch über den zwingenden Grund meines Besuches informiert hat.

Ich werde dort ordentlich verarztet mit den Worten: »Sie sollten in den nächsten Tagen gar nicht mehr laufen – zumindest nicht in geschlossenen Schuhen.«

Hmm …

Das habe ich mir schon selbst gedacht, denn so ohne Weiteres komme ich ja auch gar nicht mehr in meine Schuhe hinein. Aber soll ich in Schlappen weiterlaufen? Ich habe welche mitgenommen und ich habe auch sogenannte Barfußschuhe in meinem Gepäck – diese waren als Notnagel gedacht, falls meine festen Schuhe vielleicht mal völlig durchweicht sind oder so … und da ich kein weiteres schweres Schuhpaar mitschleppen wollte, waren die Barfußschuhe, die wie dicke Socken aussehen, eine wirklich gute Alternative … aber mit dem schweren Gepäck auf dem Rücken?

Claudia und Peter bieten mir sofort an, so lange zu bleiben wie ich nur möchte. Ich bin gerührt, erleichtert und dankbar – welch ein Angebot für einen fast fremden Menschen!

Also beschließe ich, noch einen Tag zu bleiben und mich morgen wieder auf den Weg zu machen. Dann gehe ich eben in Schlappen und trage meine Schuhe – was bleibt mir anderes übrig. Irgendwie muss es weitergehen.

Ich stelle das ganze Desaster in Facebook rein und bin wieder einmal auf die Reaktionen gespannt! Denn nichts, aber auch gar nichts läuft so wie geplant; ich bin sehr unzufrieden, genervt und auch ängstlich: die Frage drängt sich auf – was ist, wenn ich nicht weiter komme? Wollte und könnte ich das akzeptieren? Und dann auch noch so schnell?

Ich will nicht darüber nachdenken.

Morgen gehe ich einfach los und werde sehen, was passiert. Ich glaube, wenn ich immer nur darüber nachdenken würde, ob *das geht und* wie *das geht – dann könnte ich auch gleich aufgeben. Außerdem – es ist nur eine Wunde am Fuß. Ich bin nicht todkrank oder angeschossen, Herrgott nochmal!*

Auf Facebook spreche ich zwar nicht alle meine Gedanken aus, aber man kann schon lesen, dass mich die Situation deprimiert. Und ich bin von den Socken, wie groß die Anteilnahme ist und mit wie vielen aufmunternden und wohlgemeinten Worten die Menschen versuchen, mir beizustehen! Auch dass ich mich den Tag und die Nacht vorher nicht melden konnte, weil ich keine Verbindung bekam, hatte meine Mitstreiter an den PCs und Laptops verunsichert und sie schreiben:

»Dann wissen wir jetzt wenigstens wo du bist und dass es dir gut geht!«

Ich habe das nicht erwartet!

Und dennoch ...

Ich will gar nicht drüber reden

Die letzte Nacht entpuppt sich zu einer Vollkatastrophe und ich weiß wirklich nicht, was das Universum mir sagen will:

Soll ich auf keinen Fall weitermachen und aufgeben?

Oder heißt das: mal sehen, wie viel du bereit bist, auszuhalten?

Nachdem der gestrige Tag zwar mit guten Gesprächen und sehr leckerem Essen – Claudia ist eine göttliche Köchin! – aber auch mit Selbstzweifeln und Grübeleien zu Ende gegangen war, bin ich früh in die Koje, da ich dachte, dass ich heute einfach langsam weiterziehe. Wir haben zwar besprochen, nochmal einen Tag abzuwarten, denn es sieht wirklich nicht gut aus mit meinem Fuß, aber wenn ich meine Schuhe in einen Beutel stecke und statt der festen Wanderschuhe offene Schlappen oder Barfußschuhe trage, sollte doch ein Weitergehen möglich sein …

Doch daraus wird nichts.

Vor einigen Jahren hatte ich immer wieder immense Rückenprobleme; Schmerzen im unteren Lendenwirbelbereich, die mich oftmals so richtig in die Knie zwangen. Das war wirklich nicht lustig. Nach Jahren der immer wiederkehrenden Schmerzen, die ich mit zahlreichen Spritzen, Medikamenten und Salben zu bekämpfen versuchte, hatte ich endlich eine gute Methode gefunden, den Schmerzen beizukommen und somit meine Bewegungsfreiheit wiedererlangt – andererseits hätte ich mir über diese Tour gar keine Gedanken zu machen brauchen: sie wäre gar nicht erst in Betracht gekommen; mit so einem Rücken hätte eine solche Idee keinen Raum in meinem Kopf gefunden.

Doch heute Nacht holt mich der vergessene Schmerz ein.

Woher er kommt, weiß ich nicht. Ich liege auf dem Rücken und tippe meinen Bericht über den Tag in mein Handy, als ich einen kleinen Schmerz im Rücken verspüre. Ich muss sogar grinsen: kaum mal draußen in der Natur auf dem harten Boden geschlafen und jetzt wieder verweichlicht in der Koje liegen – dazu hat mein Rücken gar keine Lust.

Aber als ich mich aufrichten will, um aufzustehen und das Licht zu löschen, vergeht mir schlagartig das Grinsen. Ein altbekannter Schmerz schießt mir durch die Lendenwirbel und etwas fassungslos falle ich in mein Kissen zurück. Ungläubig versuche ich noch ein paar Mal hochzukommen, aber sobald ich die Rückenmuskulatur dafür anspanne, kommt der Schmerz mit Macht und ich muss dieses Vorhaben aufgeben.

Ich glaub das jetzt nicht!

Vorsichtig versuche ich mich auf die Seite zu drehen, um mich, in nicht verlernter Manier, aus dem Bett rollen zu lassen … aber auch das klappt nicht. Mir bleibt vor Schmerz fast ein wenig die Luft weg und der Schweiß bricht mir aus.

Was soll ich denn jetzt machen? Ich kann doch nicht um Hilfe rufen! Soweit kommt`s noch, dass ich hilflos wie ein Maikäfer auf dem Rücken liegen bleibe!

Also strenge ich mich an, versuche den Schmerz, so gut es geht, auszublenden und gelange endlich irgendwie auf den Fußboden neben meinem Bett. Dort sammle ich mich erst einmal und atme tief durch, bevor ich wieder versuche, mich aufzurichten. Aber Fehlanzeige! Ich komme, ums Verrecken, nicht hoch! Sobald ich den Rücken in irgendeiner Form anspanne, klappe ich gleich wieder wie ein Taschenmesser zusammen.

Also krabble ich auf allen Vieren durch das Zimmer, um endlich mal das Deckenlicht zu löschen – hast du eigentlich eine Ahnung, wie hoch diese Lichtschalter angebracht sind? Das weiß man erst, wenn man auf Händen und Knien davor hockt und den Arm nicht nach oben strecken kann.

Jetzt fange ich an zu heulen.

Ich kann es gar nicht verhindern – die Tränen laufen nur so, während ich vor der Wand hocke und nicht weiß, wie ich diesen Scheiß Lichtschalter auskriegen soll!

Minutenlang bleibe ich bewegungslos in einer Position hocken und heule vor mich hin.

Dann reiße ich mich zusammen …

… denn mir fallen all die Menschen ein, die weitaus viel Schlimmeres erleben müssen – Angst, Schmerzen, Hunger, Krieg und Tod – diese *Menschen haben wirklich einen Grund zum Weinen – ich dagegen kann jederzeit abbrechen und nach Hause gehen.*

So viele andere können das nicht. Sie können nicht anrufen und sagen: »Ey, das ist jetzt gerade ganz doof hier. Kannst du mal kommen und mich abholen?!«

Ich bin freiwillig hier und kann jederzeit gehen – also hocke hier nicht rum und heule, sondern reiß dich zusammen …

… irgendwie bekomme ich dann das Licht aus und robbe langsam zurück Richtung Bett. Mir wird klar, dass eine Matratze jetzt vielleicht nicht so gut für mich ist und zerre meinen Schlafsack aus meinem Rucksack heraus. Selbst das ist eine große Anstrengung. Erschöpft lege ich mich einfach nur noch darauf und versuche, eine Schlafposition zu finden, die meinen geplagten Rücken in Ruhe lässt.

Die Nacht verbringe ich unruhig, mit Schmerzen im Rücken, sowie bohrenden Fragen und Gedanken in meinem geplagten Kopf: *»Wie soll es weitergehen?«*

Irgendwann gegen Morgen stelle ich mich unter die heiße Dusche und lasse minutenlang heißes Wasser auf den schmerzenden Bereich meines Rückens laufen. Das Liegen auf dem harten Boden hat meinem Rücken, Gott sei Dank, gut getan. Dennoch wird das Anziehen zur Tortur, da ich mich einfach nicht bücken kann und ich frage mich, wie ich das unterwegs bewerkstelligen soll oder auch einfach nur: »Wie kriege ich meinen Rucksack auf meinen Rücken?«

Claudia und Peter sind sehr betroffen, als sie an diesem Morgen sehen, wie ich die Treppe hinunter schleiche und Claudia ruft wieder bei ihrem Arzt an und fragt um einen schnellen Termin für mich. Sie bietet mir an, mich in die Praxis zu fahren, aber ich lehne ab, da ich herausfinden muss, wie ich auf meinen eigenen zwei Beinen vorwärts komme. Es geht schwierig, ich kann mich nicht gerade machen und kleinste falsche Bewegungen schicken mir nur noch mehr Schmerzen durch meinen ohnehin gepeinigten Rücken.

Dr. Bonk empfängt mich schnell. Er untersucht mich gründlich und erklärt mir dann, was da mit meiner Rückseite passiert ist. Nichts Dramatisches, Gott sei Dank, sondern wahrscheinlich nur ein paar Muskelstränge, die sich irgendwie in umliegenden kleinen Knöchelchen verhakt haben – schmerzhaft, ja – aber nix Ernstes. *Hm … bei den Schmerzen hätte ich ihm aber auch geglaubt, wenn er gesagt hätte, dass ich kurz vor einer Lähmung stünde …*

Außerdem verrät der nette Herr Dr. Bonk mir, dass man heutzutage nicht mehr unbedingt zur Spritze greift, um Rücken und Muskulatur schneller zur Entspannung zu verhelfen, da auch immer mal wieder Nerven getroffen werden könnten und dies zu vermeiden gelte.

Er macht sich in den Tiefen seiner Arzneischränke auf die Suche und fördert ein paar Pillen zutage, die er mir mit den Worten empfiehlt: »So wie ich sie einschätze, nehmen sie nach Möglichkeit keine Tabletten. Hier habe ich welche, die keinerlei Auswirkungen auf ihre Nieren haben. Oder zumindest nicht so sehr.« Ich solle sie auf meine weitere Reise mitnehmen und nach Bedarf gegen die Schmerzen nehmen. Oder besser nicht weiterlaufen – die Muskulatur sei völlig verkrampft, der Rücken im jetzigen Zustand kaum belastbar und der Fuß … na ja, der sähe ja auch nicht wirklich schön aus.

Der nette Doc drückt mir vier Tabletten in die Hand. Sie sehen aus wie kleine Bomben.

Humpelnd und mit gebeugtem Rücken kehre ich zu Claudia und Peter zurück und wir beraten mal wieder, wie es weitergehen soll. Die beiden können mir diese Entscheidung leider nicht abnehmen, aber ihr: »Bleib einfach so lange wie du willst«, lässt mich dankbar noch eine weitere Nacht dort verbringen.

Und mal ehrlich – schwer fällt mir diese Entscheidung nicht: Fuß und Rücken sind lädiert, meine Gasteltern super nett und freundlich und Claudia ist zudem auch noch eine exzellente Köchin der vegetarischen Küche!

Doch ich muss mir ernsthaft überlegen, wie es weitergehen soll. Ich will noch nicht aufgeben! Recht schnell reift in mir der Entschluss, einfach so lange weiterzumachen, wie es eben geht. So lange gehen, wie Rücken und Füße es erlauben, Rast machen wann immer mein Körper es verlangt und schauen, wie weit ich komme. Aufgeben kann ich immer noch.

Und dann hat Claudia für den ersten weiteren Weg eine grandiose Idee! Sie weiß von einer Kollegin, die in der Nähe von Ulm wohnt, also genau in meiner Richtung, ruft diese sofort an und bittet um Hilfe. Steffi N. ist ohne lange zu überlegen bereit, mir zu helfen und die beiden Frauen besprechen am Telefon mein weiteres Fortkommen.

Auf Facebook berichte ich nichts über mein neuestes Dilemma.

Ohne Schuhe und ohne Rucksack

Nach einer weiteren Nacht auf dem Fußboden – zumindest bleibe ich weiterhin meiner bodennahen Schlafweise treu – packe ich am Morgen mühselig meine Siebensachen zusammen, genieße zum letzten Mal ein ausgiebiges Frühstück und schlüpfe dann in meine Latschen.

Keine dicken Schuhe, kein Fersengeschubber – ich setze meinen Weg in luftigen, ausgelatschten Schlappen fort … natürlich nicht für eine lange, anstrengende Wanderung gemacht, aber im Moment habe ich keine Alternative. Zudem nehme ich meinen Rucksack auch nicht Huckepack, sondern dieser wird mit dem Auto bis zu meinem nächsten Etappenziel gefahren.

Claudia und Steffi haben einen Treffpunkt ausgemacht, weiter nördlich auf meiner geplanten Route – dort wird mein Gepäck umgeladen und gefahren und ich kann mich so, im wahrsten Sinne des Wortes, unbelastet weiter zu Fuß auf den Weg machen.

Der Abschied von meinen lieben, gastfreundlichen Herbergseltern, Claudia und Peter, fällt mir nicht leicht. Weiß ich doch nicht, ob ich auf meiner weiteren Reise noch einmal auf so nette, hilfsbereite Menschen treffen werde. Und ich frage mich, wie viele helfende Hände sich mir noch entgegenstrecken werden.

Claudia und ich treffen Steffi, die mich mit einem großen fröhlichen Hallo begrüßt, auf einem Parkplatz nahe der Donau und die beiden Frauen hieven mit vereinten Kräften meinen Monsterrucksack von einem Fahrzeug zum anderen.

Nach vielen lieben Umarmungen mache ich mich endlich wieder auf den Weg.

Krumm und schief laufe ich also dieses Mal in Latschen weiter – *na ja, laufen ist wohl zu viel gesagt; ich bewege mich vorwärts.*

Claudia und Steffi, die mir vom Parkplatz aus nachsehen, waren nicht gerade davon überzeugt, dass ich sehr weit kommen werde, wie sie mir später erzählten. Es hätte eher etwas von einem schwankenden Schiff gehabt als von einer strammen Wanderin und die eine wie die andere habe auf meinen Anruf gewartet, dass es nicht mehr weiter ginge.

Aber trotz meiner wirklich unbequemen Schmerzen fühle ich mich immer besser, je länger ich unterwegs bin und meine Überzeugung wächst, dass ich meine Tour trotz allem schaffen werde und auch, dass mein Rücken sich alsbald wieder beruhigen und dann einfach alles gut wird.

Mein Weg führt mich zunächst ein ganzes Stück direkt an der Donau entlang, zwar weit abgeschlagen von meiner ursprünglich geplanten Route, aber das ist jetzt nicht zu ändern.

Ich bin heilfroh, einfach nur wieder unterwegs zu sein und je weiter ich komme, desto entspannter werde ich. Ein kleines Gefühl von wiedergewonnener Freiheit macht sich in mir breit, wie ein lahmer Vogel, den man endlich aus seinem Käfig gelassen hat.

Das habe ich wirklich nicht erwartet.

Ein warmes Gefühl von Dankbarkeit findet sich in meinem Bauch ein, macht mich froh und irgendwie beschwingt und es fällt mir immer leichter, meinen Weg fortzusetzen, die Schmerzen zu vergessen und mich an der Schönheit der Natur zu erfreuen.

Keine schweren Gedanken, keine Grübeleien, kein Frust.

Ich bewege mich langsam vorwärts und das macht mich zufrieden, ohne darüber nachzudenken, ob das jetzt richtig ist oder falsch, ob ich wieder meine eigenen Regeln gebrochen habe oder stattdessen hätte lieber nach Hause fahren sollen – oder ob es irgendjemanden juckt, dass ich jetzt hier bin und nicht woanders. Der Weg hat mich zurück. Ich habe nicht gleich aufgegeben.

Gibt es nicht ein Lied mit dem Text: An der schönen blauen Donau? – ich weiß ja nicht, wo derjenige an der Donau war, aber wo ich entlang gehe, ist der Fluss von schlammiger brauner Farbe. Trotzdem würde ich gerne mal meine Füße hineinhalten, denn es ist wieder sehr heiß und ich habe nur Schlappen an, die ich ganz fix von den Füßen streifen könnte. Aber wegen meines Rückens traue ich mich nicht die kleine Böschung hinunter und so lasse ich es lieber bleiben und fordere mein Glück nicht weiter heraus.

Hin und wieder lege ich im Schatten der Bäume eine kleine Pause ein, aber ich kann nicht lange auf diesen Holzbänken sitzen – vom Aufstehen ganz zu schweigen, da ich mich in dieser Aufwärtsbewegung vornüber beugen muss und meine untere Rückenhälfte hat erheblich etwas dagegen. Ich bin froh, dass mir dabei niemand zusieht – und auch nicht zuhört!

Besser ist es, einfach zu gehen, in Bewegung zu bleiben.

Diese Worte kommen von mir! Ich, die zu viel Bewegung lange Zeit tunlichst vermieden hat.

Irgendwann verlasse ich den Fluss und folge dem Weg über lange Strecken entlang einer großen Straße, die sich durch die Dörfer hindurch schlängeln wird, bis ich an meinem heutigen Ziel angekommen bin.

Auf der Straße zu laufen ist in Schlappen nicht gerade sehr toll. Es wird nach einiger Zeit unangenehm, da die Füße schwitzen und sich an der Sohle reiben. Ich hoffe, ich muss diese Dinger nicht allzu oft tragen – ich glaube, das ginge nicht gut.

Ich hatte während meiner Vorbereitungen den Gedanken, dass meine Wanderschuhe vielleicht mal so nass sind, dass ich nicht in ihnen laufen könnte – wenn ich z.B. ins Wasser fiele. Deshalb packte ich diese Latschen überhaupt erst ein. *Über was man sich so Sorgen machen kann, ist wirklich unglaublich.*

In einem der vielen Vorgärten entdecke ich ein Boots-Baumhaus, das jedes Kinderherz höher schlagen lassen würde und ich bleibe staunend vor dem Bug des Holzbootes stehen, zu dem ich durch die Äste hindurch aufsehen muss. Wie häufig siehst du schon fliegende Boote in den Bäumen über dir? Das Ganze hat ein bisschen was von Peter Pan und ich stelle mir vor, wie die Kinder dort oben die Geschichte von Wendy, Peter und Käpt`n Hook wunderbar nachspielen können.

Während ich mir meinen Weg suche, schwindet ganz allmählich die Entspannung, aber ich versuche, nicht allzu viel zu denken. Hin und wieder werfe ich einen Blick in die Landschaft, aber ansonsten gehe ich mit gesenktem Kopf, konzentriert auf meine Füße schauend. Schritt für Schritt.

Nach einigen Stunden des Laufens, oder sagen wir: des langsamen Fortbewegens, ist es dann aber doch allmählich vorbei mit dem Wohlbefinden. Mein Rücken tut höllisch weh und ich habe das Gefühl, dass nicht nur die Muskeln hinten völlig verkrampft sind, sondern überall im Körper. Ich fühle mich unbeweglich und steif, es ist heiß und ich beginne mich zu fragen, wie ich das morgen machen soll.

Mit Rucksack. Und Schuhen.

Am frühen Abend erreiche ich das Dorf Unterelchingen, wo ich im Haus von Steffi und Thomas N. mit einem herrlichen Abendessen, vom Hausherren selbst zubereitet, auf das Herzlichste empfangen werde und heilfroh bin, endlich angekommen zu sein.

Natürlich muss ich von meiner bisherigen Zeit erzählen und versuchen, zu erklären, wie man denn – um Gottes willen! – auf diese verrückte Idee einer so langen Tour ohne Geld, Nahrung und Unterkunft kommen kann und wieder einmal glaube ich, dass ich diese Frage niemals werde hinreichend beantworten können.

Der Abend ist jetzt angenehm warm und plaudernd sitzen wir am großen, wunderschön angelegten Gartenteich, in dem sich der ganze Stolz meiner Gastgeber tummelt: jede Menge große, bunt gezeichnete Koikarpfen. Allerdings wird mir ganz traurig vom großen Fischsterben, das sich seit einigen Tagen in dieser kleinen Welt abspielt. Bei genauerem Hinsehen kann auch ich bemerken, dass das gar kein lustiges Tummeln ist, sondern eher ein Dümpeln und träges Schaukeln unter der Wasseroberfläche. Steffi erklärt mir, dass sich sehr wahrscheinlich tödliche Bakterien eingeschleust haben, die die Tiere dahin raffen. Während wir also besprechen, wie es morgen mit meiner Route weitergehen soll, beobachten wir immer wieder ängstlich die Fische und hoffen, dass nicht gerade jetzt einer leblos an der Oberfläche treibt.

Ich frage mich, wie viel Gefühl so ein Fisch wohl hat? Wir Menschen tun das immer so leicht ab, denn ein Fisch hat keine Mimik und kann also darüber auch keinen Schmerz und auch keine Freude ausdrücken. Heißt das aber auch gleichzeitig, dass er überhaupt nichts empfindet? Woher wollen wir das wissen? Und weil wir es nicht wissen, ist es also auch nicht schlimm, diesen Karpfen einfach beim Sterben zuzusehen?

Steffi erzählt mir, dass ihr diese Tiere etwas bedeuten, sie sind schon lange bei ihr. Sie kennt sie von klein auf, sie konnte sehen wie sie wachsen und sich dabei verändern. Und jetzt sind sie schwer krank. Einige sind aber vielleicht auch stark und überleben.

Ich kann beobachten, wie der eine oder andere Fisch dicht unter der Oberfläche hängt und richtig Mühe mit dem Luftholen durch seine Kiemen hat! Es ist ein regelrechtes schweres Atmen, man kann sehen, wie qualvoll dieser Zustand ist und das macht hilflos.

Der Eine oder Andere würde jetzt sagen: »Einfach aus dem Wasser holen und draufhauen.«

Steffi kann ihre Tränen nicht mehr zurückhalten.

Wie viele Zentimeter Leben hat ein Koikarpfen?

Der Abend vergeht wie im Fluge und bald ist es Zeit für mich, schlafen zu gehen. Morgen früh möchte es sich meine Gastgeberin nicht nehmen lassen, mir wenigstens ganz kurz die schöne Stadt Ulm zu zeigen, durch die ich normalerweise gekommen wäre.

Weiterhin ist beschlossen, dass ich zunächst wieder ohne Gepäck und Schuhe laufen werde und Steffi mir beides zu einem späteren Treffpunkt nachbringen wird. So hat mein Rücken noch etwas Zeit, sich zu erholen.

Für die Nacht werde ich im Wohnwagen meiner Gasteltern untergebracht, der auf einem Parkplatz vor dem Haus steht. Ein kleines Reich nur für mich. Bis ich aber endlich in der Koje liege, wo ich mich endlich vorsichtig ausstrecken kann, dauert es noch eine ganze Weile – sich für die Nacht fertigzumachen, ist wirklich anstrengend, wenn man einfach nicht in die gebückte Haltung kommt.

Stelle dich mal gerade hin, halte in der rechten Hand deinen Schlüpper fest und mit der linken krallst du dich in einen Türrahmen, damit du nicht umkippst. Jetzt steige mit einem Bein in deine Unterhose, die vollkommen schlapp in deiner Hand baumelt … genau … das ist eine artistische Meisterleistung.

Bis ich endlich fertig bin, könnte ich schon wieder unter die Dusche gehen – ich bin schweißgebadet.

Ich kann jetzt nicht sagen, dass es eine tiefenentspannte Nacht ist, aber den Umständen entsprechend schlafe ich gut und am nächsten Morgen bekomme ich ein gemütliches Frühstück und meinen heißgeliebten Kaffee.

Gleich darauf fahren wir mit Steffis Auto nach Ulm und meine Gastmutter zeigt mir während einer kurzen Sightseeing-Tour die wunderschönen Seiten ihres Klein-Venedigs. Ich bin tatsächlich froh, dass sie darauf bestanden hat, mit mir hierher zu kommen – Steffi meinte nämlich, dass das so nicht ginge; ich könne nicht in die Nähe von Ulm kommen und mir dann die Schönheiten dieser Stadt entgehen lassen.

Und wo sie recht hat, hat sie recht.

Ulm ist eine kleine Großstadt mit Charme und während unseres Kurztrips durch die Straßen nehme ich mir vor, dass, sollte ich jemals wieder in die Nähe dieser schönen Stadt kommen, ich mir auf jeden Fall mehr Zeit für das Betrachten der Kanäle und liebenswerten Häuser, sowie dem Münster nehmen werde.

Sobald wir zurückkehren, mache ich mich aber endlich auf meinen Weg, auf dem ich nördlich, in grober Richtung Heidenheim, Ellwangen und Crailsheim weitergehen muss.

Nach einigen Kilometern, in Langenau, sehe ich von weitem bunte Figuren in und an einem Fenster und beim Näherkommen entdecke ich, dass es sich dabei um selbstgemachte Tonpuppen handelt, die sich lustig aus einem Fenster hangeln. Ich bin so neugierig, dass ich näher heran gehe und dabei ein Schild entdecke, auf dem steht, dass man ruhig klingeln dürfe. Da mein Blick um die Ecke herum noch mehr von diesen farbenfrohen, lustigen Figuren erhaschen kann, zögere ich nicht lange und drücke auf die Klingel. Kleine Visitenkarten stecken neben der Klingel in einer Holzschachtel und ich lese, dass eine Christa Reihle hier wohl ihr Unwesen treibt. Und genau so ist es. Eine liebenswerte, lächelnde Frau öffnet mir das Gartentor und lädt mich ein, ihren Zaubergarten zu erforschen. Als ich um die besagte Ecke komme, verschlägt es mir fast die Sprache: Tönerne Skulpturen, farbenprächtige Fantasiekobolde, große und kleine Figuren, Töpfe, Krüge und Gefäße in allen Formen und Farben stehen, hängen oder liegen dicht an dicht vom Boden bis hoch in die Bäume oder in den Hecken und Sträuchern! Da lacht das Herz und ich stelle mir vor, dass es unmöglich sein muss, diesen Ort mit einer miesepetrigen Laune zu verlassen. Es gibt nur ein Wort für diese kleine Zauberwelt: Fantastisch.

Aber ich kann mich nicht lange aufhalten und muss weiter und so verlasse ich Christa Reihles kleine Welt mit dem Versprechen, ganz in Ruhe vorbeizuschauen, sollte es mich vielleicht noch einmal in diese Gegend verschlagen.

Ich gehe immer noch schief und mit verkrampftem Hinterteil – ich ziehe bei dieser Art Schmerz den verlängerten Rücken so seltsam zusammen und schiebe dabei mit zusammengekrampftem Bauch die Hüfte nach vorne – das hört sich jetzt wirklich komisch an – doch diese Körperhaltung ist alles andere als angenehm und hat zur Folge, dass nach und nach meine gesamte Rückenmuskulatur wieder zu schmerzen beginnt. Das war gestern – jedenfalls am Anfang – noch anders oder ich konnte damit umgehen, aber das lässt sich nun mal jetzt nicht ändern und ich hoffe einfach, dass es mir durch die Bewegung nach einiger Zeit besser geht.

Im Prinzip ist das auch so, der immer gleichförmige Gang lockert dann doch allmählich wieder meine strapazierten Muskeln, aber es ist auch wieder höllenheiß und das macht einiges an guten Gefühlen zunichte. Die Hitze ist schon übel. Es sind über 35 Grad und ich bin über jeden Schatten, den ich ergattern kann, heilfroh.

Ich bin nicht nur körperlich von der Rolle, sondern auch mental.

Meine Wegstrecke stimmt hier überhaupt nicht mehr mit dem übereín, was ich ursprünglich mal laufen wollte und ich muss mich immer wieder zu den nächsten Ortschaften durchfragen. Dabei bleibt mir auch nichts anderes übrig, als ständig neben der Straße zu gehen, was zum einen ein ziemlich ungemütliches Gefühl ist und zum anderen von der gefühlten Hitze her nochmal eine Schippe drauflegt.

Heute Morgen war ich noch in Ulm, fühlte mich, mal abgesehen von meinem lädierten Rücken, einigermaßen wohl und jetzt latsche ich kreuzschief durch die Pampa und versuche, einfach nur vorwärtszukommen. Das gelingt mir nicht sonderlich gut, aber es nützt nichts – an einem ausgemachten Treffpunkt stoße ich auf Steffi, damit ich meinen Rucksack wieder übernehme. Sie nimmt mich noch ein Stück mit und dann geht es für mich wieder alleine weiter.

Steffi hat regelrechte Skrupel, mich wieder auszusetzen und meint, sie würde mich lieber wieder zurückfahren. Ich könne ja morgen nochmal einen Versuch starten.

Aber dieses Mal bleibe ich bei meinem Vorhaben, lasse mich in einem Waldstück absetzen und wuchte mir mit Steffis Hilfe zum ersten Mal seit langer Zeit, meinen Rucksack auf den Rücken. Ich gehe zwar ganz schön in die Knie, zumal ich auch schon meine gefüllten Wasserflaschen zum Abduschen mit drin habe, ich bin aber doch erstaunt, dass mir das zusätzliche Gewicht weniger Schmerzen bereitet als vermutet. Meine Wanderschuhe hat sie mir in einen kleinen roten Beutel gepackt, sodass ich sie nicht im Rucksack auf dem Rücken tragen muss und versorgt mit frischem Proviant, geht es wieder los.

Ich verabschiede mich ganz herzlich von meiner Gastmutter und somit auch schon zum zweiten Mal auf dieser Tour bei einer sehr engagierten Helferin.

Ich kann nicht ahnen, wie viele es noch werden sollen …

Ich habe Glück, dass ich in diesem Wald ein gutes Stück parallel zur Straße laufen kann. Ich finde es wirklich blöd, dass ich mich immer wieder an den Straßen orientieren muss, um meine Richtung zu halten, aber wenn ich jetzt nur Radwege gehen würde, wie eigentlich geplant, komme ich mit meiner Zeit gar nicht mehr hin. Wie ich das Zeitdefizit überhaupt wieder aufholen soll, ist mir ohnehin schleierhaft, aber ich kann und will darüber sowieso nicht nachdenken. Ich bin einfach nur dankbar, dass es überhaupt weitergeht und wie lange oder bis wohin, muss mir gerade mal egal sein.

Am frühen Abend mache ich endgültig schlapp und halte schließlich nur noch Ausschau nach einem geeigneten Schlafplatz. Das ist gar nicht so einfach.

Beim genaueren Hinsehen entdecke ich überall Müll! Es ist nicht zu fassen, aber dort, wo ich mich gerade befinde, scheinen die Leute immer mal wieder ihre Mülltüten zu entsorgen und es liegen auch etliche leere Flaschen herum – wie nach einer großen Party.

Ich habe keine Lust, heute Nacht von irgendwelchen Leuten gestört zu werden, die meinen, ihre Feten im Wald feiern zu müssen oder aber ihren Krempel vor meiner Haustür abladen. Oder die sich bei ihrem Tun durch mich gestört fühlen würden.

Also laufe ich weiter, gerate auf ziemlich steil ansteigendes Gelände und muss mich dabei auch noch immer mehr von der Straße entfernen. Mir bleibt nichts anderes übrig, als die Zähne zusammenzubeißen und bergauf zu stapfen. Oder ich gehe zurück. Und das ist die schlechtere Option.

Ich bin fast oben angekommen, als ich so etwas wie eine kleine Lichtung entdecke und bevor ich mich ernsthaft fragen kann, ob es sich hier vielleicht um einen Wildwechsel handelt, lasse ich meinen Rucksack schon schwer keuchend von meiner Schulter rutschen.

Es ist mir egal! Heute bin ich hier und die Viecher sollen gefälligst woanders lang laufen. Der Wald ist groß genug und die kennen sich hier aus.

Ich sondiere das Terrain und schaue, ob ich hier wirklich pennen kann – denn so ganz eben ist das Gelände nicht gerade und der Unterboden ist etwas holprig und total verkrautet. Aber ich merke, wie egal mir das wird – ich muss jetzt zusehen, dass ich mein Lager aufgebaut bekomme und ich weiß, dass es mit meiner sehr eingeschränkten Beweglichkeit noch dauert, bis ich endlich unter meine Plane kriechen kann.

Wenn es bis dato noch keine Selbstgespräche gegeben hätte – ich hätte sie heute erfunden!

Nach einer Weile bemerke ich nämlich, wie ich endlos vor mich hin brabbele:

»So, die Nässeschutzplane liegt ja schon mal gut. Jetzt mal die große Plane – ah, aua – sooo, mal gucken – wo ist denn hier vorne und hinten ... ah, die Schlaufe - jaja, da spanne ich von diesem Baum zu dem da ... aaarrgg ... hm ... weit weg ... oder besser der? Ach egal, meine Schnur ist lang genug. Und wenn wirklich Viecher hier langlaufen und sich in deiner Schnur verheddern, die du quer über

*die Lichtung spannst? Hihihi ... sähe wohl echt doof aus ... hm ... dann sehe ich doof aus, weil die vor Angst rumspringen wie blöd. Ach so, ... na jaaaa ... hm ... uuuhhhhh ... Ameisen! So viele Ameisen! Und so groß! So, jetzt noch den Schnossel ... wo ist der Schnossel!?! Aua! Wie soll ich denn die Matte aufpumpen?? *Grmpf* Das Scheißding muss doch ... Noch mehr Ameisen!! MANN, Scheiße, mein Rücken ...«*

Nach geraumer Zeit steht mein Domizil und ich mache mich an mein Abendritual: Ausziehen und waschen, Zähne putzen und ab in die Koje. Hört sich einfach an, sollte es normalerweise auch sein … aber jetzt dauert jedes für sich genommen schon ziemlich lange (ihr wisst schon – diese Unterhosenstory, nur dass ich jetzt in meine lange Wollunterbuxe schlüpfen muss – haha, schlüpfen hört sich schön geschmeidig an, aber ich bewege mich alles andere als geschmeidig) und ich bin total kaputt, als ich endlich auf meiner 52 cm breiten Luftmatte liege.

Dann warte ich, dass ich endlich einschlafen kann. Ich bin so müde. Ich höre tausend Geräusche. Allerdings muss ich sagen, dass ich nicht wirklich Angst habe – es ist eher so ein Aufgeregtsein. Ich habe gerade mit Ach und Krach mein Lager gebaut, es ist inzwischen fast dunkel und ich liege mutterseelenallein im Nirgendwo. Dazu die Misere mit meinem Rücken und die Füße, die sich nach dem zweiten Tag Wanderung ohne festes Schuhwerk auch nicht mehr so toll anfühlen.

Das Ganze hat etwas Unwirkliches. Als wenn das nicht ich wäre, die (vielleicht) mitten auf einer Ameisenstraße unter ihrer Plane liegt und auf all das Gezirpe, Geraschel und den Wind in den Bäumen horcht.

Wenn man mir diese Situation vorher zu Hause vorgeführt hätte, wäre ich vor Angst gestorben.

Eigentlich wollte ich ja mal ein richtig schönes Filmchen drehen – über die Landschaft, über den Weg und über meine Gedanken, die ich mir so mache … aber obwohl so viel passiert ist, ist das nichts worüber ich berichten möchte. Auf Facebook halte ich meine Gedanken kurz und schreibe nur das Nötigste. Auch jetzt überlege ich wieder, ob ich darüber berichten soll, wie es mir wirklich geht.

Und entscheide mich dagegen.

... als ich schon wegen meiner Ferse die Zwangspause bei Claudia und Peter einlegen musste, war die Anteilnahme, bei etlichen Leuten,

die mich über Facebook *verfolgen, groß. Einige haben, so wie ich, spekuliert, woran es denn liegen könne, dass ich so schnell ausgebremst wurde. Die Antworten waren unterschiedlich:*

»Es soll kommen, wie es kommen soll.«

»Die ersten Steine, die aus dem Weg geräumt werden wollen.«

»Vielleicht solltest du einen Schutz vor dem tobenden Unwetter haben.« (Während meines Aufenthaltes bei Claudia und Peter war es wirklich sehr stürmisch da draußen!)

»Eine willkommene Pause vor noch zu erwartenden Strapazen« ... usw.

Viele gute Wünsche und Gedanken und dass ich es schaffen würde. Wenn ich jetzt auch noch von meinem Rücken berichte, dann raten sie mir garantiert, dass ich nach Hause gehen soll. Das würde ich auf jeden Fall jemand anderem in dieser Situation raten. Und das kann ich gar nicht gebrauchen! Jetzt erst recht nicht. Und ich will mich auch nicht rechtfertigen müssen, warum ich nicht aufgebe. Ich möchte nichts erklären, nicht den anderen und schon gar nicht mir selbst.

Es war mir von vornherein klar, dass das hier kein Spaziergang wird, aber es lässt sich nun mal nicht leugnen, dass mein Körper solche Anstrengungen weder gewohnt ist noch einfach so wegsteckt. Aber ich will das nicht hören.

Also schnappe ich mir mein Handy und mache ein nächtliches Filmchen darüber, dass ...

… es mir gut geht.

Martin, »die Eule«, und Wollunterwäsche

Die Nacht ist alles andere als bequem, alle naselang werde ich wach – praktisch bei jedem Versuch, mich auf der schmalen Matte umzudrehen – und außerdem lerne ich auf ziemlich unbequeme Art und Weise, dass sich eine noch so kleine Abschüssigkeit mächtig auf den Schlafkomfort auswirkt. Ich rutsche andauernd von der Matte.

Wer mal mit mehreren im Bett gelegen hat, z.B. bei seinem kranken Kind oder als Jugendliche nach einer langen Party bei Freunden in der Koje, kennt das: Du machst dich so schmal wie möglich, liegst ständig an oder sogar schon auf der Kante des Bettes und bist die halbe Nacht damit beschäftigt, nicht rauszufallen.

Da ich mich so zerschlagen fühle, fällt es mir wirklich schwer, aufzustehen. Außerdem tut mir mein Rücken gerade mal nicht so weh und wenn ich mich jetzt hochstemme, dann geht alles wieder von vorne los. Hochstemmen ist das richtige Wort dafür, denn normal aufstehen kann ich nicht.

Man stelle sich das folgendermaßen vor: Ich rolle mich so gut es geht auf die Seite und muss dabei natürlich auch gleichzeitig nach hinten rutschen – denn sonst kuller ich ja sofort von der Matte. Dann ziehe ich die Beine an, mache mich mit rundem Rücken klein und rolle mich weiter, bis ich tatsächlich von der Matte rutsche und so mit den Knien, Ellenbogen und Unterarmen auf meiner Nässeschutzplane lande. Das Blöde ist, dass ich mich jetzt nicht einfach mit den Armen aufstützen, abstemmen und hochkommen kann, wie man es normalerweise machen würde – diese Bewegung ist mir nicht möglich, denn dann schießt mir der Schmerz in den Lendenwirbel und ich kippe einfach vornüber.

Also richte ich mich, ohne mich abzustützen, langsam und vorsichtig mit dem Oberkörper auf, bis ich aufrecht auf meinen Unterschenkeln hocke, komme dann mit dem Hintern hoch, stelle dann erst ein Bein auf und muss sofort auch das andere nachziehen und auf den Fuß bringen, da ich auch in dieser Haltung nur etwa eine Sekunde bleiben kann. Das bedeutet, dass ich jetzt richtig in der Hocke sitze und mich dann freihändig hochstemmen muss. Wenn man nur 60 oder 70 Kilo wiegt, ist das kein Problem …

Egal, ich kann hier nicht den ganzen Tag vertrödeln, ich muss zusehen, dass ich in die Hufe komme. Gerade weil alles ein bisschen länger dauert und weil es später wieder so heiß wird.

Doch vorher muss ich unbedingt etwas essen. Die gute Steffi hatte mir Salat und Brötchen zu unserem Treffpunkt mitgebracht, aber gestern habe ich einfach nicht mehr daran gedacht und als ich abends endlich lag, hatte ich keinen Hunger mehr.

Aber jetzt bin ich hungrig. Salat zum Frühstück – warum nicht? Sogar an eine Gabel hat Steffi gedacht. Jetzt habe ich noch ein trockenes Brötchen für unterwegs und immer noch die Schokolade, die natürlich schon längst nicht mehr nach einer Tafel, wie wir sie kennen, aussieht.

Die letzten beiden Tage in den Latschen haben mir dann auch endlich die wunden Fußsohlen beschert, die eigentlich auch zu erwarten waren. Jetzt haben sich auch dort kleine Blasen gebildet. Ich verklebe alles fest mit Blasenpflastern, ziehe zum ersten Mal seit zwei Tagen meine festen Schuhe an und los geht`s. Leichtes, beschwingtes Gehen sieht wahrscheinlich anders aus.

Als endlich alles abgebaut und wieder im Rucksack verstaut ist, schaue ich mich gründlich um, ob ich auch wirklich alles, was nicht hierhergehört, wieder weggeräumt habe.

Der Müll, den ich gestern hier entdeckt habe, hat mich wütend gemacht und traurig. Ich kann diese Menschen einfach nicht verstehen. Sie benutzen Mutter Natur, machen sich in ihr breit und beschmutzen sie dumm und gedankenlos mit einer Gleichgültigkeit, die vollkommen absurd ist.

Während meiner Vorbereitungen bin ich oft gefragt worden, ob ich keine Angst vor Spinnen, Käfern und anderen Krabbeltieren hätte und ich musste mich natürlich auch mit diesem Thema ordentlich auseinandersetzen. Insekten waren noch nie meine Freunde und selbst der gemeine Weberknecht konnte mich aus der Fassung bringen. Anfangs tat ich mich mit diesen Gedanken wirklich schwer, aber im Laufe der Vorbereitungen wurde mir immer klarer, dass ich in das Territorium der Insekten eindringen will und nicht anders herum. Wenn sie in meinem Haus auftauchen, verjage ich sie – aber jetzt bin ich der Eindringling und bitte um Duldung. Alleine, dass ich dort gelegen habe, wo die Pflanzen ganz niedergedrückt sind, hat dem einen oder anderen Krabbeltier garantiert nicht gut getan.

Es soll mir zur Angewohnheit werden, mich vorher bei Pflanzen und Tieren zu entschuldigen, dass ich mich gerade in ihrer Welt breit mache und hinterher zu bedanken, dass sie mich geduldet haben.

Mag sein, dass auch die Achtlosigkeit der Menschen, die ich vorher sehen musste, noch zusätzlich zu meiner Demut gegenüber der Natur beigetragen hat.

Ich muss grinsen, denn mir fällt der gestrige Abend ein: *»Die Viecher sollen gefälligst woanders langlaufen.«*

Ich entschuldige mich für diesen abfälligen Gedanken und muss noch mehr grinsen.

Bevor ich aber endgültig aufbrechen kann, stellt sich mir die spannende Frage, ob und wie ich meinen Rucksack auf meinen Rücken bekomme.

Ich habe das Glück, dass nur ein paar Meter weiter ein Hochstand steht. Ich schaffe es, den Rucksack auf eine der Leitersprossen zu stellen, drehe mich mit dem Rücken zu ihm um und gehe in die Knie. Dann schlüpfe ich mit meinen Armen rechts und links in die Gurte, hole tief Luft und stemme mich mitsamt dem Rucksack hoch. Mit ein bisschen Zähnezusammenbeißen geht das ganz gut. Ich bin heilfroh, dass das mit dem Aufsitzen des Rucksacks so gut klappt.

Ich verlasse mich heute mal auf meinen nicht vorhandenen Orientierungssinn – hoffe dabei aber eher auf mein Glück - als ich nicht wieder bergab zur Straße zurückkehre, sondern mich beim Hochstand auf dem Weg nach links wende und diesem einfach folge. Er muss ja irgendwohin führen.

Da ich mich noch im Wald befinde, ist die Luft herrlich, es duftet gut und das Gehen ist auf dem Waldboden sehr angenehm. Dennoch muss ich nach der Straße Ausschau halten, damit ich meinen Weg Richtung Heidenheim finde.

Es geht dann auch allmählich bergab und endlich stehe ich wieder auf der Straße, von der ich hoffe, dass sie einfach nur einen großen Bogen gemacht hat. Ich bin gespannt, ob ich mich auf der richtigen Route befinde, wenn ich mich nach rechts wende und dort weitermarschiere. Tatsächlich ist das auch so, wie ich später auf einem Schild lesen kann – Ha! dann ist mein Orientierungssinn doch gar nicht so schlecht – und so bleibe ich auf dieser Strecke.

Straße laufen ist mir immer noch ein Gräuel und das wird es wohl auch bleiben. Wenn es keine Leitplanken gibt, geht es, da ich dann einfach nebenher gehen kann. Gefährlich aber wird es in den Kurven. Es heißt ja, dass man immer auf der linken Seite gehen soll, also dem Verkehr entgegen – das ist ja auch richtig – aber wenn ich in eine Linkskurve komme, dann muss ich vorher die Seite wechseln. Ein entgegenkommendes Fahrzeug sieht mich in dieser

Straßenbiegung ja gar nicht – oder zu spät. Also laufe ich wie so ein Hase immer im Zickzack durch die Lande, ständig auf der Hut vor den Autos, die hinter den Kurven lauern. Das macht die Sache nicht einfacher. Oder netter.

Je näher ich Heidenheim komme, desto mehr nimmt auch der Verkehr zu und ich bin froh, als es wenig später auf einem Radweg weitergeht. Aber der Weg bis in die Stadt zieht sich endlos. Jetzt ist es eine laute vierspurige Straße und alles was Räder hat, knattert stinkend an mir vorbei. Als ich in einem Bushäuschen Rast mache, habe ich nicht so viel Spaß daran und sehe ziemlich schnell zu, dass ich weiterkomme. Aber ich brauche eine Bank, auf die ich mich mit meinem Rucksack setzen kann, ohne ihn runternehmen zu müssen. Diese Sitzposition ist zwar nicht gerade bequem, aber immer noch besser, als das Gepäck irgendwie wieder auf meinen Rücken zu kriegen. Ich muss da jetzt durch und zwar im wahrsten Sinne des Wortes: Heidenheim ist ein furchtbar langgezogener, an der Brenz gelegener Ort und ich muss praktisch vorne rein und hinten wieder raus.

Als ich endlich die Stadtmitte erreiche, entdecke ich einen Bioladen und mir kommt die Idee, dort nach etwas Obst zu fragen, das nicht mehr verkauft wird. Vielleicht habe ich Glück. Auch in einem Bioladen werden Früchte, die schon zu viele faule Stellen aufweisen, nicht mehr angeboten. Ich hole tief Luft, nehme kurzerhand meinen ganzen Mut zusammen und gehe hinein. Ach, ist es herrlich kühl in dem Geschäft! Ich schaue mich nach einer Verkäuferin um, entdecke jemanden an der Kasse und steuere zielstrebig auf die Dame zu.

Ich frage: »Meinen Sie, Sie hätten vielleicht etwas Obst für mich, das Sie nicht mehr in den Verkauf legen können? Ich bin von Süd nach Nord auf der Wanderschaft unterwegs, ohne Geld und bin auf Hilfe angewiesen.«

Die Dame sprintet sofort eilfertig mit den Worten los: »Ich glaube schon, ich frage mal kurz die Chefin.« Diese kommt auch gleich ganz neugierig heran. Ich sage noch einmal mein Sprüchlein auf und während ich mich dankbar mit dem Rücken an eine Kühltruhe lehne, sodass mein Rucksack hinten Halt darauf findet und Schultern und Rücken für eine kurze Zeit entlastet werden, packt sie mir ohne großen Kommentar schon ein Tütchen voll mit zwei Äpfeln, einer Birne und etlichen Tomaten. Mein Abendessen ist gesichert.

Ich bin ganz happy, dass ich mich endlich getraut habe, ganz gezielt nach etwas zu essen zu fragen. Es war nicht schlimm und die Idee in Bioläden zu fragen, ist vielleicht gar nicht so dumm. Ich denke, dass die Betreiber und Mitarbeiter eines Hofes – oder Bioladens – sozialer eingestellt sind und entsprechend toleranter reagieren als ein herkömmlicher Supermarkt. Ich meine nicht, dass die Menschen, die dort arbeiten, weniger Mitgefühl haben, aber ich glaube sehr wohl, dass sie einer wesentlich strengeren Kontrolle unterliegen – selbst wenn sie Obst herausgeben würden, das eigentlich nicht mehr verkauft werden kann ... oder eher – das keiner mehr haben will – könnte das für denjenigen fatale Folgen haben. Wie schon mal in den Medien berichtet, wird ja sogar ein liegengelassener Bon zu einem Kündigungsgrund – da werden sich die Mitarbeiter bestimmt hüten, mir etwas zu essen zu geben. Und ob der Chef einer solchen Filiale das so ohne weiteres dürfte, sei mal dahingestellt.

Vor meiner Reise hatte ich mich über das Containern schlau machen wollen, aber zu diesem Zeitpunkt war das Thema eigentlich gleich erledigt: Anfang des Jahres gab es einen Aufruhr, weil drei junge Leute weggeworfene Lebensmittel aus einem Container geklaut *hatten und tatsächlich zu Geldstrafen oder ersatzweise Gefängnis verdonnert wurden. Für mich unfassbar! Klar, wenn die Supermärkte ihre nicht mehr verkaufbaren Waren abends einfach vor die Tür stellten, würden etliche von denen, die diese sich dann holten, den entsprechenden Wert auch nicht mehr dort ausgeben.*

Aber warum wird diese Ware nicht sofort weitergegeben? Jede Stadt, jedes Dorf weiß doch, wo die wirklich Hilfebedürftigen wohnen, die sich einfach kein tägliches frisches Obst oder andere verderbliche Ware leisten können. Die also ohnehin nichts von all dem einkaufen könnten. Warum müssen diese Nahrungsmittel weggeworfen werden? Warum DÜRFEN sie überhaupt weggeworfen werden?

Wenn es so weit ist, kann ich mir ja ein Pappschild umhängen, wo draufsteht: »Habe kein Geld. Muss leider verhungern. Hinter mir im Müll liegen Lebensmittel, aber wenn ich die nehme, muss ich ins Gefängnis. Danke für diese Menschlichkeit.«

Und damit setze ich mich dann vor einen Container.

Aber so weit ist es noch lange nicht. Jetzt bin ich erst einmal versorgt und mache mich weiter auf meinen Weg. Doch bevor ich wieder ganz raus bin aus der Stadt, komme ich an einem Fitnessstudio vorbei und da ich hier kein anderes Geschäft entdecken kann, gehe ich dort hinein. Ich möchte nachfragen, ob meine Richtung noch stimmt, denn an den vielen Abzweigungen, an denen ich in der Stadt vorbeigekommen bin, standen nicht die Wegweiser, die ich brauchte.

Zwei junge Leute schauen mich fragend und neugierig an, als ich mit meinem großen Rucksack und schweißgebadet in ihren blitzblanken, supermodernen Laden eintrete.

Nach Fitness sehe ich wohl eher nicht aus.

Ich erzähle also kurz, worum es geht und die beiden kommen aus dem Staunen nicht mehr heraus. Dass man freiwillig und ohne ersichtlichen Grund einfach so losmarschiert … ich muss den Rucksack abnehmen, mich hinsetzen und darf mir wünschen, ob ich lieber einen Milchkaffee, Cappuccino oder einen Latte Macchiato hätte!

Das nenne ich gastfreundlich! Ich bin ganz gerührt.

Hmmm ... Milchkaffee ... lecker.

Während ich eins meiner Lieblingsgetränke genieße und die Fragen meiner beiden Gönner beantworte, darf ich sogar meine Füße auf einen der bequemen Sessel legen!

Das tut so gut!

Allzu lange kann ich aber nicht bleiben, ich will weiter und nach einem Selfie vor dem Weizmann-Plakat (ist wohl der Name des Inhabers) – die beiden jungen Mitarbeiter bestehen echt darauf, dass das Foto davor gemacht wird – und meiner Bezahlung mit einem meiner Helferbuttons, wuchte ich mir umständlich meinen Rucksack auf den Rücken. Alle beide möchten mir gerne dabei helfen, aber ich lehne mit der Begründung ab, dass ich das da draußen auch alleine hinkriegen muss. Skeptisch schauen sie mir zu und wahrscheinlich sieht meine Asterei mit meinem Gepäck auch nicht gerade sehr professionell aus. Kurz kommt wieder dieses blöde Gefühl von Peinlichkeit in mir hoch, nach dem Motto: Na, die hat sich ja einen schönen Mist aufgeladen. Wie kann man nur so blöd sein? Aber ich muss lernen, das zu ignorieren.

Dann stehe ich wieder auf der Straße, die Sonne knallt vom Himmel und es geht weiter.

Zunächst laufe ich noch ein gutes Stück an der Straße entlang, weil ich denke, dass ich einen Radweg wie den an der Brenz, mit all seinen Windungen und Kurven, die einem Fluss ja folgen, nicht mehr schaffe, aber mir wird das irgendwann einfach zu viel und ich biege in Richtung Fluss ab.

Das heißt, man hat mir auf meine Fragen gesagt, dass es hier an der Brenz weitergeht, aber vom Fluss sehe ich dann doch nicht so viel. Ich bin aber jetzt von der lauten, heißen Straße weg und suche mir meinen Weg, von dem ich fast sicher bin, dass ich durch Königsbronn kommen muss. Hin und wieder gibt es Übersichtskarten auf großen Schildern, die für Radfahrer und Wanderer am Wegrand stehen, und zusammen mit meinen selbstgemachten Karten kann ich mir ein Bild davon machen, wo ich in etwa bin.

Inzwischen schnaufe ich schon wieder wie ein Walross, meine Klamotten sind klatschnass und kleben mir wie eine zweite Haut am Körper. In der Ferne sehe ich einen Wald, den möchte ich gerne erreichen, um endlich in den Schatten zu kommen und dann dort vielleicht mein Lager aufzuschlagen.

Es dauert noch eine Weile, bis ich mich den ersten Bäumen nähere, aber als ich endlich bei ihnen bin, kann ich nicht anders: Ich schüttel so schnell es geht den Rucksack von meinen lädierten Schultern, gehe langsam in die Knie und lasse mich dann seitwärts ins Gras fallen. *Herrlich! Ich stehe nie wieder auf. Ich bleibe einfach hier liegen, seitwärts, zusammengerollt wie ein Embryo.*

Aber ich liege kaum gefühlte zehn Sekunden, als ein älteres Ehepaar auf ihren Rädern neben mir anhält. Sie hätten mich schon von Weitem beobachtet und sich gefragt, was mit mir wäre und wo ich wohl hin wolle. So allein. Und so beladen. Und mit so einem komischen Gang.

Ich erzähle also schnaufend eine Kurzversion von meinem Trip und der gute Mann empfiehlt mir, noch einmal meine Kräfte zu mobilisieren und ein kleines Stückchen weiterzulaufen, denn hinter der nächsten Biegung läge, ein wenig versteckt, ein kleiner Rastplatz mit Bänken und sogar einem Trinkwasserbrunnen. Des Weiteren gibt er mir den Tipp, nach meiner Rast, einfach diesem Weg weiter zu folgen, dann käme ich an einen Aussiedlerhof, der ein bisschen Hof-Gastronomie betreibt und dort könnte ich vielleicht über Nacht unterkommen. »Das wäre nicht so verkehrt«, sagt er, »da es heute Nacht sehr wahrscheinlich ein Unwetter gibt.«

Auch das noch. Na ja gut, damit musste ich ja mal rechnen, aber ich bin im Moment so beweglich wie eine Eisenbahnschiene und ich kenne Unwetter von den Märkten her, die ich ab und zu mal mache: da geht ganz plötzlich die Post ab und du hast kaum Zeit alles irgendwie sturmsicher zu kriegen. Da musst du schnell sein. So ein Unwetter hat mir gerade noch gefehlt.

Dankbar für die Infos raffe ich mich also erst mal wieder auf, kriege mit Ach und Krach meinen Rucksack hoch und mache mich zunächst zu diesem Rastplatz auf. Es ist wirklich nicht sehr weit und als ich dort ankomme, schütte ich mir zuallererst das köstlich kühle Wasser über Gesicht und Hals. Danach ruhe ich mich ordentlich aus, esse mein Brötchen und etwas von meinem ersten erbettelten Obst.

Meine Füße fühlen sich nicht gut an und ich ahne langsam, was mich erwartet, wenn ich sie mir heute Abend genauer betrachte – was ich bisher vermieden habe, denn ich will es gar nicht wissen.

Nach geraumer Zeit mache ich mich wieder auf die Socken, folge weiterhin dem Weg und hoffe, dass der nette Herr recht hat und ich auf diesem Hof mein Lager aufschlagen kann.

Von weitem kann ich schon sehen, dass das ein klein wenig mehr als nur ein bisschen Hof-Gastronomie ist. Es stehen jede Menge Autos auf einem hofeigenen Parkplatz und alle Tische, die unter etlichen großen, quadratischen Sonnenschirmen stehen, sind voll besetzt.

Natürlich sind auch wieder sehr viele Augen auf mich gerichtet, als ich dort ankomme und das erzeugt erneut ein unangenehmes Gefühl in meiner Magengrube. Ich suche die Eingangstür, öffne diese – und stehe mitten im Verkaufsraum einer großen Bäckerei bzw. eines Cafés. Ich bin auf zweierlei Arten geschockt: Es duftet hier so verdammt gut, dass mir das Wasser im Mund zusammenläuft und der Laden ist rippelrappel voll mit Kundschaft!

Auch hier werde ich ausgiebig gemustert. Anstatt einfach freundlich zurückzulächeln, starre ich auf den Boden und warte, bis ich dran bin.

Warum ist mir das nur immer so unangenehm und warum verhalte ich mich dann so merkwürdig? Jeder der mich kennt, würde mir mein, immer wiederkehrendes, mangelndes Selbstwertgefühl nicht abkaufen. Bei Seminaren und Schulungen stehe ich gerne vorne und freue mich sogar, wenn die Teilnehmerzahl schön hoch ist, zeugt das doch davon, dass ich meine Sache gut mache und die Leute gerne kommen.

Warum werde ich also in ungewohnter Umgebung so affig?

Es nützt mir aber nichts, ich muss da jetzt durch, wie unangenehm mir die Situation auch sein mag. Die Alternative wäre weglaufen –

aber vielleicht verpasse ich dann eine gute Gelegenheit, trocken und sicher zu übernachten.

Also reiße ich mich zusammen und als ich dran bin, frage ich mit klopfendem Herzen nach jemandem, der entscheiden kann, ob ich dort einen Schlafplatz bekomme.

Der Chef, ein älterer, nicht unsympathischer Herr, kommt zu mir und nach mehrmaligen Anläufen, ihm zu erklären, wer ich bin und was ich ausgerechnet in seinem Laden wolle, erklärt er mir, dass er keinen Schlafplatz für mich habe. Ich frage nochmals nach, ob es vielleicht eine Möglichkeit unter irgendeinem Vordach für mich gäbe, aber er schüttelt nur den Kopf.

Ich schaue ratlos aus dem Fenster, durch das die angrenzenden Wiesen zu sehen sind und der Chef sagt auf einmal: »Sie können dort hinten auf der Wiese übernachten, die gehört mir.« Ich bedanke mich, erkläre ihm aber, dass das aus zweierlei Gründen nicht ginge: »Erstens, ist das viel zu offenes Gelände, da sieht man mich schon von Weitem und ich weiß nicht, was für Gestalten hier nachts herum laufen. Und zum zweiten, habe ich kein Zelt dabei, sondern nur eine Plane und um diese wie ein Zeltdach aufzuspannen, brauche ich zwei Bäume.«

Der Mann guckt mich ungläubig an, schüttelt aber weiterhin den Kopf – eine andere Möglichkeit habe er nicht für mich.

Da höre ich eine Stimme fragen: »Suchst du einen Schlafplatz?« Ich drehe mich um und entdecke hinter mir einen Mann, so um die dreißig, ziemlich lange Haare – zu einem Zopf gebunden – und mit einer riesigen Brille.

Er schaut mich ernst an und wartet geduldig auf eine Antwort. In meinem Kopf stolpern viele Gedanken gleichzeitig herum:

Hier sind so viele Leute, die diese Frage mitbekommen haben und dieser Mann wird kein Unbekannter sein. In einer Hofbäckerei geht im Prinzip ein eigenes Klientel einkaufen und darunter sind vielleicht nicht gerade Gewaltverbrecher. Allerdings habe ich mir auch noch nie Gedanken darüber gemacht, ob ein gewaltbereiter Mensch auch auf Biogemüse und Vollkornkuchen stehen könnte. Niemand hebt warnend die Hand, keiner gibt mir versteckte Zeichen, das Angebot lieber abzulehnen.

Ich lächle ihn also an, strecke ihm meine Hand entgegen und sage: »Ja, ich suche einen Schlafplatz. Es wäre toll, wenn du einen hättest.«

Er schaut weiterhin ernst drein und gibt mir zu verstehen, dass er noch sein Brot kauft und dann könnten wir losgehen.

Da es so voll in dem Laden ist und mein Rucksack ziemlich viel Platz einnimmt, gehe ich schon mal nach draußen, um dort auf meinen zukünftigen Herbergsvater zu warten. Während ich dann unweit des Parkplatzes stehe, geht mir durch den Kopf, dass dieser Mensch ein kleines bisschen seltsam ist. Aber wohl nicht gefährlich.

Als er dann herauskommt, frage ich ihn erst mal nach seinem Namen und erfahre, dass er Martin heißt (Name geändert). Martin geht ohne viele Worte flotten Schrittes los und ich beeile mich, hinterherzukommen. Als erstes marschieren wir an dem Parkplatz vorbei, wobei mir schlagartig klar wird, dass wir wohl noch ein gutes Stückchen Weg vor uns haben. Es sei denn, Martin haust hier mitten in der Pampa in einer Hütte. Würde mich irgendwie nicht wundern.

Plötzlich biegt mein Helfer von dem sandigen Weg ab und im Gänsemarsch marschieren wir durch hüfthohes Gras, wobei ich immer versuche, in der Schneise zu bleiben, die Martin beim Hindurchgehen hinterlässt.

Hm ... wo will der denn mit mir hin?

Mein Begleiter redet nicht viel und hat etwas so Seltsames an sich, dass ich allmählich Magengrummeln bekomme und mir nicht mehr ganz sicher bin, ob das hier so eine gute Idee ist.

Mein Rücken ächzt, meine Füße brennen, aber ich traue mich nicht, ein Wort darüber zu verlieren. Hier im großen weiten Nichts, inmitten dieses hüfthohen Grases, möchte ich keine Rast machen.

Nach einer Weile bleibt Martin abrupt stehen und dreht sich zu mir um, sodass mir mein Herz vor Schreck sonst wohin rutscht.

Kein Lächeln kommt über seine Lippen, als er fragt: »Soll ich deinen Rucksack mal nehmen?« In Bruchteilen von Sekunden schießt mir durchs Hirn: »Wenn der mit meinen Klamotten abhaut, bin ich geliefert. Wenn der aber wirklich etwas Schräges mit dir vorhat, dann biste mit Rucksack hinten drauf erst recht geliefert. Also dann lieber Klamotten weg.«

Oder vielleicht hat er einfach nur gemerkt, dass mir das Laufen schwerfällt und es mir nicht so gut geht?

So wandert mein Rucksack von meinem Rücken auf den von Martin. Dabei fällt mir auf, dass der Mann unglaublich dünn ist, so dass er sich den Gurt bald zweimal rumwickeln kann.

Ich fühle mich beruhigter: »Also, wenn der wirklich etwas Schräges mit mir vorhat, breche ich ihn einfach durch!«

Etwas entspannter und von meiner Last befreit, fange ich an, Martin Fragen nach diesem und jenem zu stellen und er gibt mir ernst und ruhig Auskunft über den Stand seines Familienlebens.

Dabei kommt zum Vorschein, dass er verheiratet war, zwei Kinder hat und keinen Job. Er würde gerne von hier weggehen, aber ob es woanders besser wäre, wisse er eben auch nicht und hier hätte er gerade erst vor Kurzem wieder Kontakt zu seinen inzwischen jugendlichen Kindern bekommen. Das wolle er nicht aufs Spiel setzen.

Seine Geschichte hört sich für mich beruhigend an – jedenfalls nicht nach einem verrückten Einzelgänger.

Nach einem langen Weg durch Feld und Flur erreichen wir am Rande von Königsbronn Martins Behausung. Es ist eine heruntergekommene Doppelhaushälfte, die man nur vom Hof her, also von hinten, betreten kann und die auch von innen, zwecks mangelnder Möbel, nicht gerade einen heimeligen Eindruck macht. Ich gehe mit hinein, sehe mich kurz um und muss mich entscheiden: Meine Klamotten schnappen und verschwinden, auch auf die Gefahr hin, dass ich eine stürmische und nasse Nacht da draußen habe oder aber hier bleiben und es mit Martin, der Eule (wie ich ihn im Stillen wegen der riesigen Brille und seinem irgendwie starren Blick getauft habe), auszuhalten.

Da es draußen inzwischen schon recht ungemütlich geworden ist, entscheide ich mich, zu bleiben.

Martin zeigt mir die unteren drei kleinen Räume, von denen einer mit einem Sofa möbliert ist, ein Zimmer hat gar keine Möbel und im dritten steht ein alter, wackeliger Tisch mit zwei ebenso wackeligen Stühlen. Im oberen Stockwerk gäbe es noch drei Räume, von denen er zwei *richtig* bewohnen würde. Ob ich mal gucken wolle.

»Nö«, will ich nicht.

Er bietet mir an, die Couch zu benutzen, aber mir ist der Fußboden in dem leeren Zimmer lieber. Ich stelle also meine Sachen dort ab, hole die Plane raus, die ich auf dem nackten Holzfußboden ausbreite und pumpe auch gleich die Matte auf, auf der ich schlafe. Während dessen kocht Martin, die Eule, uns einen Tee, schneidet das Brot auf und stellt Butter und Käse auf den Tisch im Nebenraum.

Dabei erzählt er mir, dass er in diesem Haus ganz ohne Strom und Heizung wohnt, und dass er jetzt nur mir zuliebe den Strom angestellt habe, damit ich die Lampe in meinem Zimmer benutzen kann. Er hätte die Elektrizität jetzt sogar mal verwendet, um das Teewasser zu kochen, normalerweise habe er draußen eine Feuerstelle, die er nutzen würde.

Während wir zu Abend essen, frage ich ihn natürlich, warum er denn so lebe, ob das mit fehlendem Geld zusammenhinge oder einfach zu seiner Lebensweise gehören würde.

Martin erzählt mir, dass er mit Gott lebe.

Er stünde bei Sonnenaufgang auf und ginge bei Sonnenuntergang ins Bett. Dann braucht man kein Licht. Und Strom wäre vollkommen unnötig, da sich alles mechanisch oder von Hand regeln ließe und mit Feuer alle andern anfallenden Dinge wie kochen, waschen und Wärme erledigt würden.

Ihm ist klar, dass seine Lebensweise weder richtig akzeptiert noch anerkannt sei, und dass er Strom und Heizung anstellen müsse, wenn ihn seine Kinder besuchen würden, aber er hätte keine Vorstellung davon, wie er seinen Lebensraum sonst gestalten solle. Ihm gefiele diese Kargheit.

Nach dem Abendessen räumt Martin alles weg und wir unterhalten uns noch ein wenig. Hatte ich mich während des Essens wieder innerlich etwas beruhigt, bekomme ich bei dieser Unterhaltung wieder ordentliches Bauchgrummeln:

Im Gespräch geht es plötzlich um die 12 Stämme – einer Sekte, über die ich, da mich dieses Thema nie interessiert hat, noch weniger weiß, als in den Medien berichtet wurde.

Ich will auch jetzt nicht darüber reden, da ich Sektengefasel einfach nicht ausstehen kann. Es gibt einen, mir nahe stehenden Menschen, der jahrelang in einer Sekte gelebt hatte – zuerst freiwillig und später kaum mehr in der Lage war, sich aus eigener Kraft daraus zu lösen – und ich weiß um den Kampf der Familie und um das Leid, das daraus entstehen kann. Ich will davon nichts hören und sage Martin das auch. Da erklärt er mir mit seinem ernsten, eulenhaften Gesicht: »Ich weiß noch nicht, ob ich zu den 12 Stämmen gehe. Ich will doch nur mit Gott leben. Und hier draußen ist das so schwierig, da alleine die Frauen schon immer so eine große Versuchung sind.«

Oh oh ...

Natürlich muss ich jetzt wissen, wie dieser Martin tickt und frage ihn, was er damit meint. Daraufhin erzählt er mir, dass die Frauen mit ihrer oft freizügigen und koketten Art ihn schon immer interessiert hätten. Dass die Frauen selbst schuld seien, wenn sie angemacht würden, so wie die manchmal rumlaufen und dass er mal sexsüchtig war ...

Inzwischen ist es fast dunkel draußen, es gießt in Strömen und mein Bauchgrummeln steigert sich kurzzeitig zu einem wilden

Stakkato meines Herzmuskels, bevor ich tief durchatme und völlig cool und lässig frage: »Sag mal, Martin, muss ich mir jetzt in irgendeiner Form Sorgen machen?« *Ich denke dabei an die nicht abschließbare Tür zu dem Zimmer, in dem ich übernachten werde.*

Martin, die Eule, guckt mich ganz erschreckt an: »Nein, … auf keinen Fall! Diese Zeiten sind lange vorbei! Schon sehr lange vorbei! Entschuldigung, Entschuldigung.«

Ich betrachte mein Gegenüber und versuche herauszufinden, ob ich einem fatalen Irrtum aufgesessen bin und mich gutgläubig in die Höhle des Löwen begeben habe. Oder ob ich hier einem Menschen gegenüber sitze, der einfach nicht weiß, wie er das mit seinem Leben anstellen soll. Aber auch wenn Martin ein bisschen neben der Spur ist und seltsam und lebensfern auf mich wirkt (und ein bisschen unheimlich), kann ich mir nicht vorstellen, dass er mir in irgendeiner Form Gewalt antun würde – *und denke dabei daran, dass ich, Gott sei Dank, lange wollene Unterwäsche zur Nacht trage* – ich schicke ein Dankgebet an Judith aus dem kleinen Outdoorladen in dem Dörfchen Körbecke, denn sie hatte mich überhaupt erst auf die Wollklamotten gebracht. Ich werde in meiner langen wollenen Unterhose auf keinen Fall aufreizend aussehen.

Ich entscheide mich, zu bleiben. Mag sein, dass meine Entscheidung anders ausgefallen wäre, wenn es noch hell wäre … oder nicht so nass und stürmisch.

Wir beenden dieses Gespräch und somit auch den Abend und Martin zeigt mir in seinem altmodischen Bad, wie das mit dem warmen Wasser funktioniert, das erst über eine altertümlich wirkende Therme erhitzt werden muss.

Mir ist zwar noch mulmig als ich mich abdusche – aber das muss unbedingt sein, denn meine Haut ist von Schweiß und Hitze ganz salzig – aber der Hausherr stapft, wie um mich in Sicherheit zu wiegen, laut trappelnd die alte Holztreppe in das obere Geschoß und poltert dort oben weiter lautstark hin und her. Ich beeile mich trotzdem sehr und habe Mühe, so nebelfeucht in meine lange wollene Unterwäsche zu kommen, die einfach nicht über meine Haut rutschen will. Ein ekliges Gefühl, wenn die Buxe schon unten an den Knöcheln hängenbleibt und sich nicht hochziehen lässt. Und das mit meinem, immer noch lädierten, schmerzenden Rücken. Als ich endlich fertig bin, könnte ich glatt schon wieder duschen.

Ich sehe zu, dass ich, husch husch, in mein Zimmer komme und die Türe hinter mir dicht mache. Dann wende ich mich meinen Füßen zu … was soll ich sagen? … Da bahnt sich ein Desaster an.

Ich kann nichts tun, sie sind jetzt sauber, von Schmutz und Schweiß befreit, und können während der Nacht Luft holen für den morgigen Tag.

Wider Erwarten schlafe ich gut, tief und fest … und werde nicht gestört.

Brigitte will nicht schuld sein an meinem Tod und Pommes

Früh am Morgen werde ich durch Geräusche außerhalb des Hauses geweckt. Nachdem ich mich vorsichtig gereckt und gestreckt habe und ächzend von meinem Lager hoch gekommen bin, tapse ich zum Fenster rüber, um vielleicht herauszufinden, um welche Geräusche es sich dabei handelt.

Mein Blick schweift über den Hinterhof, über den wir gestern ins Haus gekommen sind, und bleibt an meinem Gastgeber hängen, der in gebückter Haltung über einem kleinen offenen Feuer steht, das er in einer schwarzen gusseisernen Schale entfacht hat. Auf einem Rost, der über der Schale liegt, steht ein großer Topf.

Schade, ich hatte gehofft, dass er noch nicht alles an Strom und Gas abgestellt hat, sodass es heute Morgen noch warmes Wasser zum Waschen gibt. Kaltes Wasser werde ich noch oft genug genießen können. Aber ich habe Glück, es gibt warmes Wasser aus dem Hahn für mich.

Dieses Mal verbinde ich mir meine Füße ganz dick mit Blasenpflastern und polstere sie mit zusätzlichem Mull, bevor ich meine Schuhe anziehe. Ich hoffe, dass ich darin ein klein wenig mehr Halt habe und die Fußsohlen ein bisschen weniger Reibung ausgesetzt sind.

Da ich das Versorgen meiner Füße in sitzender und gebeugter Haltung auf dem Fußboden erledigen muss, fühlt sich meine Rückenmuskulatur danach an wie nach einer Zerreißprobe. Das Ganze ist anstrengend. Wenn man, wie ich, weit über hundert Kilo auf die Waage bringt, ist es manchmal schon nicht einfach, sich die Schuhe zuzubinden, selbst wenn man dabei auf einem Stuhl sitzt – ich hole dabei immer so wenig Luft! Wirklich – ich bücke mich dann mit eingequetschtem Bauch runter zu meinen Füßen und halte die Luft an, bis ich meine Schuhe anhabe … oder meine Socken …aber das sorgt zumindest für eine gesunde Gesichtsfarbe.

Doch endlich habe ich auch das geschafft, meine Klamotten gepackt und geselle mich nach draußen, um vielleicht ein Frühstück zu ergattern – wie auch immer das aussehen mag. Martin, die Eule, begrüßt mich in seiner inzwischen gewohnt ernsten Art und erklärt mir, dass es außer Tee nichts gibt. Man muss nicht frühstücken.

»Stimmt, mein Bester«, denke ich, »das habe ich gerade gemerkt.«

Aber auf meine Bitte hin, darf ich in seine Küche gehen und mir für den Weg ein Käsebrot zum Mitnehmen machen.

Als ich mich nach unserem kleinen Teefrühstück für seine Gastfreundschaft bedanke und erkläre, dass ich jetzt gerne wieder losmarschieren möchte, trifft mich ein langer Blick aus seinen ernsten Eulenaugen: »Bevor du gehst, musst du dir unbedingt den Quelltopf der Brenz anschauen.« Kein Mensch käme durch Königsbronn, ohne sich den Ursprung dieses Flusses anzusehen.

Einerseits habe ich zu einer Sightseeingtour überhaupt keine Lust, andererseits hat Martin recht: Wenn es schon so ein kleines Wunder gibt, wie er es beschreibt, dann sollte ich mir das einfach nicht entgehen lassen. Er versichert mir, dass ich keinen großen Umweg mache, ich käme ohnehin fast daran vorbei und wie um sicher zu gehen, dass ich mir dieses Wunderwerk der Natur auch wirklich ansehe, schultert er plötzlich meinen Rucksack und bedeutet mir, ihm zu folgen. Mir bleibt nichts anderes übrig, als genau das zu tun. Ich bin mir nicht sicher, welche und wie viele Umwege wir gehen, bis wir endlich dort ankommen, zumal ich eigentlich dachte, dass Königsbronn gar nicht so groß sei, aber mit jetzt schon wehen Füßen wird wahrscheinlich jeder Weg lang.

Als wir den Quelltopf der Brenz dann erreichen, staune ich jedoch nicht schlecht, denn was auch immer ich erwartet hatte – das nicht: ein fast kreisrunder, kleiner türkisblauer See, mitten in der Stadt, in der Nähe des Rathauses!

Unter einer Quelle hatte ich mir bis jetzt immer klares reines Wasser vorgestellt, das lustig aus der Erde sprudelt, eiskalt ist und dann in einem klaren Bach den Berg hinunter fließt. Meine Güte, als das mit den Quellen in der Schule dran kam, habe ich wohl gefehlt, denn wenn das nur so wäre, wie ich es mir vorgestellt habe - wo kämen dann all die riesigen Flüsse her?

Fasziniert betrachte ich die hohen Felswände um den Quelltopf herum und suche nach so etwas wie einem Zufluss. Ich kann mir einfach nicht vorstellen, dass all dieses Wasser nur auf unterirdischen Wegen durch Spalten und Hohlräumen aus dem umliegenden Karstgestein kommen soll. Auf einer Schautafel lese ich, dass das Wasser bis zu 4,3 Meter tief ist, konstant 7 Grad hält und tatsächlich einen Durchfluss von mehreren tausend Litern pro Sekunde haben kann. Krass.

Es tut mir fast leid, als ich Martin dann sage, dass ich jetzt wirklich wieder zurück auf meinen Weg müsste. Ich wäre gerne noch etwas geblieben, aber ich habe noch so viel vor mir, meine Füße brennen jetzt schon wie verrückt und das sogar ohne Gepäck auf dem Rücken und zudem verspricht der Tag, wieder brüllend heiß zu werden – ich muss weiter.

Mein immer ernster Begleiter bringt mich zu einer Straße, von der er sagt, dass das die richtige Richtung gen Norden ist, übergibt mir meinen Rucksack und verabschiedet sich mit seinem ernsten eulenhaften Blick, so wie ich ihn gestern zum ersten Mal getroffen habe.

Ich schultere ächzend mein Gepäck und mache mich auf die Socken.

Mein Gesamtzustand hat sich innerhalb von nur zwei Stunden von nicht gerade berauschend zu gar nicht mehr berauschend entwickelt – zu meinen wunden Fußsohlen und dem lädierten Rücken, gesellen sich jetzt auch noch langsam anschleichende Kopfschmerzen, von denen ich hoffe, dass sie sich nicht auswachsen. Das hätte mir gerade noch gefehlt.

Ich marschiere also los, versuche Gedanken an Ach und Weh so gut wie möglich auszublenden und konzentriere mich stattdessen, während des Gehens, auf meine selbstgemachten Karten, die ich aus meiner Gürteltasche ziehe. Ich will sehen, wo ich gerade bin, wo ich hin muss und welche Strecken heute zu schaffen sein sollten. Mein Zeitplan stimmt ja vorne und hinten nicht mehr und ich sollte mir vielleicht langsam mal Gedanken darüber machen, wie ich das alles überhaupt noch bewerkstelligen soll.

Mir wird immer klarer, dass diese Aufgabe, so wie ich sie mir gestellt habe, für mich nicht mehr durchführbar ist. Selbst wenn meine Füße auf wundersame Weise ganz schnell wieder in Ordnung kämen, ist die verlorene Zeit nicht mehr aufzuholen und somit komme ich mit meinen vorgegebenen fünf Wochen auch nicht mehr hin.

Auch jetzt bin ich schrecklich langsam unterwegs und von einem fröhlichen Ausschreiten und einem Lied auf den Lippen so weit entfernt wie der Mond von der Erde. Die feuchte Hitze und meine Kopfschmerzen nehmen zu und ich muss mich sogar zwingen, mehr zu trinken, weil ich selbst dazu keine Lust mehr habe.

Kurz vor Oberkochen hält eine Frau in einem Kleinwagen neben mir an und fragt mich, ob sie mir helfen könne. Wie aus der Pistole geschossen antworte ich: »Sie schickt der Himmel!«, und ich erkläre ihr in kurzen Worten, in welche Richtung ich will und warum. Die Frau nickt freundlich und meint, dass sie mich aber nur ein paar Kilometer bis nach Aalen mitnehmen könne.

Mir ist das egal, mir ist alles recht.

In den nächsten Minuten ruhe ich mich also ein wenig aus und genieße die angenehme Kühle, die die Klimaanlage in dem Auto erzeugt. Leider dauert die Fahrt nicht sehr lange und bald schon stehe ich wieder auf der Straße. Der lange heiße Weg durch Aalen erinnert mich an die endlose Strecke, die ich gestern erst durch Heidenheim marschiert bin und hebt meine Stimmung nicht im Geringsten.

Straße laufen ist blöd. Stadt laufen noch viel blöder.

In einem Geschäft lasse ich meine Wasserflasche nachfüllen und habe dabei noch nicht einmal Lust, meine Geschichte zu erzählen – und das soll etwas heißen.

Als ich eine Mauer entdecke, die durch mehrere große Sträucher im Schatten steht, mache ich dort eine Pause und esse mein Käsebrot. Jetzt habe ich immer noch einen der Äpfel und eine halbe Birne, sowie die Tomaten vom Bioladen in Heidenheim. Die Birne und die Tomaten sind schon ganz weich und müssen dringend gegessen werden. Ich habe zwar immer noch keinen Appetit, aber meine Kopfschmerzen nehmen immer weiter zu und erinnern mich daran, dass ich meinem Körper bei dieser Hitze einfach mehr Flüssigkeit zuführen muss. Und wenn das in Form von matschiger Birne und aufgeweichten Tomaten geschieht.

Mein Kopf dröhnt und als ich wieder losgehen will, merke ich ziemlich schnell, dass das nicht funktionieren wird – es geht mir echt nicht gut. Mir fallen die Tabletten ein, die ich wegen meines Rückens bekommen habe und die ich ja noch haben müsste. Also krame ich mühselig in meinem Rucksack herum, finde endlich die Packung und schlucke eine von diesen Dingern mit ordentlich Wasser runter.

Da mir dann aber zunächst nichts anderes übrig bleibt, setze ich mich wieder in Bewegung, bis ich mich irgendwo hinter Wasseralfingen an die Straße stelle und selbst versuche, ein Auto anzuhalten. Der Tag hat ja noch ein paar Stunden und ich möchte wenigstens noch ein paar Kilometer weiter, bevor ich mich irgendwo in die Büsche schlage. Da weder meine Füße weiter mitmachen, noch mein Kopf mich in Ruhe lässt, habe ich beschlossen, es per Autostopp zu versuchen.

Ich glaube, ich stehe nicht sehr lange dort, bis Wolfgang mit seinem Kleinbus neben mir anhält, mich einlädt und wieder losdüst. Der Gute war schon an mir vorbeigefahren, als er mich so unglücklich am Straßenrand stehen sah. »Irgendetwas hat mich bewogen, umzukehren«, sagt er und lächelt. Und schmunzelnd erzählt er mir, dass seine Frau zu Hause auf ihn wartet, sie hätten heute Hochzeitstag und er war nur noch schnell losgefahren, eine Kleinigkeit zu besorgen. Als ich ihm dann kurz meine Geschichte erzähle, wird Wolfgangs Gesicht aber sehr nachdenklich und er sagt:

»Du glaubst doch nicht im Ernst, dass ich dich jetzt hier irgendwo in der Wildnis aussetze?«

Ich antworte: »Doch, doch, das ist schon in Ordnung. Ich bin ja schon froh, dass du mich ein Stückchen mitnimmst, denn sonst komme ich ja gar nicht mehr vom Fleck.« Ich kann meinem Retter ansehen, dass ihm das überhaupt nicht passt und tatsächlich beginnt er, laut zu denken: »Ich würde dich am liebsten mit zu meiner Frau nehmen, aber ausgerechnet heute ... wir wollen unseren Tag doch mit Freunden feiern gehen. Hm ... also, das geht nicht. Wo könnte ich ...? Hm ...« Er grübelt laut vor sich hin und dann sagt er auf einmal: »Ich hab`s! Ich bringe dich zu einem Campingplatz! Ich kenne einen in Ellwangen, da fragen wir. Ich kenne sogar die Betreiberin, vielleicht klappt das ja.«

Als ich einwende, dass ich gar kein Geld dafür habe, meint Wolfgang, dass das doch wohl auch so hinzukriegen sei. Und wenn nicht – dann hätte er noch einen Plan B, in einem Heim oder einem Stift oder so ähnlich, um mich unterzubringen. So ganz komme ich da nicht mehr mit, aber wir werden es ohnehin erst einmal auf dem Campingplatz versuchen.

Als feststeht, wohin die Fahrt geht und Wolfgang beginnt, so ein klein wenig von sich zu erzählen, bekomme ich mit, dass Ellwangen so gar nicht auf seiner Route liegt und er nur meinetwegen so einen Umweg macht. Und das an seinem Hochzeitstag! Am liebsten würde ich ihn sofort anhalten lassen und aussteigen, doch davon will der gute Mann erst recht nichts wissen – er würde das seiner Frau schon erklären.

Auf dem Campingplatz dann, geht es aber nicht so einfach, wie Wolfgang sich das vorgestellt hatte. Brigitte, die diesen Platz seit etlichen Jahren betreibt, ist so gar nicht davon begeistert, jemandem einfach einen kostenlosen Platz zuzuweisen. Und sie macht auch nicht unbedingt den Eindruck, als ob sie sich so ohne Weiteres umstimmen ließe. Ich gerate in eine Situation, die mir wieder keiner glauben würde, da mich die meisten Menschen für so selbstsicher halten. Während dieses Gesprächs, das ich von draußen mitbekomme, bin ich nicht in der Lage, entweder von vornherein etwas forscher aufzutreten und Hilfe einzufordern, oder ganz einfach selbst um Hilfe zu bitten. Brigitte verkörpert eine Autorität, wie ich sie von meinen ganz frühen Lehrern her kenne und diese duldet keinen Widerspruch.

Ich bin 54 Jahre alt und fühle mich wie ein kleines Schulmädchen.

Wolfgang kommt aus der Holzhütte und schüttelt mit dem Kopf. Ich sage betont lässig: »Mensch, das macht doch nichts. Guck mal da, den Weg hoch, dahinter ist ein richtiger Wald – ich kann doch dort mein Lager aufbauen.« Wolfgang guckt ganz entsetzt zu den Bäumen rüber. Das ginge nicht, er könne mich nicht einfach in den Wald gehen lassen, heute Nacht wird es vielleicht auch wieder nass und stürmisch. Ich versuche, ihn zu beruhigen, indem ich ihm erkläre, dass das nichts ausmache, dass der Wald sehr dicht sei, dass ich ausreichend Schutz hätte und dass es schließlich kein Unwetter gäbe. So ein bisschen Regen mache mir nun auch wirklich nichts aus. Ich wollte auch, dass Wolfgang endlich nach Hause fährt, er hatte schon so viel Zeit mit mir vertrödelt und seine Frau und seine Freunde warteten schon unnötig lange auf ihn.

Da erscheint plötzlich Brigitte in der Tür. So ginge das aber nicht! Ich könne jetzt nicht einfach in den Wald gehen! Alleine! Es könne gut sein, dass doch noch ein fürchterliches Unwetter aufziehe und dann müsse sie morgen in der Zeitung lesen: »Wanderin im Wald tot aufgefunden. Allein und ohne Schutz wurde sie während eines nächtlichen Unwetters von einem Baum erschlagen« – daran wolle sie auf gar keinen Fall schuld sein! Ich solle bleiben.

Wolfgang ist die Erleichterung ins Gesicht geschrieben, er strahlt und umarmt mich und kann sich endlich auf die Socken machen, um seinen Tag zu feiern.

Ob ich wohl heute bei ihm Zuhause ein gutes Gesprächsthema abgebe?

Unterdessen kommt einer der Mitarbeiter des Campingplatzes auf mich zu, fragt mich, ob der Platz irgendwie besonders sein müsse und ich sage ihm, dass zwei Bäume, die nicht zu weit auseinander stehen, wirklich toll wären. Ihm fällt dazu sofort etwas ein und er schnappt sich meinen Rucksack (der bei seiner Statur aussieht wie ein Kinderrucksack) und marschiert vor mir her, quer über den Platz. Ich bekomme ein stilles Eckchen zugewiesen und mache mich sofort an die Arbeit und baue mein Lager auf.

Allerdings ziehe ich vorher als allererstes meine Schuhe aus – es ist nicht mehr länger auszuhalten für mich. Ich will mich aber auch noch nicht darum kümmern, weil ich ahne was mich erwartet und genieße zunächst nur, dass der Schmerz ein wenig nachlässt. Als alles steht, schnappe ich mir meine Klamotten und stolpere rüber zu den sanitären Anlagen, die ich sofort entdeckt habe. Ich will gleich ein paar Sachen auswaschen, die Gelegenheit ist einfach zu günstig! Da die beiden Bäume, die ich für meine Plane brauche, ziemlich weit auseinander stehen, habe ich viel Schnur rechts und links gespannt und die bietet mir dadurch die perfekte Wäscheleine für meine nassen Klamotten.

Als ich mit allem fertig bin, gehe ich noch hinüber zur Empfangshütte und mache mich auf die Suche nach Brigitte. Sie steht in der angrenzenden Küche und während sie dort herumhantiert, erzähle ich ihr erst einmal, wer ich bin und warum und wohin ich unterwegs bin. Wir kommen ein kleines bisschen ins Plaudern und als sie erfährt, dass ich auch ohne Essen bin, steckt sie mir einen Apfel zu. Ich frage sie sogar, ob ich diese kleine Geschichte über uns mit in dieses Buch nehmen darf. Ich darf.

Zurück an meinem Lagerplatz, lege ich mich erst einmal auf meine Matte, schließe die Augen und versuche, ein bisschen zur Ruhe zu kommen. Trotz meiner Kopfschmerzen rotieren ständig die Gedanken über mein langsames Fortkommen, die ständigen Verzögerungen und Aufenthalte und natürlich über die allumfassende Frage in meinem Kopf: Wie geht es weiter?

Es ist ja inzwischen so klar wie Kloßbrühe, dass ich mit meiner Zeit vorne und hinten nicht mehr hinkomme und ich mir etwas einfallen lassen muss, wenn ich tatsächlich noch bis nach Flensburg hoch will. Aber dazu müsste ich auch wissen wie es körperlich mit mir weitergeht. Das Problem mit meinem Rücken scheint sich langsam zu bessern; der schwere Rucksack, der der Länge nach auf meinem Rücken liegt, scheint diesem mit seinem Gewicht sogar gut zu tun. Während des Tragens habe ich kaum Schmerzen und auch beim Auf- und Abladen habe ich eine Technik entwickelt, die mir kaum noch Schmerzen bereitet. Aber das Liegen und all die Dinge, die ich im Liegen oder Hocken tun muss, sind sehr unbequem und ich bewege mich unnatürlich vorsichtig und steif und bin dadurch völlig verspannt. Dennoch bin ich, was meinen Rücken angeht, zuversichtlich, dass sich das mit der Zeit wieder regeln wird. Anders ist das mit meinen Füßen. Ich weiß nicht, wie sich das von alleine regeln soll. Die müssen mich schließlich tragen.

Das Nachdenken macht mir noch mehr Kopfweh und ich gebe es auf.

Etwa fünfundzwanzig Meter weiter hat inzwischen ein Radfahrer, der auch mit einigem Gepäck hier angekommen ist, sein kleines Zelt aufgebaut. Als er mit allem fertig ist, kommt er zu mir rüber, stellt sich als Ulrich Schlienz aus Lichtenstein vor und fragt mich neugierig nach meiner kleinen, merkwürdigen Behausung. Ich berichte ihm von meiner seltsamen Reise und erkläre kurz das Woher und Wohin, als er meint, dass er sich die ganze Geschichte doch lieber bei einem warmen Abendessen anhören möchte und ich wäre herzlichst dazu eingeladen.

Wie genial ist das denn, bitte schön? Mein letztes Brot hätte ich heute Abend verdrückt und für morgen früh jetzt noch zwei Äpfel gehabt. Und immer noch die Schokolade. Morgen werde ich Brigitte nach einem Bioladen in Ellwangen fragen – dort kann ich bestimmt meinen Proviant ein wenig auffüllen. Aber heute Abend gibt es eine herrliche Schale Pommes für mich! Ulrich würde mir gerne ein Komplettmenü mit Schnitzel und allem Drum und Dran spendieren, aber mal abgesehen davon, dass ich keine Tiere mehr esse, genügen mir tatsächlich die Pommes, die ich so langsam genieße, dass Ulrich schon längst mit seinem Essen fertig ist, als ich mir die letzten Stücke in den Mund schiebe.

Währenddessen erzählen wir uns gegenseitig unsere Geschichten, ich bezahle Ulrich mit einem Helferbutton und wir schlendern zurück zu unseren Unterkünften.

Jetzt muss ich mich um meine Füße kümmern. Ulrich hatte mich schon gefragt, was damit los sei, da mein Humpeln nicht zu übersehen war und ich habe ihm dann gezeigt was los ist. Der Anblick meiner inzwischen eitrigen Ferse und den anderen Blasen ist wirklich nicht schön. Jetzt muss ich alles neu verarzten und verbinden und entscheide mich, morgen in meinen Barfußschuhen weiterzulaufen. Meine anderen Schuhe werde ich wieder in einem extra Beutel tragen müssen. Die schaffe ich nicht zusätzlich auf meinem Rücken.

In der Nacht wütet zwar nicht gerade ein Unwetter, aber es ist heftig windig und es regnet auch und so bin ich doch froh, dass ich hier auf diesem Campingplatz in einer geschützten Ecke übernachten kann. Brigitte muss also morgen keine Horrorgeschichte über eine einsame erschlagene Wanderin in der Zeitung lesen.

Nächstenliebe ist doch nicht so selbstverständlich

Während der ersten Stunden der Nacht döse ich mehr oder weniger nur vor mich hin, da ich doch ein bisschen Schiss habe, dass meine Plane sich losreißt und einen Abgang macht. Hin und wieder schaue ich zu Ulrichs kleinem Zelt rüber, das ich in der Dunkelheit zwar kaum erkennen kann, was ich aber wohl bemerken würde, wenn es gar nicht mehr dort stünde. Jedes Mal kann ich mich wieder beruhigt zurücklegen.

Als ich am Morgen endlich die Augen aufschlage, mich aus meinem Schlafsack schäle und einen Blick hinüber werfe, ist Ulrich samt Zelt schon weg.

Ach herrje, ein Gefühl von Einsamkeit macht sich breit.

Bevor ich aber beginne, darüber nachzudenken, wie alleine ich mich gerade fühle, rapple ich mich hoch und tue all die Dinge, die getan werden müssen, bis ich wieder aufbrechen kann. Das heißt – Klamotten überprüfen und alles was feucht oder sogar noch richtig nass ist, so verpacken, dass ich schnell dran komme, wenn sich eine Gelegenheit zum Trocknen ergibt. Dann die Dusche nutzen, die Ferse neu verbinden und gut polstern, die Fußsohlen mit Blasenpflastern verkleben; alles verpacken, Müll wegräumen, einen Apfel essen, Karte studieren, alles gleich wieder vergessen und dann los.

Barfußschuhe sind nicht für so einen Marsch gemacht. Ich merke ziemlich schnell, dass das wohl nicht gut gehen wird, aber mir bleibt nichts anderes übrig und so versuche ich, den Kopf einfach abzuschalten.

Ich laufe einfach los, frage Brigitte auch nicht mehr nach einem Bioladen, da ich gar nicht erst ganz nach Ellwangen rein möchte und suche mir erst mal meinen Weg raus aus dem Ort.

Nach einiger Zeit, außerhalb der Stadt, wird es schwierig auf der Straße zu bleiben, da links und rechts Leitplanken verlaufen und ich mich nur schwer auf die Seite retten kann, wenn mir ein Auto zu nahe kommt. Da das auf die Dauer sehr anstrengend wird und auch nicht ganz ungefährlich ist, schlage ich mich querfeldein in ein Waldstück und versuche einfach neben der Straße herzugehen. Der Waldboden ist angenehm, die Luft ist nicht so stickig und heiß und der Geräuschpegel sinkt zu Blättergeraschel und Vogelgezwitscher ab. Eine Weile komme ich ganz gut voran und als ich endlich beginne, mich zu entspannen, stelle ich fest, dass ich die Straße verloren habe. Da mein Orientierungssinn gegen Null geht, bin ich ohne diese Straße als Wegweiser aufgeschmissen. Aber zurückgehen ist keine Option. Überhaupt keine. Ich muss jetzt einfach weitergehen, die Ohren spitzen, ob ich vielleicht doch wieder das Motorengeräusch von fahrenden Autos höre und einfach auf mein Glück vertrauen, dass ich diese oder eine andere Straße wiederfinde, an der ich mich orientieren kann. Am besten mit Schild, damit ich gleich weiß, in welche Richtung ich marschieren muss (falls ich die Orte darauf kenne).

Tatsächlich kann ich wenig später wieder schwach das Geräusch der Autos hören, aber die sind jetzt irgendwie über mir. Das Gelände steigt immer wieder an und fällt auch wieder ab und die Straße folgt dadurch ihren eigenen Kurven.

Nach einem weiteren guten Stück quer durch Mutter Natur ist plötzlich der Weg ganz zu Ende. Der Wald hört auf und geht nahtlos in ein Feld über. Ratlos stehe ich da und denke: »Darf man da eigentlich einfach so drüber laufen?«

Aber hier ist niemand, den es auch nur im Geringsten interessieren würde, ob ich da drüber gehe oder drüber fliege. Hier ist weit und breit keine Menschenseele. Nur dieses riesige Feld, Bäume drum herum und ich.

Also mache ich mich auf die fürchterliche Hitze da draußen gefasst, ruckle nochmal mein Gepäck auf dem Rücken zurecht und verlasse den Schatten des Waldes.

Es ist ein unbequemes Gehen über den sehr unebenen Boden und mit meinem Schuhbeutel in der einen Hand fehlt mir auch irgendwie die Balance. Normalerweise würde ich beide Hände hoch an meine Schulterriemen nehmen und über der Brust darin einhaken – so ist das leicht vornüber gebeugte Gehen angenehmer – aber mit `ner gefüllten Einkaufstasche in der Hand geht das nicht. Und meine Füße brennen.

Ich stolpere also quer über dieses Feld, dann über noch eines, schnaufe berghoch und entferne mich dabei wieder von der Straße. Auf einmal entdecke ich links unter mir einen Feldweg mit Treckerspuren. Von meinem Standort aus komme ich keinesfalls runter, aber ich kann hier oben längs des Weges weitergehen, allerdings – nach meiner bescheidenen Orientierung – in die falsche Richtung. Anders komme ich aber nicht weiter, wenn ich diese Spur im Auge behalten will, denn da geht es nur durch undurchdringliches Gestrüpp. Da ich aber sehen kann, dass der Hang auf dem ich stehe nach ein paar hundert Metern flacher wird und langsam zu diesem

Weg abfällt, nehme ich diesen Umweg gerne in Kauf. Endlich unten angekommen, gehe ich wieder in die entgegengesetzte Richtung, in der Gewissheit, dass ich entweder an einer Straße oder aber an einem Hof herauskomme. Denn wie sollten sonst diese fetten Spuren von einem Traktor auf diesen Weg kommen? *Ha, Sherlock Holmes lässt grüßen!*

Bevor ich aber weitergehe, wechsle ich meine Schuhe wieder. Dieses Brennen unter den Fußsohlen alarmiert mich und ohne mir die Sache zu betrachten, ziehe ich die Barfußschuhe aus und die anderen wieder an. Wird schon werden.

Humpelnd setze ich meinen Weg fort und entdecke tatsächlich bald, weiter vorne, ein paar alte Gebäude, die wohl zu einem Gehöft gehören. Als ich näher komme, sehe ich auch einige parkende Autos am Wegrand stehen und ein paar junge Leute, die sich gerade voneinander zu verabschieden scheinen. Als ich auf sie zusteuere, schauen sie mich neugierig abwartend an. Ich sage mein Sprüchlein auf, dass ich eben auf einer besonderen Wanderschaft bin und frage, wie ich wieder zur Straße komme, bzw. ob sie wissen, wie ich vielleicht auf Nebenstrecken in Richtung Crailsheim komme. Wo ich jetzt genau bin, weiß ich ohnehin nicht (wenn ich die Richtung nicht komplett verhauen habe, hoffentlich irgendwo vor Jagstzell).

Eine junge Frau schaut mich freundlich an und sagt: »Ich kann sie nach Crailsheim bringen, wenn sie möchten. Mit dem Laufen scheint das schwierig zu sein.«

Freude! Ja, gerne! Im Moment denke ich nicht mehr darüber nach, *wie* ich vorwärts komme, sondern freue mich nur noch, *dass* ich überhaupt auf der Landkarte ein Stückchen weiter gen Norden rutsche.

Mit dem Auto lässt es sich leicht durch die Lande brausen und auf der Fahrt erzählt mir Ramona Stoll, dass sie eigentlich aus Stuttgart kommt und vor Jahren auf dem Hof, auf dem sie mich gerade aufgegabelt hat, einige Zeit als Praktikantin lebte. Dieser Hof wurde aber jetzt aufgegeben und zur Abschiedsfeier hätten sich so einige Menschen dorthin aufgemacht. Ich bin immer wieder fasziniert, wie verbunden sich die Menschen doch sein können und das über große Entfernungen hinweg.

Ramona – wir sind natürlich ganz fix beim Du gelandet – wollte sich eigentlich gerade auf den Heimweg nach Stuttgart machen, als ich aufgetaucht bin.

Ich bin ein bisschen entsetzt: »Dann bist du doch jetzt in der komplett falschen Richtung unterwegs! Du musst doch ganz entgegengesetzt fahren!« Die junge Frau aber lacht mich an: »Ach, da komme ich noch früh genug hin. Erzähl' mir lieber wieso du hier unterwegs bist. So eine Geschichte lasse ich mir doch nicht entgehen.« *Wie genial ist das denn, bitte schön?!*

So erzähle ich mal wieder mein Woher und Wohin, fahre dabei bequem und fußschonend durch die tolle Landschaft und bin schon kurze Zeit später in Crailsheim. Noch schnell ein Erinnerungsfoto mit dem Handy, mit einem meiner Helferbuttons bezahlt und schon stehe ich wieder auf der Straße.

Die ersten Schritte auf den eigenen Füßen tun wieder richtig weh, als ich mich auf den Weg quer durch die Stadt mache und ich wünsche mir so sehr, dass ich bald wieder meinen Kopf ausschalten kann, damit ich das nicht immer so wahrnehme.

»Der Lauf wird im Kopf entschieden.« Diese Worte möchte ich so gerne wahr werden lassen.

In der Stadt herrscht einiges Treiben, es wird irgendein Fest gefeiert und ich muss einmal quer an einer großen Bühne vorbei, vor der die Menschen an ihren Tischen in der Sonne sitzen und sich irgendeinen Showact anschauen.

Mir ist das ziemlich unangenehm, weil ich das Gefühl habe, dass sich wieder einmal hunderte Blicke an meine Fersen heften.

Es ist wirklich zum Mäusemelken mit mir: Einerseits quatsche ich jeden an, kann jetzt ohne mit der Wimper zu zucken um Hilfe bitten und habe kein Problem, über mich und meine Tour zu reden, aber wenn ich den Menschen rudelweise begegne, werde ich klein wie eine Kirchenmaus und mache mir Sorgen darüber, was die wohl von mir denken.

Wie blöd ist das denn? Ich habe mal einen tollen Satz gelesen, der mir jetzt durch den Kopf geht: »Was andere von dir denken, geht dich nichts an. Und sehr wahrscheinlich denken sie gar nichts.« Diesen Satz versuche ich, in mir ganz groß werden zu lassen.

Es klappt – ein bisschen.

Da aber nun mal schon so viele Leute da sind, kann ich mich auch gut durchfragen, denn damit habe ich ja, wie gesagt, kein Problem.

Allerdings ist es schwierig herauszufinden, wie ich zu Fuß in Richtung Rothenburg ob der Tauber komme. Diese Stadt ist der nächste Punkt auf meiner Karte.

Ich ernte immer wieder allgemeines Kopfschütteln, wenn ich nach einer Möglichkeit frage, dorthin zu wandern – ob das nun daran liegt, dass ich zu Fuß nach Rothenburg will oder weil sie nur die Straßen kennen, über die man mit dem Auto nach Rothenburg kommt, kann ich nicht feststellen. Vielleicht sind die Leute auch einfach nur skeptisch, wie ich da leise humpelnd, durchgeschwitzt und mit wahrscheinlich hochrotem Gesicht durch ihr beschauliches Städtchen ziehe. Ich sehe zu, dass ich erst mal zum Stadtrand von Crailsheim komme, orientiere mich an Fahrradwegweisern und gehe dann auf Feldwegen weiter. Und hoffe, dass das alles so richtig ist.

Ist es natürlich nicht, denn nach einiger Zeit macht mir mein Orientierungssinn gründlich einen Strich durch die Rechnung und in der Hitze irre ich irgendwann planlos über die Felder. Gut, dass ich mir wenigstens meine Wasserflasche habe nachfüllen lassen, kurz bevor ich endgültig aus Crailsheim raus bin.

Es dauert eine Weile, bis ich an ein Gehöft komme und dort nach dem richtigen Weg fragen kann. Die Frau, die da vor mir steht, schaut mich ein bisschen zweifelnd an, sagt aber, dass sie gerade zu einem Verwandten fahren wolle, und dass sie mich das Stück bis zur Straße mitnehmen könne – da wären ein paar Abzweigungen und wenn ich die wieder verpasse, würde ich noch länger durch die Gegend irren. Ich sage nicht nein und stehe schon 5 Minuten später wieder auf richtigem Asphalt.

Mit gesenktem Kopf und in dem Versuch, alles zu ignorieren, was an Umständen gerade nicht so toll ist, gehe ich einfach weiter und weiter.

Nach einer Weile bekomme ich Hunger und gehe im Kopf meine Vorräte durch: zwei Äpfel und immer noch die Schokolade aus Agathazell. Davon habe ich immer noch etwas. Wie lange ist das jetzt her?

Diese beiden Vorräte will ich mir aber unbedingt aufbewahren und schaue mich nach etwas Essbarem um, das hier vielleicht wächst. Auf meinem bisherigen Weg musste ich noch nicht wirklich Hunger leiden, ich hatte ja ständig Glück, dass mich irgendwer versorgt hat, aber hin und wieder habe ich schon von Mutter Natur genascht.

Gänseblümchen, Mohnblumen, Klee und sogar wilde Möhren habe ich mir schon ausgegraben. Jetzt schaue ich mich also wieder um, aber das Problem ist nicht, etwas zu finden, sondern etwas vom Boden zu pflücken, ohne den Rucksack herunterzunehmen. Bücken geht zurzeit sowieso nicht so gut, aber mit Kopfweh ist dieses Unterfangen noch viel unbequemer. Außerdem rutscht mir der schwere Rucksack dabei in den Nacken. Entweder ich nehme ihn ganz ab und suche mir dann im Umkreis etwas zu essen oder ich lasse es einfach.

Meine Füße brennen immer mehr, aber richtig Pause machen geht nicht, denn Möglichkeiten, mich mitsamt meinem Rucksack irgendwo hinzusetzen, gibt es kaum. Am besten sind dafür Baumstümpfe oder niedrige Mauern geeignet, aber davon stehen leider nicht allzu viele herum und mein Gepäck abnehmen und mich einfach ins Feld oder Gras fallen lassen, will ich nicht unbedingt. Das neuerliche Losgehen ist dann schwierig und da ich ohnehin schon das Gefühl habe, nicht vom Fleck zu kommen, übe ich mich mal wieder darin, meine Gedanken woanders hinlaufen zu lassen als auf dieser Straße.

Ich überlege, welchen Tag wir heute haben und finde es komisch, dass es mir so schwer fällt, mich zu erinnern. An welchem Tag war ich losgegangen und wie viele Tage bin ich schon unterwegs ... und ist das überhaupt wichtig?

Ich denke eine Weile an dieser Frage herum, denn sie beinhaltet noch etwas anderes: Wenn ich schon lange unterwegs bin, aber noch nicht so viel von meinem Weg geschafft habe ... und wenn ich, wie es absehbar ist, nicht die durchschnittlichen Kilometer pro Tag schaffe, die ich erreichen müsste, um mein Pensum wenigstens einigermaßen zu erfüllen, was dann? Für wen ist es wichtig, ob ich das Ende meiner Reise, also Flensburg*, erreiche oder nicht? Ich grüble ein wenig daran herum und muss dann plötzlich wegen der Offensichtlichkeit dieser Frage lauthals loslachen: Meine liebe Sabine, das ist die falsche Frage: nicht – für* wen *ist es wichtig, sondern ist es* dir *wichtig, dass du* Flensburg *erreichst??*

Und diese Frage kann ich mit einem ganz klaren »Ja« beantworten – es ist mir sehr wichtig!

Obwohl ich scheinbar nicht die Fähigkeiten besitze, alle Voraussetzungen denkbar schlecht sind und jetzt auch noch immer schlechter werden. Auch wenn ich meine Pläne immer wieder über den Haufen schmeißen muss, auch wenn nichts so läuft, wie ich es mir gedacht oder geplant hatte ... letztendlich will ich es bis nach Flensburg schaffen!

Als ich durch ein Dorf komme, in dem ordentlich gefeiert wird, frage ich, obwohl ich mich in meiner Montur zwischen all diesen Menschen wieder unwohl fühle, an einer Bierbude nach frischem Trinkwasser. Der Mann am Zapfhahn lacht mich freundlich an und meint, ich solle lieber das Wasser aus der Schützenhalle nehmen, er wolle nicht auf die Trinkwasserqualität seiner Bierbude wetten. Als ich dafür an einer Bratwurstbude vorbei gehen muss, fängt mein Magen schlagartig wieder an, zu rumoren. Allerdings läuft mir beim Anblick der fettigen Bratwürste keinesfalls das Wasser im Munde zusammen – das finde ich seltsam. So eine leckere Bratwurst mit Senf müsste mir bei meinem Hunger doch gut schmecken, aber scheinbar bin ich noch nicht hungrig genug. Im Gegenteil, den Gedanken, jetzt in so ein gebratenes Stück Tier reinzubeißen, finde ich eher abstoßend.

In der Schützenhalle bekomme ich mein Wasser und als der gute Mann dort hinter dem Tresen mich fragt, wohin ich wolle, erzähle ich ihm in drei Sätzen mein Vorhaben. Da steckt er mir mit einem Lächeln eine große Brezel zu. Ich bedanke mich freudestrahlend und lasse dann schnell die Musik und die Menschen wieder hinter mir. Als es ruhig um mich herum ist, suche ich mir ein schattiges Plätzchen, werfe meinen Rucksack ab und lasse mich vorsichtig ins Gras fallen. Dann krame ich einen meiner Äpfel hervor und die Brezel und schlage mir endlich den Bauch voll.

Es ist wieder sehr heiß und selbst im Schatten sind die Temperaturen noch enorm hoch. Wie viel Grad wir haben, weiß ich nicht, aber es ist auch egal – für mich macht es keinen Unterschied, ob es 32 oder 35 Grad sind – wie schon in den vergangenen Tagen, klebt alles an mir, aber ich lerne langsam, das zu ignorieren.

Das weitaus größere Problem sind und bleiben meine Füße. Beide Fußsohlen brennen wie verrückt und die rechte Ferse fühlt sich an wie ein aufgeplatztes Ei. Ich muss mir eingestehen, dass ich ein ziemliches Weichei bin und mir vorher nicht vorstellen konnte, wie wenig ich in der Lage bin, Schmerzen zu ignorieren. Mein Humpeln verstärkt sich zusehends und als ich mich wieder einmal einem Ort nähere, beschließe ich, diesen noch zu durchqueren und mir dann ein Lager zu suchen. Außerdem hoffe ich, dass ich zuvor vielleicht jemand in seinem Gemüsegarten erwische und ihn um eine Zucchini oder anderem Gemüse, das ich ohne zu kochen verzehren kann, anbetteln kann. Zumindest hoffe ich, dass ich meine Hemmungen überwinde und nach etwas zu essen frage, denn mein Vorrat ist bis auf einen Apfel (und immer noch etwas Schokolade!) aufgebraucht und irgendwoher muss ich mir etwas zu essen besorgen. Aber darüber kann ich mir einen Kopf machen, wenn es soweit ist und bei jemandem am Gartenzaun stehe.

Es ist nach wie vor nicht lustig durch eine Ortschaft zu laufen, denn die Hitze nimmt schlagartig zu und Autolärm und Menschen, die mich anzustarren scheinen, machen die Sache noch ungemütlicher. Je später es am Tage wird, desto heißer wird es sogar, denn die Straßen speichern die Sonneneinstrahlung während des Tages und der Asphalt gibt die Hitze noch in den späteren Tagesstunden ungebremst ab. So kommt es mir jedenfalls vor.

Ich gehe wieder mit gesenktem Kopf und schaue nur hin und wieder hoch, um mich zu orientieren und herauszufinden, wie ich am besten und am schnellsten hier durchkomme. Als ich einmal von meinen Füßen wieder hoch gucke, entdecke ich links, etwas abseits von der Straße, ein größeres Gebäude mit großen Buchstaben an einer Hauswand: Evangelisches Gemeindehaus. Ich bleibe einen Moment wie gebannt stehen: Diese Idee hatte ich ja noch gar nicht! Weder während meiner Vorbereitungen noch jetzt, während ich schon unterwegs bin – dass ich mal in einer Kirche oder einem Pfarrhaus um Asyl bitten könnte. Oder etwas zu essen.

Ich schaue mich um, ob ich ein Pfarrhaus oder -amt entdecke, an dem ich klingeln und um Hilfe bitten kann. Sollte ich nicht gleich fündig werden, kann ich ja so lange die Leute in der Umgebung fragen, bis ich weiß wo es ist. Denn dass ich dort Hilfe bekomme, ist mir ganz selbstverständlich und ich werde wahrscheinlich nicht nur ein vernünftiges Dach über den Kopf bekommen, sondern auch Essen und Trinken und vielleicht sogar ein gutes Gespräch über Gott und die Welt.

Ich stelle mir das in etwa vor, wie in diesen alten amerikanischen Schwarzweißfilmen, die ich als Kind so geliebt habe. Ein redlicher Wandersmann klopft an die Tür und wird wohlwollend herein gebeten und freundlich bewirtet. Seine Wunden werden versorgt und des Abends bei gutem Wein interessante Gespräche über das Leben geführt und Geschichten zum Besten gegeben.

Ich brauche nicht lange zu suchen, denn direkt gegenüber entdecke ich ein großes, altes dreistöckiges Gebäude mit einem Schild: Pfarrhaus.

Meine Erleichterung ist riesig. Ganz kurz kommt mir noch der Gedanke, dass ja auch niemand zu Hause sein könnte, aber merkwürdigerweise stört mich das überhaupt nicht, denn dann setze ich mich einfach vor die Tür und warte – irgendwann wird dann schon jemand kommen. Ein Pastor ist doch immer für seine Schäfchen da, oder macht der auch einfach mal Urlaub? Wenn ich mich nicht so kaputt fühlen würde, könnte ich jetzt fast grinsen, aber stattdessen humple ich die mehrstufige Treppe hinauf und drücke auf eine der beiden Klingeln. Es passiert … nichts.

Kein Geräusch von einer Anwesenheit hinter der Tür ist zu hören und ich versuche es mit der anderen Klingel. Aber auch da habe ich kein Glück und kann es kaum fassen, dass ich wirklich dieses Pech haben sollte, dass weder der Pastor noch sonst jemand in diesem riesigen Haus anwesend sein sollte.

Es macht sich doch eine kleine Verzweiflung in mir breit und müde drücke ich noch mal auf beide Klingeln, in der Hoffnung, dass sich doch noch etwas tut.

Es knistert in der Gegensprechanlage! Und dann höre ich eine Stimme: »Ja, bitte?«

»Oh, entschuldigen Sie bitte – ach, Gott sei Dank ist jemand da – ich brauche Ihre Hilfe. Ich bin auf einer Tour durch Deutschland, zu Fuß und ich habe auch gar kein Geld und nun brauche ich einen Schlafplatz für diese Nacht. Können Sie mir helfen?«

Pause

»Was machen Sie?«

»Ich bin zu Fuß durch Deutschland unterwegs, ich bin in Oberstdorf gestartet und ich will nach Flensburg. Aber ich mache das ohne Geld … und mir geht es nicht gut.«

Pause

Räusper »Äh…«

Pause

»Entschuldigen Sie, könnten Sie mir helfen? Ich brauche einen Schlafplatz und mein Fuß ist verletzt, ich komme nicht weiter.«

Pause

»Oh, bei mir geht das grad nicht. Wir haben heute Abend das Haus voller Gäste. Das tut mir leid, aber das ist jetzt echt schlecht. Hier ist alles besetzt. Es kommen ganz viele Leute und … Es tut mir leid, das geht nicht.«

Nicht nur innerlich sacke ich ein klein wenig zusammen.

»Oh, Entschuldigung, bei Ihnen meinte ich auch nicht, aber vielleicht geht es im Gemeindehaus? Ich könnte doch dort übernachten? Ich habe alles dabei, ich brauche weiter nichts, nur ein Dach über dem Kopf.«

Pause

»Das geht nicht so einfach. Das kann ich nicht alleine entscheiden. Da muss ich erst einige Gemeindemitglieder fragen, die da Mitspracherecht haben … und ob ich die jetzt alle so einfach erreiche … Ich glaube nicht, dass das geht.«

Jetzt ist es an mir, eine Pause zu machen. Eine ernüchterte Pause. Eine traurige Pause. Ich habe plötzlich Mühe, aufkommende Tränen zurückzuhalten.

Ich spreche noch einmal in die Gegensprechanlage:

»Können Sie mir denn überhaupt irgendwie helfen? Ich kann kaum noch laufen, mein Fuß sieht übel aus und es droht ein Unwetter. Haben Sie nicht *irgendeine* Möglichkeit?«

Ein Knacken in der Gegensprechanlage und ich denke: »Jetzt hat er aber die Schnauze voll.« Doch es gibt ein neuerliches Geräusch und die Stimme sagt: »Ich komme mal runter.«

Eine Minute später öffnet sich die Tür und ein überraschend junger Mann steht vor mir. Also, nicht ganz jung, irgendwo zwischen dreißig und vierzig Jahren – aber ich kenne halt nur Kirchenleute, die eher dem Grauhaargeschwader angehören.

Als ob ich keinen Fuß in die Tür setzen soll, kommt der Pastor zu mir heraus, mustert mich kurz und fragt: »So, … wenn ich Sie richtig verstanden habe, würden Sie also auch draußen schlafen?«

»Ja, klar«, erwidere ich, schon sofort voller Hoffnung, dass meine Reise für heute jetzt doch noch eine Ende findet. »Ich habe ja alles dabei. Alles was ich brauche, sind im besten Fall zwei Bäume. Gut wäre es, wenn sie nicht ganz so weit auseinander stehen, aber egal, ich komme schon klar.«

»Zwei Bäume habe ich«, sagt der Mann, geht an mir vorbei die Stufen vor dem Haus hinunter und biegt nach links ab. Schnell hieve ich meinen Rucksack hoch, den ich oben auf dem Treppenabsatz abgeschmissen hatte und beeile mich, hinter ihm her zu humpeln.

Links neben dem Haus beginnt der Garten, der im Grunde nur aus Rasen und Büschen am Rand besteht, der sich aber einmal um das ganze Haus herumzuziehen scheint. Und inmitten dieses Rasens stehen zwei nicht weit voneinander entfernte Bäume, die ich für meinen Lagerbau nutzen könnte.

»Wenn Ihnen das reicht, können Sie hier Ihr Zelt aufbauen«, sagt der Mann.

Der Platz zwischen den beiden Bäumen ist zwar knapp, gerade so, dass ich meine Plane dazwischen würde aufspannen können, ohne dass sie vielleicht durchhängt, aber Hauptsache, ich kann hier bleiben. Mir ist inzwischen alles egal, die paar Schritte vom Haus hierher haben meinen Fuß sofort gequält und ich will nur noch raus aus diesen Schuhen. Mir fällt noch das drohende Unwetter ein und betrachte das Blätterdach über mir, ob es wohl einigermaßen dicht ist und das Schlimmste von mir abhalten würde. Ich bin mir zwar nicht so sicher, aber letztendlich bleibt mir jetzt auch gar nichts anderes mehr übrig und außerdem denke ich, dass es in der Nähe einer menschlichen Behausung immer noch besser ist, als irgendwo in der Pampa, und dass selbst dieser Kirchenmann mich bei einem nächtlichen Sturm ins Trockene retten wird.

Der Pastor sieht meinen Blick nach oben und sagt: »Ach ja, es soll ja ein Unwetter geben.« Nachdenklich betrachtet er mich und meinen Rucksack. Ich befürchte tatsächlich, dass er mich nun doch wegschickt, denn wahrscheinlich gehen ihm die gleichen Gedanken durch den Kopf wie mir – dass er mich dann nämlich wirklich ins Haus holen müsste … und schnell sage ich: »Ach, das macht doch nichts. Das passt schon. Die Blätter halten einiges ab. Sie glauben gar nicht, wie dicht so ein Dach sein kann.«

Der Mann sagt: »Na gut.«

Erleichtert schaue ich mich noch einmal um und dabei fällt mir noch etwas anderes ein. »Gibt es eigentlich eine Möglichkeit für mich, irgendwo so etwas wie eine sanitäre Anlage zu benutzen?«, frage ich und denke daran, dass ich ja hier, mitten im Garten, von der Straße und vom Haus her einsichtig, meinen kompletten Wasch- und Toilettengang absolvieren müsste … *Hm, also wenn mir Hase und Igel dabei zusehen, macht mir das nichts ... aber so mitten in der Stadt; im Garten eines Pastors?*

Doch jetzt ist der Kirchenmann gleich hilfsbereit und sagt: »Ja, im Erdgeschoss gibt es eine Gästetoilette mit einem kleinen Waschbecken, das können Sie benutzen.«

Ich schaue Richtung Haustür und frage: »Das ist ja toll! Wie komme ich denn dann ins Haus – gibt es hinten herum noch einen Eingang?«

»Nein, Sie müssen vorne hereinkommen. Am besten lasse ich die Tür ein Stück offen, dann müssen Sie nicht immer klingeln. Dort ist auch der alte Gemeinderaum, den wir früher immer benutzt haben … hm … der steht leer … hm … dort könnten Sie eigentlich auch übernachten …«

Ich schaue ihn an und meine Hoffnung wächst wieder ein bisschen, vielleicht doch noch ein festes Dach über den Kopf zu bekommen.

Der Pastor dreht sich Richtung Haus und bedeutet mir, mit zu kommen: »Ich zeige Ihnen das mal.«

Wir gehen also zurück, die Stufen hoch in das Haus und gelangen in einen Eingangsbereich, von dem eine weitere Treppe wohl in das obere Geschoss führt und wo wir durch eine der Türen in den früher benutzten Gemeinderaum kommen.

Das Zimmer ist groß und an der gegenüberliegenden Seite stehen dicht zusammengestellt mehrere alte Tische und auf dieser Seite viele von den dazugehörigen Stühlen, die neben- und übereinander an der Wand aufgereiht sind.

Der Raum vor dem großen Fenster, zwischen den Tischen und Stühlen, ist leer und dort könnte ich meine Matte hinlegen und heute Nacht schlafen … wenn ich denn darf.

Ich darf.

Wenn es mir nix ausmachen würde, dass es hier ziemlich ungemütlich aussieht und ich hier auf dem Fußboden schlafen müsste … *nein, es macht mir nichts aus*. Ich bin ohnehin schon froh, dass ich nicht weiterlaufen muss und wenn ich jetzt bitte endlich aus den Schuhen raus könnte, soll es mir herzlich egal sein, wo ich mein müdes Haupt gleich hinbetten werde.

Auf dem Weg zu der kleinen Gästetoilette, die mir der Pastor noch zeigen möchte, kommen wir an so etwas wie einer kleinen Teeküche vorbei. Zumindest erhasche ich im Vorbeigehen einen Blick auf einen Wasserkocher und sofort stelle ich mir vor, wie ich mir draußen noch Löwenzahn oder Gänseblümchen hole, um mir damit einen Tee zu kochen. Heißer Tee im Bauch, das wäre herrlich!

Also frage ich gleich nach, ob ich den Kocher benutzen darf und der Hausherr hat nicht nur nichts dagegen, sondern schaut sich gleich in der Teeküche in den Regalen und Schränken um und findet noch zwei angebrochene Teepackungen. Apfel- und Kräutertee, die dürfe ich auch benutzen.

Mir wird das also alles gezeigt und bevor der Pastor dann in die obere Etage verschwindet, teilt er mir noch mit, dass er morgens aus dem Haus müsse und fragt mich, wann ich denn wieder aufbrechen wolle.

»Oh«, sage ich schnell, »ich kann ganz früh weg sein. Das ist gar kein Problem.«

Er meint dann aber, dass ich nicht zu nachtschlafender Zeit raus müsse und als ich dann endlich meine Sachen im Zimmer habe, wünscht er mir eine gute Nacht und geht über die Treppe nach oben.

Endlich!

Ich versuche sofort so schnell wie möglich aus den Schuhen zu kommen, aber das ist gar nicht so einfach – die rechte Ferse klebt irgendwie fest. Morgen werden es also wieder Barfußschuhe.

Mein Nachtlager ist schnell gebaut, denn ohne Plane brauche ich nicht viel Zeit dazu und diese nutze ich, um meinen Rucksack mal wieder ordentlich neu zu packen.

Die Atmosphäre ist seltsam hier … ich fühle mich fehl am Platz, nicht hierher gehörend.

Die ganze Situation kommt mir irgendwie nicht richtig vor.

Ich höre jemanden die Treppe herunter kommen und dann, noch auf den Stufen, dieselbe Stimme von vorhin fragen: »Möchten Sie etwas essen?«

Nicht unfreundlich, nicht ungeduldig … eher wie … tja … ich weiß auch nicht.

Mein Kopf sagt sofort: *»Ja, klar.« Mein Herz fragt: »Huch – muss ich dann nach oben gehen, wo ich hier unten schon nur geduldet bin? Oder bringt er mir dann etwas und ich muss alleine zwischen all diesen leeren Möbeln essen?«*

»Äh, nee, Dankeschön. Ich habe gerade was gegessen. Ist echt nett, aber gar nicht nötig. Danke.«

Stille. Ich setze mich auf einen der vielen Stühle an der Wand.

Ich bin ein Möbelstück.

Ist Gott hier zu Hause?

Ich fühle mich alleingelassen.

Du meine Güte, ich könnte fast heulen, hier in diesem großen kahlen Raum mit seinen schweigenden Tischen und Stühlen. Um nicht ganz das jammernde Elend zu kriegen, krame ich mein Handy raus und schaue nach den Nachrichten, die mir vielleicht jemand geschrieben hat. Ich habe keine Ahnung, wie viele mich in Gedanken begleiten, aber hin und wieder die aufmunternden Worte zu lesen, gibt mir wirklich Kraft und bedeutet mir viel.

Ich habe kein Netz.

Nix zu machen – erst renne ich hin und her, auf der Jagd nach wenigstens einem kleinen Balken auf meinem Display. Dann schleiche ich langsam durch die Räume, in die ich hinein kommen kann und bis nach draußen vor das Haus und drum herum und halte dabei wie eine Blöde mein Handy hoch ausgestreckt in die Luft … nix.

Ratlos stehe ich vor diesem großen, düsteren Haus, dann gehe ich zurück in das Zimmer und setze mich wieder auf den Stuhl.

Wenn ich jetzt irgendwo da draußen wäre, hätte ich dieses gruselige Gefühl von Einsamkeit nicht, dessen bin ich mir sicher.

Warum habe ich nicht einfach gesagt, dass ich etwas essen möchte und dass ich mich auch über Gesellschaft sehr freuen würde?

Die Antwort auf diese Frage ist sehr einfach: Aus Angst vor Ablehnung. Ich hatte Angst, dass ich den Pastor in seiner gewohnten Ruhe gestört habe und er mich gar nicht hier haben will – dieser Gedanke ist nach Ablauf der Dinge ja auch gar nicht so abwegig – und dass ich entweder oben bei ihm hocke und die Stimmung ist auf dem Nullpunkt oder aber, was noch schlimmer wäre, er mir mein Abendbrot hier herunter bringt, weil er mich überhaupt nicht in seiner Nähe haben will und ich es hier alleine essen muss.

Mir fällt die Teeküche ein und meine Lebensgeister kehren ein wenig zurück. Ich werde mir einen heißen Tee machen, dann sieht die Welt schon ein bisschen anders aus.

In der kleinen Kombüse hantiere ich mit dem Wasserkocher und schaue nach den beiden Teesorten, die mir der Kirchenmann so großzügig angeboten hat. Der Apfeltee ist von 2012, der Kräutertee von 2010. Na ja, heiß wird er auf jeden Fall sein. Ich esse endlich meine Schokolade.

Ich bin verwirrt und enttäuscht. Ich habe das hier nicht erwartet. Ich dachte immer, die Kirche muss helfen, sie wäre irgendwie verpflichtet dazu.

Gut, letztendlich hat sie mich aufgenommen. Aber wäre ich nicht so kaputt gewesen, hätte ich mich wegschicken lassen.

Am liebsten würde ich all meine Empfindungen jetzt aufschreiben, aber auch das lasse ich sein. Ich sitze einfach da. Verschrammte Tische, aufgestapelte Stühle, kahle Wände. Und ich. Die Zeit tropft langsam durch mich hindurch. Ich warte bis es an der Zeit ist, mich hinzulegen.

Nach einer ziemlich unruhigen Nacht, in der ich eigentlich erst gegen Morgen mal ein paar Stunden richtig geschlafen habe, wache ich ziemlich gerädert auf. In dieser seltsam kargen Umgebung habe ich gar keine richtige Lust aufzustehen, ich fühle mich sogar richtiggehend frustriert, aber andererseits möchte ich auch ganz schnell wieder los.

Selbst der Genuss einer richtigen sanitären Anlage heute Morgen, kann meine Laune nicht heben. Das Waschbecken ist zwar winzig und richtig waschen ist kaum möglich, aber – Mensch – ich habe schönes fließendes Wasser aus dem Wasserhahn und eine richtige Klospülung. Doch auch das entspannt mich nicht wirklich.

Ich sehe zu, dass ich fertig werde, denn ich möchte nicht in Unterwäsche von dem Hausherrn erwischt werden und kümmere mich dann erst mal um meinen kaputten Fuß. Ich verarzte ihn so gut ich kann und verbinde und verklebe ihn so, dass nichts verrutscht und alles gut gepolstert ist. Heute geht es in Barfußschuhen weiter, etwas anderes geht gar nicht mehr.

Während ich beschäftigt bin, kommt jemand die Treppe herunter und kurz darauf steht der Pastor mit einem nicht unfreundlichen »Guten Morgen« in dem alten Gemeinderaum. Er sagt mir, dass er gleich losfahren müsse, aber ich könne mir noch Zeit lassen und ob ich frühstücken wolle. Seine Frau wäre noch da und sie würde mir dann etwas herunterbringen.

Ich habe nichts mehr zu essen und ein Frühstück wäre toll! Dass ich nichts mehr habe, sage ich ihm nicht, aber dass ich einen Kaffee super fände, schon. Gleich darauf ist er schon wieder auf dem Weg nach oben und ich denke:

»Dann hat also seine Frau gestern Abend noch gesagt: Mensch, geh doch mal runter und frag, ob sie vielleicht Hunger hat.«

Aber vielleicht sollte ich nicht so denken. Ich meine, der Mann ist ja schließlich nicht unfreundlich zu mir, ganz und gar nicht, nur eben … zurückhaltend?

Das war nämlich etwas, worüber ich letzte Nacht immer wieder nachdenken musste: Warum hat der Pastor nicht gleich »Hurra« geschrien, als ich gestern Abend vor seiner Tür stand? Die Antwort ist wahrscheinlich ganz simpel: Weil er so eine Situation auch noch nicht hatte? Weil er nicht wissen konnte, wen er sich da ins Haus holt? Weil auch er ein kleines bisschen überfordert war – Kirche hin oder her. Ein Pastor ist in allererster Linie wohl auch erst mal nur ein Mensch Und zwar einer wie du und ich – das heißt mit Ängsten, und einer, der auch hin und wieder mal eine kleine Notlüge benutzt … so wie er es gestern getan hatte: »Heute Abend haben wir das Haus voller Gäste …"

Die gab es nämlich nicht.

Ich will mir aber keine Gedanken mehr darüber machen, ich schätze sogar, dass Herr und Frau Pastor jetzt selbst reichlich Gesprächsstoff über den gestrigen Abend haben und darüber nachdenken, wie sie beim nächsten Mal mit so einer Situation umgehen möchten.

Ich brauche nicht allzu lange warten – erst kommt der Herr des Hauses, um sich von mir zu verabschieden, und kurz darauf bekomme ich mein Frühstück auf einem Tablett serviert. Die auch recht junge Pastorenfrau kommt mit frischem Brot, Butter, Käse und zwei Birnen zu mir in den Gemeinderaum und wir beide setzen uns mit dem Tablett zwischen uns auf die Tische und plaudern ein wenig.

Seltsamerweise habe ich immer noch keinen richtigen Hunger – es reicht gerade mal für eine Scheibe Brot – aber den Rest packe ich mir ein und habe so wenigstens schon mal für unterwegs eine ordentliche Ration.

Die Frau ist sehr freundlich und fragt mich natürlich auch nach meinem Woher und Wohin und vor allem nach meinem Warum.

Ich gebe über alles bereitwillig Auskunft, trinke dabei meinen schönen heißen Kaffee und sage nichts über den alten Tee von gestern Abend. Stattdessen frage ich, ob es möglich wäre, mein Kochgeschirr bei ihnen zu lassen und ob sie mir das an meine Adresse schicken würden. Da ich wohl auch in Zukunft kein Feuer machen werde – zum einen weil ich mir ständig vorstelle, wie ich mit meiner Unerfahrenheit eine Feuersbrunst auslöse und zum anderen weil ich am Ende des Tages einfach viel zu kaputt bin – habe zu ich mich entschlossen, die unnötigen Utensilien nicht weiter mit herumzuschleppen.

Es ist kein Problem, die Sachen im Pastorenhaus zu lassen.

Bevor ich aber endgültig aufbreche, lerne ich noch den jüngsten Spross der Familie kennen, der plötzlich laut und deutlich aus der oberen Etage kräht und eiligst von der Mama zu uns in den Gemeinderaum geholt wird.

Ein süßer kleiner Erdenbürger ist es, der dort nach seinem Recht verlangt und ich beginne mich zu fragen, ob die anfängliche Zurückhaltung mir gegenüber, nicht vielleicht eher Vorsicht und Schutz für die Familie bedeuteten.

Allen Gedanken zum Trotz mache ich mich aber endlich auf die Socken, denn die Zeit läuft und lässt sich auch für mich nicht zurückdrehen.

Ich lasse mir den Weg erklären, den ich jetzt einschlagen muss, schultere mein Gepäck und mache mich mit wehen Füßen wieder auf den Weg.

Zu meiner Erleichterung beruhigt sich mein Rücken allmählich – er zickt zwar des Nachts noch rum, wenn ich mich auf meiner schmalen Matratze umdrehen muss. Auch ansonsten bewege ich mich noch vorsichtig, aber im Großen und Ganzen habe ich ihn einigermaßen gut im Griff. Ganz im Gegensatz zu meinem rechten Fuß, den ich auch heute wieder dick verbunden habe. Doch ich will nicht mehr jammern. Ich habe mir vorgenommen, alles auszublenden.

Ich suche mir meinen Weg raus aus dem Ort und dann immer Richtung Rothenburg ob der Tauber, denn diese Stadt ist einer der Meilensteine auf meiner Route in den Norden und dort möchte ich heute gerne durchkommen.

Der Name der Stadt scheint auf allen Hinweis- und Wegeschildern zu sehen zu sein, sodass ich kaum Gefahr laufe, wieder einen Irrweg in Kauf nehmen zu müssen. Mit gesenktem Kopf und vornübergebeugt wie eine alte Frau folge ich den Schildern und halte hin und wieder nur kurz an, um zu trinken. Immer wenn es bergauf geht, hebe ich zwischendurch mal den Kopf, um zu gucken, ob ich bald endlich oben ankomme und bin erleichtert, wenn es dahinter wieder bergab geht. Oder besser noch – einfach geradeaus. Gibt es stattdessen wieder eine Steigung, fühle ich mich schon geschlaucht, bevor ich überhaupt anfange, sie regelrecht zu erklimmen.

Der Tag verspricht, wieder sehr heiß zu werden und ich bin viel zu langsam unterwegs.

Es ist schon lange klar, dass ich mein gestecktes Ziel nicht mehr erreichen werde. Ich sollte mir vielleicht langsam mal Gedanken machen, bis wohin ich es denn wohl schaffen werde. War ich bis vor kurzem noch überzeugt, bis nach Flensburg zu kommen, plagen mich jetzt wieder Selbstzweifel und Grübeleien. Ich bin schon eine gefühlte Ewigkeit unterwegs und habe noch nicht einmal ein Drittel meiner Tour geschafft. Weder auf den eigenen zwei Beinen, noch mit Hilfe einiger netter Helfer. Ein innerer Konflikt entsteht mal wieder, der sich ungefähr so anhört:

»Also, Sabine – wie weit wird dein Weg dich bringen? Hast du irgendeine Idee, bis wohin du eigentlich noch marschieren willst? Und was heißt hier überhaupt marschieren? Du bist so langsam unterwegs wie eine Schnecke!«

»Ja, ich weiß, aber was soll ich machen? Ich komme einfach nicht schneller vorwärts. Mir tut alles weh und es ist so heiß und überhaupt ...! Und was geht es dich an, wie schnell ich vorwärts komme!? Ich gehe einfach und gut ist!«

»Ja, aber bis wohin? So kommst du auf keinen Fall bis nach Flensburg. Wie kann man auch nur auf so eine bescheuerte Idee kommen?! Von Oberstdorf bis nach Flensburg! Heißt du Joey Kelly, oder was?«

»Nein, und von seiner Konstitution bin ich so weit entfernt wie die Venus von der Erde, das weiß ich doch. Meine Güte, und wenn ich nicht bis nach Flensburg komme – wäre das so schlimm?«

»Du wolltest das hier doch unbedingt! Du wolltest unbedingt diese Tour machen. Du hast doch an nix anderes mehr denken können. Also bitte, dann reiß dich endlich mal zusammen!«

»He, mecker nicht so rum. Ich bin doch unterwegs, was willst du eigentlich? Ich gehe doch trotz allem meinen Weg und wenn es nicht so schnell geht wie eigentlich geplant – wen stört das?!«

»Mich! Und dass die anderen denken könnten, dass du `ne Flasche bist. Und dass sie sagen könnten, dass du das hier sowieso nicht kannst, und dass das von vornherein klar war und dass ...«

»Aha, daher weht der Wind. Wieder einmal die anderen, ja? Es geht hier gar nicht um mich, sondern wieder einmal um diesen blöden Rest der Welt! Könntest du bitte mal aufhören, mir immer wieder mit dieser Tirade zu kommen? Das nervt!«

»Ja, aber wenn die anderen dich dann blöd finden, aufschneiderisch, übergeschnappt und doof ...«

»Hör auf!«

»Aber ...«

»Es reicht! Mein Leben ist zu kurz, um mich damit zu beschäftigen, was andere von mir denken! Wahrscheinlich denken sie gar nichts und du plusterst hier rum, machst mich ganz verrückt und nervst. Ich ziehe das hier durch, bis wohin auch immer und ich halte aus, was ich aushalten kann und will. Wenn jemand stänkern will, soll er das machen, wenn er Spaß daran hat!«

»Äh ...«

»Hast du mich verstanden?«

»Ja.«

»Na also. Geht doch. Und nun sag mir lieber, wo ich langhumpeln muss. Ich brauche bald mal eine Pause und will mich nicht weiter herumstreiten.«

Ich habe richtig Glück – direkt am Straßenrand stehen auf einmal kleine Birnenbäume. Diese Bäume müssen gezüchtet sein, denn normalerweise sind die doch viel, viel größer – doch diese stehen nicht in einem tollen Garten, sondern tatsächlich direkt an der Straße. Seltsam, aber für mich spielt das keine Rolle. Ich pflücke mir eine Birne, probiere sie und bin überrascht, wie süß sie schmeckt. Drei Stück davon wandern in meinen Beutel, in dem ich meine Schuhe mit mir herumtrage und dann mache ich mich auf die Suche nach einem Plätzchen, an dem ich Rast machen kann.

Das hört sich immer so einfach an: Rast machen.

Ist es ja auch.

Eigentlich.

Aber ich suche dabei immer nach einer Möglichkeit, dass ich mich auch gleichzeitig richtig hinsetzen kann. Wenn man immer nur alles am Boden machen muss, ist es ein Genuss, beim Essen richtig aufrecht zu sitzen und dabei die Beine baumeln zu lassen. Ich weiß – hört sich ein bisschen verrückt an – aber mir geht es tatsächlich so. Ich möchte meine Beine baumeln lassen. Oder zumindest auf den Boden aufstellen können, während ich sitze.

Es gibt nur leider nicht so viele Bänke, die einfach mal irgendwo herumstehen, schon gar nicht an einer Straße. Und abgesägte Baumstämme, die auch sehr gut dafür geeignet sind, gibt es auch nicht so viele, wie man vielleicht meint.

Selbst eine Böschung ist toll, denn selbst da zeigen die Beine nach unten. Wäre ja auch echt unbequem, sich an einer Böschung mit den Beinen nach oben hinzusetzen (das nur mal so am Rande). So eine Böschung an einem Feld wird es dieses Mal auch und ich lasse mir das Käsebrot und die beiden Birnen von heute Morgen gut schmecken.

Es ist so heiß, alles klebt an mir und meine Füße brennen in den Barfußschuhen wie Hulle. Nach dieser kleinen Pause fällt es mir echt schwer, wieder loszugehen und ich würde jetzt Gott weiß was für eine kühle Dusche geben.

Doch wann es mal wieder eine Dusche für mich gibt, steht in den Sternen und so mache ich mir einfach keinen weiteren Kopf darum, sondern konzentriere mich auf mein Fortkommen.

Dafür frage ich im nächsten Dorf eine Frau, die gerade mit ihrer Gießkanne auf ihre Veranda tritt, ob sie eine meiner großen Wasserflaschen mit Leitungswasser füllen würde und gieße mir an Ort und Stelle das kalte Wasser über Nacken und Arme. Die Frau sieht mich etwas befremdet an, und als ich ihr sage, dass ich in den letzten 36 Stunden keine Möglichkeit zum Duschen hatte, obwohl ich ständig vor Schweiß verklebt bin, tritt sie einen kleinen Schritt zurück: »Ah so, na dann …«

Ich muss grinsen.

So nass wie ich bin, von Wasser und Schweiß durchtränkt, wandere ich die heiße Straße entlang und ich habe das Gefühl, die

Hitze kocht nicht nur von oben, sondern auch von unten. Sie atmet durch den Asphalt und bläst mir den heißen Dampf um die Beine. Wäre ich ein Ei, ich wäre schon lange hart gekocht.

Ein Auto hält neben mir an. Ein *dickes* Auto. So einer, in dem ein Geschäftsmann von einem wichtigen Termin zum nächsten rauscht. So einer, wo die Türen sich nicht mit lautem Geschepper schließen, sondern mit einem sanften, satten Schmatz. So einer eben. Cremefarben, poliert und kaum hörbar.

Die Beifahrerscheibe wird heruntergefahren, der Fahrer in einem feinen, hellblauen Hemd beugt sich über den Beifahrersitz und fragt freundlich lächelnd: »Wohin geht`s? Kann ich Sie ein Stück mitnehmen?«

Wow! Das nenn` ich jetzt aber mal … nett!

»Rothenburg ob der Tauber.«

»Was, weiter nicht? Das ist ja gleich da vorne. Sie sehen eher aus, als ob sie auf Weltreise wären.«

»Nö – Deutschlandtour. Einmal durch. Und dieses *Da vorne* ist für meine Füße trotzdem ganz schön weit.«

»Ja, sieht man. Damit stimmt irgendwas nicht, oder? Steigen Sie ein, ich bringe Sie hin.«

Kurz denke ich noch, dass er ja wohl während dieser paar Sätze genug Zeit hatte zu sehen – *oder vielleicht auch zu riechen?* – dass ich nicht ganz taufrisch bin, aber fast zeitgleich werfe ich alle Skrupel über Bord und sinke aufseufzend in den herrlich weichen, angenehm duftenden, wunderbar kühlen, schokoladenbraunen Beifahrersitz.

Während der gute Mann noch meinen Monsterrucksack in den Kofferraum hievt – hat er so angeboten! – ist mir schon klar, dass mir das Aussteigen aus diesem Wagen besonders schwerfallen wird.

Wir schnurren ein Stückchen die Landstraße entlang und ich beginne von meinem Trip erzählen, als er schon von der Straße in einen Feldweg einbiegt.

Hups!

Entweder ist ihm jetzt doch aufgefallen, dass ich doch nicht so ganz in seine Ledersitze passe oder er steht auf verschwitzte Körper.

Doch noch bevor mir mein Herz, das plötzlich in meinem Hals zu schlagen scheint, eventuell den Geist aufgibt, beruhigt mich der Mann mit den Worten: »Ganz egal, wohin Sie Ihr Weg auch noch führen wird – Sie müssen unbedingt den allerbesten Blick auf diese herrliche Stadt sehen!« Und damit hält er auch schon an, steigt aus und deutet mit seiner Hand in die Richtung, in die ich schauen soll.

Das ist wirklich mal ein toller Blick auf Rothenburg, deren trutzige Mittelalterlichkeit selbst auf diese Entfernung zu sehen ist.

Mein Geschäftsmann erzählt mir, dass er es zwar aus beruflichen Gründen nicht hinbekommt, dort zu leben, dass er aber immer sehr gerne in diese Stadt an der Tauber kommt – am liebsten natürlich, wenn gerade mal keine Hochsaison für die Touristen ist – was nicht ganz einfach ist, denn die kommen eigentlich immer.

Und er erklärt mir begeistert, wo ich ganz toll essen gehen könnte.

Als ich ihm sage, dass daraus nichts wird und warum, guckt er mich ganz entgeistert an.

Kopfschüttelnd steigt er wieder in seinen Wagen und auf dem Rest des Weges erkläre ich kurz worum es auf meiner Reise geht.

Er ist immer noch fassungslos und ich kann mir direkt vorstellen, wie er in seinem schicken Anzug in einem modernen Konferenzraum vor seinen Kollegen steht und sagt: »Meine Herren – die Welt ist voller Verrückter. Und eine davon hatte ich heute bei mir im Auto.«

Aber ich tue ihm unrecht. Mein Geschäftsmann bleibt freundlich und neugierig und bringt mich direkt bis zu einem der großen Stadttore, damit ich auch ja nicht mehr so weit laufen muss.

Als ich aussteige, werfe ich keinen Blick zurück, ob man vielleicht meine nassen Umrisse auf dem Ledersitz sehen kann.

Ich gehe in die Stadt hinein und suche nach einer Jugendherberge, die es hier ja bestimmt gibt. Ich hatte mir überlegt, wo ich vielleicht bleiben könnte und da kam mir die Idee, es mal dort zu versuchen – vielleicht habe ich Glück und man nimmt mich hier auf. Fragen kostet ja nichts.

Wen auch immer ich aber nach dem Weg frage, entpuppt sich selbst als Tourist und auch in den Geschäften kennt man sich nicht so gut aus. Hotels sind kein Problem, aber eine Jugendherberge? Ich kann nicht glauben, dass es hier keine geben soll und da ich auch nicht weiß, was ich sonst machen soll, frage ich mich so lange durch, bis ich endlich in einer kleinen Pension, bei der ich einfach geklingelt habe, die gewünschte Auskunft bekomme.

Ich humple also die kopfsteingepflasterten Straßen entlang, gable auf dem Weg noch eine junge japanische Europa-Bummlerin auf, die auch auf der Suche nach dieser Jugendherberge ist und plaudernd erreichen wir dann endlich unser Ziel.

Während es für meine Begleiterin kein Problem ist, ein Zimmer zu bekommen, habe ich leider kein Glück. Man kann mir nicht helfen, aber ich darf mein Gepäck für ein Weilchen dort deponieren und von der Last befreit, gehe ich zurück zwischen all die mittelalterlichen Fachwerkhäuser und lasse mich ein kleine Zeitlang in der Menge treiben.

Überall sind Menschen. Alle Sprachen umfließen mich. Und überall, an jeder Ecke, auf jedem Platz, vor Häusern, Türen und Toren bleiben sie stehen und machen Fotos.

Ein japanisch aussehendes Mädchen macht etliche Versuche, von einer Kamera während eines Luftsprungs eingefangen zu werden. Sie wirkt ein bisschen genervt, weil es einfach nicht klappen will, aber bei jedem neuen Versuch strahlt sie auf und ab hüpfend wie auf einer Zahnpasta-Reklame und ich denke:

»Mein lieber Geschäftsmann – *das* sollten Sie sich auch mal ansehen.«

In den engen Gassen der Stadt ist es heiß. Es ist Nachmittag und die Hitze hat sich zwischen den Häusern gefangen und sitzt in jeder einzelnen Pore der Steine, aus denen die Rothenburger Häuser erbaut worden sind.

Die zahlreichen Restaurants, Eisdielen und Cafés haben, wo immer es geht, ein paar Tische und Stühle auf den wenigen vorhandenen Platz gestellt und die Menschen sitzen entspannt unter den Sonnenschirmen und genießen bunte Eisbecher, Kaffee und Kuchen und eisgekühlte Getränke.

Ich bleibe vor einem der Cafés stehen und wünsche mir auf einmal nichts sehnlicher als ein großes, eiskaltes Glas Cola mit Eiswürfeln.

Ich trinke nie Cola. Oder jedenfalls sehr selten. Und wenn, dann schon gar nicht mit Eiswürfeln.

Ich gehe weiter, kehre wieder um, bleibe stehen und gehe wieder weg.

Soll ich oder soll ich nicht?

Was passiert, wenn ich schwach werde und mir einfach so eine Cola bestelle?

Ich meine, bin ich dann enttäuscht von mir? Zeugt das wieder von Willensschwäche und bin ich dann nicht mehr würdig, diese Tour weiterzumachen? Ist es erlaubt, etwas von dem Notgeld zu nehmen und so etwas wie eine simple Cola zu kaufen?

Ich gehe im Schatten der Häuser entlang, biege um ein paar Straßenecken und stehe gleich darauf auf der Stadtmauer, von der aus ich einen schönen Blick hinunter in das Taubertal habe. Auf einer der Aussichtsplattformen lehne ich mich gegen das Gitter und genieße einen Moment die Weite. Es ist jedoch immer noch zu heiß und hier gibt es keinen Schatten, in den ich mich verkriechen könnte. Meine Füße schreien inzwischen Zeter und Mordio und mir bleibt nichts anderes übrig, als wieder zwischen die Häuser zu humpeln und mich auf den Rückweg zur Jugendherberge zu machen. Ich muss weiter – ich habe noch keine Ahnung, wo ich heute Nacht bleibe und ehrlich gesagt, ist mir das im Moment auch ganz egal. Ich denke immer noch an die Cola.

Und dann treffe ich eine sehr schöne Entscheidung: Ich werde mir diese Cola gönnen.

Ich habe bis hierher schon so viel geschafft. Meine Grenzen habe ich in den letzten Tagen so oft überschritten wie noch nie zuvor in meinem Leben.

Mich glücklich zu machen, wird mir jetzt einfach gut tun.

Als ich mich an den Tisch setze und bei der Kellnerin dieses schöne große Glas Cola bestelle – mit Eiswürfeln – kriege ich das Grinsen kaum noch aus dem Gesicht. So groß ist meine Vorfreude. Als die Bedienung das Glas vor mir auf den Tisch stellt, muss ich ihr einfach sagen, wie sehr ich mich darüber freue und sie lächelt mich an, als hätte sie tiefstes Verständnis dafür.

Dann genieße ich in kleinen Schlucken mein eisgekühltes Getränk.

Herrlich! Herrlich! Herrlich!

Leider kann ich meine Pause nicht allzu lange hinauszögern, denn ich muss zusehen, dass ich aus der Stadt komme und wenn es geht, marschiere ich noch so weit wie ich kann, bevor ich mir einen Lagerplatz suche. Noch ist es hell und ich will heute einfach nicht nachgeben.

In der Jugendherberge fülle ich meine Trinkflasche auf, darf am Empfangstresen einmal ordentlich in ein Bonbonglas greifen und dann schultere ich wieder meinen Rucksack und mache mich auf den Weg aus der Stadt.

Anfangs bin ich sogar richtig gut drauf und komme einigermaßen vorwärts - wahrscheinlich habe ich das der Cola zu verdanken – aber mit der Zeit wird es zusehends schwieriger. Ich habe noch ein paar Kilometer geschafft, als das Brennen unter meinen Fußsohlen für mich nicht mehr zu ignorieren ist. Um die Belastung direkt auf die Sohlen zu verringern, beginne ich, auf den Außenkanten meiner Füße zu laufen.

Und ich bekomme noch ein anderes Problem:

Am Himmel braut sich mal wieder was zusammen.

Es ist windig geworden und dunkler und ich muss jetzt wirklich zusehen, dass ich einen geeigneten Lagerplatz finde. Aber weit und breit kann ich keinen Wald entdecken. Hin und wieder einen Knick, etwas Randgebüsch, mal ein paar Bäume – aber das war`s dann auch schon. Ich brauche aber etwas Schützenderes – ein Vordach, eine Höhle oder zumindest ein einigermaßen dichtes Blätterdach über mir.

Am Straßenrand entdecke ich ein scheinbar verlassenes Gasthaus. Ich kann es schon von Weitem sehen, da es das einzige Gebäude weit und breit ist, aber es sieht geschlossen aus, einsam und ein bisschen heruntergekommen.

In den letzten Tagen habe ich aber gelernt, etwas besser auf meinen Instinkt zu hören als auf meinen Verstand und als ich fast schon vorbei bin an dem Haus, bleibe ich doch noch stehen und drehe mich nach dem Gebäude um. Ich kann weder etwas sehen noch kann ich etwas hören, das darauf schließen lässt, dass dort jemand drin ist.

Dennoch gehe ich ein paar Schritte zurück und die drei Stufen hoch, die zu der alten, abgeblätterten Eingangstür führen und drücke die Türklinke herunter. Es ist offen.

Schon beim Betreten des Hauses kann ich Stimmen hören. Die Stimmen von zwei Frauen.

Ich komme zuerst in eine Art kleine Diele und von dort in den Gastraum. Es ist ziemlich dunkel hier drin, aber trotzdem wurde noch kein Licht angeschaltet.

Ich bin völlig überrascht, als ich in der Gaststube an einem Tisch ein älteres Pärchen entdecke, dass wohl dort zu Abend isst und an einem anderen Tisch noch eine einzelne ältere Dame, die sich lautstark mit einer Person unterhält, die irgendwo in einem Raum hinter dem Tresen steckt. Ich hatte überhaupt niemanden hier erwartet. Das Haus sieht von außen so leer und unbewohnt aus und steht zudem auch noch ganz einsam auf weiter Flur. Außerdem habe ich kein Auto auf dem Parkplatz stehen sehen.

Ich muss nicht lange warten, bis jemand auftaucht, denn die einzelne Dame ruft lautstark nach jemandem, der mich bedienen kommen soll.

Eine ebenfalls ältere Frau kommt auf mich zu und fragt freundlich, was ich denn wolle. Ich erkläre ihr kurz, worum es geht und hoffe dabei, dass vielleicht sie selbst mir einen Schlafplatz anbieten kann. Aber daraus wird nichts. Sie habe leider keine Möglichkeit für mich, aber wenn ich nur etwas weiter gehen würde, käme ich in einen kleinen Ort, der einen eigenen kleinen Grillplatz hat und der wäre, soweit sie weiß, durch eine Pergola überdacht. Dort könne ich doch sicherlich mein Zelt aufschlagen.

Ich erzähle ihr nicht, dass ich nur eine Plane dabei habe, frage aber, ob auf diesem Grillplatz nicht noch jemand wäre um diese Zeit, z.B. Jugendliche, die sich dort treffen, weil sie in so einem Dorf keine anderen Möglichkeiten haben.

Sie meint, Nein, da wäre fast nie jemand und außerdem bräuchte ich mir keine Sorgen zu machen – die Menschen in diesem Dorf wären alle sehr friedlich.

Die Frau füllt mir meine Duschflaschen auf und legt mir sogar noch ein Butterbrot dazu. Dann sagt sie, dass ich los müsse, der Regen wäre bald da und verschwindet wieder irgendwo in den Tiefen des Gebäudes.

Die alten Leute, die an den Tischen sitzen, haben während der ganzen Zeit gar nichts gesagt. Sie haben nichts gesagt, sie haben nicht weitergegessen, ich glaube sogar, sie haben sich überhaupt nicht bewegt.

Als ich wieder auf der Straße bin, grummelt es schon ordentlich über mir und ich befürchte, dass ich meinen Lagerplatz nicht mehr trocken erreichen werde. Aber zumindest weiß ich jetzt, wohin ich überhaupt gehen kann.

Als ich den Ort erreiche, habe ich Glück, dass ich noch auf zwei Frauen treffe, die sich über den Gartenzaun hinweg unterhalten. So kann ich nach dem Grillplatz fragen – obwohl mir dabei nicht wohl ist – mir wäre es lieber, es wüsste überhaupt niemand, wo ich mich aufhalte. Ich weiß nicht, ob die Menschen hier so friedliebend sind, wie mir die Frau aus dem Gasthaus versichert hat.

Die Frauen gucken mich auch etwas entgeistert an, als ich ihnen sage, was ich auf ihrem Grillplatz will, aber sie geben mir bereitwillig Auskunft. Die eine schaut zum Himmel und sagt skeptisch: »Meinen Sie wirklich, Sie können bei diesem Wetter da draußen schlafen?«

Ich sage: »Na ja, ich habe gerade keine andere Wahl. Es wird schon gehen.«

Dann bin ich auf diesem kleinen Platz mit seinem großen, groben Holztisch, zwei dazugehörenden Bänken, einer offenen Feuerstelle und einem angrenzenden riesigen Teich. Und ich stehe unter einem Holzgestell, durch das es wohl gnadenlos durchregnen wird.

Hier war wohl mal eine Pergola, aber jetzt gibt es keine Pflanzen mehr, die sich dort herum ranken und mir vielleicht etwas Schutz geben würden.

Unter dem Tisch zu übernachten geht leider auch nicht, da unter ihm der Länge nach ein Holzbalken angebracht ist, auf den man wohl bequem seine Füße stellen kann, während man dort sitzt. Der Balken ist so tief angebracht, dass darunter kein Platz für mich ist.

Ich habe keine Zeit mehr, außerhalb des Dorfes nach einer anderen Möglichkeit zu suchen und hier gibt es nur ein Gebüsch, unter das ich kriechen kann. Und genau das mache ich auch. Der Platz ist eingerahmt von dichten Sträuchern und Gestrüpp und an einer Seite gibt es so eine Art Durchgang, wie ein Trampelpfad, den man geschaffen hat, wahrscheinlich um eine Abkürzung zu dem benachbarten Teich zu haben.

In diesen Durchgang baue ich mehr schlecht als recht mein Lager auf und hoffe einfach nur, dass das dichte Blattwerk über mir den gröbsten Regen davon abhalten wird, mich komplett zu durchnässen.

Ideal ist vielleicht etwas anderes, aber es ist besser als nichts und so sehe ich zu, dass ich mich für die Nacht fertig mache, was mir unter den gegebenen Umständen aber etwas … sagen wir mal … unangenehm ist.

Man muss sich das so vorstellen: Ein Dorf und eine Hauptstraße. Von dieser Hauptstraße zweigen mehrere Straßen ab und eine davon führt zu diesem Grillplatz, mit anschließendem großem Karpfenteich – aber irgendwie ist man immer noch im Dorf. Also nicht irgendwo ganz außerhalb und auch nicht mehr ganz mittendrin. Auf der anderen Seite des Teiches steht ein großes Gebäude mit Stallungen und hinter mir, hinter den Büschen und der Straße steht ein Wohnhaus, aus dessen Fenstern schon das Licht scheint.

Ich bin hier draußen von Menschen umgeben, die gar nicht so weit entfernt von mir sind und das gefällt mir irgendwie nicht.

Aber etwas anderes ist richtig toll: Am anderen Ende des Durchganges in dem ich mein Lager aufgebaut habe, steht eine alte Holzbank mit Blick auf den Teich. Und dort kann ich bequem sitzen, endlich mal schön die Beine baumeln lassen und beim Essen meines Proviants den lustigen Karpfen zusehen, die sich immer wieder plätschernd an der Wasseroberfläche sehen lassen. Als ob sie wüssten, dass ich etwas zu essen habe und sie auf ein paar Krümel von mir hoffen. Nix da – ich habe selbst kaum etwas.

Nach dem Essen muss ich mich wohl oder übel um meine Füße kümmern. Ich möchte das gar nicht. Ich möchte das nicht sehen und ich möchte nichts drauf machen und überhaupt …

Ich habe heute einfach mal durchgehalten und bin gelaufen, ohne mich um den Schmerz zu scheren, ich habe ihn ignoriert so gut es eben ging und jetzt will ich das Ergebnis davon nicht sehen. Es reicht mir durchaus, es zu fühlen.

Die großflächigen Blasen unter meinen Fußsohlen sind längst aufgeplatzt. Rosa Fleisch schimmert durch.

Der Regen wartet so lange, bis ich unter meiner Plane liege. Dann rauscht es um mich herum, die Regentropfen klatschen auf den Karpfenteich und auf meine Plane und Feuchtigkeit kriecht recht schnell zu mir herein. Es raschelt überall und ich frage mich, ob hier viele Wasserratten unterwegs sind. Und wenn ja, wo.

Lange Zeit kann ich nicht einschlafen.

Nicht nur der Schmerz und die Nässe machen mir zu schaffen. Ich fühle mich einsam und ich habe zum ersten Mal auch ein bisschen Angst.

Ich lag noch nie so nah bei menschlichen Behausungen. Der angrenzende Weg führt praktisch an meinem Lager vorbei und jeder, der seinen Hund noch einmal Gassi führt, kann mich hier entdecken. Es ist die Angst, dass jemand kommt und einfach mal mit einem Knüppel auf die Plane eindrischt, so nach dem Motto: »Hau ab, du Penner, wir wollen dich hier nicht haben!«

Sie wissen ja nicht, wer unter dieser Plane liegt. Dass ich nur eine harmlose Wanderin bin. Eine von ihnen. Und dann wird mir auf einmal schlagartig etwas klar: Das ist doch auch ganz egal! Es ist doch vollkommen gleichgültig, wer darunter liegt – es ist auf jeden Fall ein Mensch! Ein Mensch, der normalerweise nicht einfach nur so zum Spaß in der Gegend herumliegt und der sehr wahrscheinlich Not hat und über eine kleine Hilfe, oder sogar nur ein nettes Wort, froh und dankbar wäre.

Ich muss an all die Menschen denken, die jetzt ebenfalls irgendwo da draußen sind, kein Zuhause haben und zusehen müssen, wie sie klarkommen. Und von uns Normalbürgern *gemieden werden wie die Pest.*

Ich muss an die Flüchtlinge denken, die ihr Zuhause, ihre Familie und Freunde und ihre Heimat verloren haben und nicht mal eben irgendwo anrufen und sagen können:

»Holst du mich bitte mal hier weg – es ist gerade ganz doof hier.«

Gestern fühlte ich mich einsam, weil ich in einem Haus mit Menschen war, die nicht mit mir reden wollten und jetzt fühle ich das gleiche, weil ich den Lichtschein von dem Haus hinter mir sehen und das Lachen der Menschen darin nur erahnen kann.
Sie sitzen zusammen und ich bin alleine hier draußen.
Wie so viele andere.

Der Tag der Engel und der Glücksgarten

… doch das weiß ich an diesem Morgen noch nicht …

Ich fühle mich völlig zerschlagen, als ich heute Morgen aufwache.

Während der Nacht hatte es dauernd geregnet und obwohl das natürliche Dach der Äste mir doch ganz guten Schutz bot, konnte es nicht alles abhalten. Außerdem war der Platz etwas abschüssig, ich rutschte oft weg und musste ständig aufs Neue versuchen, mitsamt meiner Matte und meinem Schlafsack wieder ganz unter die Plane zu kriechen, wollte ich nicht nass werden wie eine Katze.

Als ich in der Früh mein Lager abbaue, bin ich lustlos, müde und frustriert.

Meine Füße sind eine mittelschwere Katastrophe und ich weiß heute Morgen kaum noch, wie ich sie verbinden und einpacken soll.

Ich suche meine Sachen zusammen, die sich allesamt klamm und feucht anfühlen, stopfe sie in den Rucksack und humpel los.

Zurück auf die Straße Richtung Norden.

Doch so wie ich es gestern einigermaßen geschafft habe, meine Schmerzen zu ignorieren, umso weniger ist mir das heute möglich. Gestern habe ich durchgehalten, heute geht gar nix mehr. Ich muss irgendwohin, wo ich meinen Füßen Ruhe gönnen kann. Wenn ich jetzt weitermache, könnte das letztendlich das endgültige Aus für meine Tour bedeuten.

Ich beschließe, den Daumen rauszuhalten und zu versuchen, so schnell wie möglich in Richtung Schweinfurt zu kommen. Dort gibt es eine Adresse, an die ich mir von meinen Freunden und Unterstützern, Sabine und Alex, meine Helfer-Buttons und Visitenkarten schicken lasse – und vielleicht kann ich dort irgendwo unterkriechen und meine Wunden lecken.

Nicht ahnend, wie schnell und auf welchem Weg mein Wunsch in Erfüllung gehen wird, schleiche ich die Straße entlang und mein Mut sinkt mit jedem Meter.

Es ist schon wieder heiß, die wenig befahrene Straße zieht sich vor mir wie ein endloses Band. Meine restliche Durchhaltekraft rutscht rapide gegen Null.

Irgendwann bleibe ich einfach im Schatten eines Baumes stehen – ich will nicht weiter, meine Füße brennen wie Feuer. In meinem Kopf schreit es herum und die Klamotten kleben an mir wie eine zweite Haut.

Doch welche Optionen habe ich? Keine. Ich kann weitergehen oder hier stehenbleiben. Meinen Füßen ist das egal – die schmerzen auch im Stehen. Also ist es wieder mal der Kopf, der ein anderes Programm abspulen muss. Es nützt mir gar nichts, wenn ich herumheule, davon kriege ich nur noch mehr Kopfschmerzen und meine Stimmung fällt ins Bodenlose.

Ich stehe da in der Hitze und krame in meinem Kopf nach guten Gedanken: »*Es gibt wirklich Schlimmeres. Manchmal dauert es eben einfach. Du wirst schon nicht den Rest deines Lebens hier auf dieser Straße verbringen. Es ist nur im Moment gerade ein bisschen blöd, aber das wird schon wieder. Geh jetzt einfach und denk verdammt nochmal, an was anderes! Lass den Kopf nicht so hängen, es wird schon eine gute Seele vorbeikommen.*« Und dann gehe ich.

Und nach nur etwa 500 Metern hält sie neben mir an, die gute Seele – einfach so.

Sie lädt mich ein, fragt nach dem Wohin und sagt mir, dass sie mich ein Stückchen mitnehmen könne. Nicht so weit, mal wieder nur ein paar Kilometer, aber immerhin.

Ich bin zufrieden – egal wie weit, Hauptsache weiter!

Glücklich sitze ich neben der kleinen grauhaarigen Frau auf dem bequemen Beifahrersitz – er könnte auch aus Holz sein, ich würde ihn wahrscheinlich auch als superbequem bezeichnen – und erzähle ihr den Grund meiner Lauferei. Und der gute Geist fragt: »Wollen Sie nicht erst einmal mit zu mir kommen und ich gebe Ihnen etwas zu essen? Ich fahre Sie dafür auch ein Stückchen weiter.«

Mein Strahlen ist vielleicht schon Antwort genug.

So geht es zu ihrem großen Hof, wo ich von drei weiteren Generationen herzlich begrüßt werde! Meine gute Seele ist die Oma im Hause und dann gibt es noch ihre Tochter, ihre Enkelin und ihre eigene Mutter, also die Uroma.

Alle vier Frauen – na gut, die Kleinste ist noch ein winziges Mädchen – gesellen sich zu mir in die große bäuerliche Wohnküche, in der mir Brötchen, Butter und Marmelade aufgetischt werden und ein großer Becher mit heißem Kaffee. *Hmmm ...*

Neugierig mustern mich die Frauen und stellen mir ihre Fragen zu meiner Reise, meinen Erlebnissen, wie lange ich noch unterwegs sein werde und welche Menschen mir auf meiner Route wohl noch über den Weg laufen. Auch hier wird mir gesagt, dass sie mich mutig finden und selbst viel zu viel Angst hätten, so etwas zu machen. Alleine der Gedanke nachts draußen zu schlafen – oh, nein!

Dann stellen sie mir sogar die Frage, ob ich vielleicht noch duschen wolle – das finde ich mal so richtig gastfreundlich! Mit so einem Angebot hatte ich überhaupt nicht gerechnet und kurz stelle ich mir die Frage, ob ich einer wildfremden Person so etwas Intimes wie eine Dusche in meinem Badezimmer zur Verfügung stellen würde.

Aber so verlockend dieses Angebot auch ist – ich muss es leider ablehnen, denn ich befürchte, dass meine Füße durch eine Wäsche mit warmem Wasser und Seife so weich werden, dass sie gar nicht mehr zu gebrauchen sind. Außerdem tut das bestimmt höllisch weh und auch müsste ich alle Verbände neu machen und diese hier sitzen gerade gut.

Aber gegen eine ordentliche Reinigung meines Oberkörpers habe ich keinesfalls etwas und so komme ich viel schneller als gedacht an warmes Wasser und Seife, mit dem ich mir endlich mal so richtig den Schweiß und den Staub der vergangenen Tage abwaschen kann. Es ist so süß: Meine Gastgeberin verschwindet vorher für kurze Zeit und als ich dann in ihr Bad komme, sehe ich, dass sie nochmal eben fix über das Waschbecken und die Fliesen gewischt hat. Selbst mir, die nicht mehr so appetitlich aussieht, sondern eher wie eine Landstreicherin, soll ein möglichst sauberes Bad geboten werden.

Ich könnte sie so knuddeln.

Als die Familie mich ganz herzlich verabschiedet und wir schon im Auto sitzen, sagt mein guter Engel: »Ich fahre dich jetzt bis nach Kitzingen, dann ist schon mal ordentlich was geschafft. Du kannst einfach nicht mehr laufen.«

Zu Fuß wären das laut meiner Karte etwa 27 Kilometer gewesen, da wir aber über die Autobahn fahren, sind das bis dorthin fast 40 Kilometer – die sie nur für mich in Kauf nimmt und ja auch wieder zurückfahren muss!

Mein guter Engel in dieser Geschichte heißt Christa – Christa aus Wallmersbach.

Während ich also neben der lieben Christa im Auto sitze und sie mich den langen Weg bis nach Kitzingen fährt, melden sich mit Macht altbekannte, zwiespältige Gefühle zurück. Bin ich einerseits heilfroh, meiner nächsten Etappe förmlich entgegen zu rasen und dabei meine Füße nicht weiter quälen zu müssen, kriechen andererseits wieder diese unangenehmen Gedanken über meine ehemals hehren Ziele – nämlich alles zu Fuß zu bewältigen – in meinem Hinterkopf herum.

Boah! Halt endlich die Klappe, Kopf! Ich bin es so leid, darüber nachzudenken!
Mit Gewalt schiebe ich meine Gedanken zur Seite und konzentriere mich stattdessen darauf, was ich mir heute Morgen vorgenommen hatte, nämlich so schnell wie möglich nach Schweinfurt zu kommen, wie ausgemacht, meine Sachen in der Jürgen-Höller-Akademie abzuholen und dann irgendwo unterzukriechen.

Dank meinem Engel Christa aus Wallmersbach, fühle ich mich nicht mehr so klebrig, bin satt und komme schnell vorwärts. Außerdem haben mir die menschliche Anteilnahme und die Herzlichkeit aller, die ich dort angetroffen hatte, wirklich gut getan.

Mitten in Kitzingen angekommen, verabschieden wir uns ganz herzlich, ich schultere wieder meine Siebensachen und schaue mich erst einmal nach jemandem um, den ich nach dem Weg fragen kann. Auf der gegenüberliegenden Straßenseite entdecke ich einen Schreibwaren- und Buchladen und denke mir, dass es dort wahrscheinlich sogar Karten von der Umgebung gibt und ich mir vielleicht einen Überblick verschaffen kann. Die Damen dort sind wirklich sehr hilfsbereit. Sie holen eine Fahrradkarte hervor, breiten diese komplett aus und gemeinsam gucken wir, wie ich am besten weiter komme.

Ich fühle mich einigermaßen ausgeruht und denke, dass ich noch etwas gehen könnte, bevor ich meinen weiteren Weg wieder per Autostopp zurücklege. Die Damen erklären mir den Weg zum Main hinunter, und dass ich mich dort nach rechts wenden sollte, um über die Mainbrücke auf die andere Seite zu kommen. Dort wäre man auf jeden Fall sehr viel schöner unterwegs als auf dieser Seite. Es gäbe auf dem Weg aber auch noch eine Mainfähre, mit der könne ich sonst auch noch übersetzen. Eingedenk dessen, dass ich nach Möglichkeit kein Geld ausgeben will, werde ich natürlich die Brücke nehmen.

Humpelnd mache ich mich auf den Weg zum Main und alleine diese kurze Strecke lässt mich schon wieder daran zweifeln, ob ich heute überhaupt noch irgendwo hinkomme. Was zur Folge hat, dass ich, am Main angekommen, ganz in Gedanken, den Weg nach links einschlage. Nach einigen hundert Metern fällt mir das auf und ich drehe mich um. Unschlüssig bleibe ich stehen und überlege, ob ich zurückgehen soll.

Mir fällt eine Satzzeile aus Joey Kellys Buch *Hysterie des Körpers* ein, in der er sich an einer Stelle beschwert, 500 Meter zurücklaufen zu müssen. Als ich das damals las, dachte ich: »Du meine Güte –

500 Meter – das ist ja wohl nicht schlimm.« Aber jetzt weiß ich, was Joey gemeint hat. Ich gehe die Strecke nicht zurück.

Ich kann weiter vorne, auf dieser Seite, noch eine Brücke sehen, dann nehme ich eben die. Als ich näher herankomme, erkenne ich aber, dass ich dort auf gar keinen Fall hinüber gehe. Dazu müsste ich nämlich erst über ellenlange Treppenstufen nach oben kraxeln und auf der anderen Seite wieder herunter. Nix da, ich bleibe auf meiner Seite. Und wenn ich unbedingt da rüber muss, wird es auch noch mehr Brücken geben oder zur Not auch die Mainfähre.

Ich weiß nicht wie oft ich dann auf meiner Seite herumschimpfe, nicht doch die Seiten gewechselt zu haben. Wenn ich auf das andere Ufer schaue, sieht es so aus, als ob es dort herrlichen Schatten gäbe und nicht so viel brutige Sonne wie auf dieser Seite. Ich befinde mich auf einem Radweg, der durch einen breiten, abschüssigen Rasenstreifen getrennt, direkt neben der Straße entlang führt.

Es geht schnurstracks geradeaus und etliche Hightech-Fahrräder mit ebenso hightechausgerüsteten Fahrern rauschen immer wieder an mir vorbei. Ich beneide sie glühend um ihr schnelles Vorankommen und um den herrlichen, kühlenden, erfrischenden Fahrtwind.

Neben dem Fahrradweg erstreckt sich rechts von mir eine große Wiese, die wahrscheinlich bis zum Main hinunter führt, der sich inzwischen meinem Blick entzogen hat. Ich gehe in meinen Barfußschuhen auf dieser Wiese, in der Hoffnung, dass diese ein kleines bisschen milder ist zu meinen Füßen als der kochend heiße Asphalt des Radweges.

Zwischen all den surrenden und schnurrenden Fahrrädern höre ich auf einmal ein etwas quietschigeres Modell. Ich muss mich nicht umdrehen, um zu wissen, dass es sich bei diesem Geräusch ebenfalls um ein Fahrrad handelt. Es hat so ein typisches, sich wiederholendes Quietschgeräusch, wie man es von alten, etwas verrosteten Fahrrädern her kennt. Eine alte Dame in einem geblümten Sommerkleid und mit einem kleinen weißen Pudel an der Leine, kommt ganz gemächlich an mir vorbeigefahren.

»So langsam bin ich inzwischen schon«, geht mir dabei durch den Kopf.

Die Dame – ich weiß nicht, woran man den Begriff Dame festmacht, aber es ist definitiv eine – hält etwa hundert Meter vor mir an und ich denke: »Ach, der arme Pudel kann nicht mehr.«

Doch sie steigt ab, dreht ihr altes Fahrrad um und kommt mir mit ihrem Drahtesel entgegen geschoben.

»Kindchen, wo wollen Sie denn noch hin? Sie können ja kaum laufen.«

Sie sieht richtig empört aus. Ich habe aber keine Lust, ihr die ganze Geschichte zu erzählen und sage nur: »Ach, nicht mehr weit, ich muss nur noch zur Mainfähre. Können Sie mir sagen wo die ist und wie viel die wohl kostet?« Sie meint, mit einem oder zwei Euro wäre ich wohl dabei, und dass diese auch ständig fahren würde.

Und dann sagt sie: »Kindchen, noch kurz *bevor* Sie in den nächsten Ort kommen, nach Mainstockheim, gehen Sie gleich *rechts* den kleinen Weg in Richtung Main hinunter. Dort können Sie zwischen den Gärten durchgehen und kommen auf kürzestem Weg zur Mainfähre. Also, *nicht* rein in den Ort, sondern *vorher* gleich *rechts* abbiegen.«

Sie ist ganz eindringlich und wiederholt die Wegbeschreibung noch einige Male. Ich nicke eifrig und bedanke mich immer wieder, bis sie endlich zufrieden ist und mich weiterziehen lässt.

In Mainstockheim angekommen, nein, *vorher*, biege ich also in diesen kleinen Weg, nähere mich den Gärten und stehe dann ratlos dazwischen und frage mich, ob das hier wirklich richtig ist. Es gibt keine Hinweisschilder und ich will nicht falsch gehen. Aus einem der Gärten höre ich Stimmen und ich gehe ein Stückchen um die Hecke herum, um dort nach dem Weg zu fragen.

»Bin ich hier richtig? Komme ich auf diesem Weg zur Mainfähre?«

»Ja, gleich unten links – da kommen Sie dann dahin. Aber sagen Sie mal, ihr Rucksack sieht ganz schön schwer aus.«

»Ja, das ist er auch.«

»Wollen Sie nicht erstmal hereinkommen und einen Kaffee trinken?«

»Wie jetzt, echt?«

»Ja, klar.«

Zu diesem Zeitpunkt weiß ich noch nicht, dass ich mitten im *Glücksgarten* gelandet bin.

Ich humple also hinein, lasse meine Sachen fallen und mich auf einen Stuhl plumpsen und bekomme sofort einen leckeren, heißen Kaffee vor die Nase gestellt. Und dann erzähle ich Michaela, wie meine Gastgeberin heißt, über meine Wanderschaft und dass ich jetzt auf dem Weg nach Schweinfurt wäre.

Darauf höre ich ein rigoroses: »Aber nicht mehr mit den Füßen! Und schon gar nicht heute! Deine Füße sind offen und brauchen Ruhe!«

Und dann erzählt sie mir, dass sie mich heute schon einmal gesehen hätte. Sie war mit dem Auto oben auf der Straße an mir vorbeigefahren und hatte mich unten auf dem Radweg gesehen und gedacht: »Wo will die denn wohl noch hin, mit ihrem schweren Rucksack. Bei dieser Hitze. Und dann *eiert* die so komisch, die kann doch gar nicht mehr richtig gehen.«

Sie sagt, dass sie gerne angehalten hätte, dass das aber auf dieser Straße ziemlich ungünstig sei mit diesem Rasenstreifen dazwischen. Aber nun wäre ich ja da und könne ein schönes Fußbad nehmen.

Ich winke ab. Ich will kein Fußbad. Das Thema hatte ich heute schon bei Christa und ein Fußbad ist ja noch viel schlimmer. Dann sind die Füße ganz aufgeweicht und zu gar nix mehr zu gebrauchen. Ich will heute noch weiter und endlich bis nach Schweinfurt kommen. Ich erhoffe mir, dass der Jürgen Höller, den ich mal auf einer Motivationsveranstaltung als Trainer erleben konnte und der dort seine Akademie betreibt, mir vielleicht weiterhelfen wird.

Wenn ich meine Buttons und Visitenkarten dort abhole, frage ich ihn einfach mal – wenn er überhaupt da ist.

Jedenfalls möchte ich heute noch weiter, aber Michaela meint, das ginge nicht. Sie könne mich so auf keinen Fall weitergehen lassen. Ich lasse sie reden, während sie in ihrer zwar provisorischen, aber dennoch gut ausgestatteten, offenen Gartenküche herumhantiert.

Eine Freundin von ihr kommt, Michaela stellt uns vor und sagt, dass sie kurz mal weg müsse, wir beide könnten uns ja so lange unterhalten und ich solle bitte noch bleiben, sie wäre gleich wieder da. Ich sage ja, aber ich müsse bald wieder los.

Ruck zuck ist sie wieder da und hantiert in ihrer Küche herum. Kurz darauf steht sie mit einer großen Schüssel warmen Wassers und irgendeinem Zeug darin neben mir und sagt: »So, Schuhe und Strümpfe aus und keine Widerrede!«

Sie wäre gerade mal zur Apotheke gedüst und hätte *Betaisodona* besorgt und jetzt müsse ich meine Füße baden, damit alles sauber wird und sie heilen können. Kein Geld, kein Dank – nur: *Steck deine Füße da hinein!*

Ich sitze da und bin ein bisschen fassungslos. Mein Widerstand ist nicht mehr besonders groß.

Es kommen immer mehr Leute, ich werde freundlich begrüßt, Kinder kommen mit ihren Zeugnissen und es wird ausgiebig über Noten diskutiert und über all dem vergeht die Zeit. Dann wird beschlossen, dass ich im Garten unterm Pavillon übernachte, denn man könne mich auf keinen Fall weiterziehen lassen. Nicht so und schon gar nicht wegen einer dieser ständig wiederkehrenden Unwetterwarnungen.

»Hm… Ich will doch, aber …«

Papperlapapp – Michaela lächelt und sagt: »Du gehst nirgends mehr hin und morgen bringe ich dich nach Schweinfurt.«

Ich denke nicht mehr darüber nach. Ich nehme jetzt einfach alles dankend an, was man mir anbietet; und da kommt noch so einiges an diesem Tag.

Michaelas Tochter Sarah kommt irgendwann dazu und fackelt ebenfalls nicht lange; sie packt mich in ihr Auto, fährt mit mir in ihre schnuckelige Wohnung und lässt mich dort duschen (während sie noch etwas erledigen muss; heißt also, sie lässt mich, eine Wildfremde, voller Vertrauen alleine in ihrer Wohnung!). Als ich sie darauf anspreche, sagt sie lakonisch: »Du kannst dir den Fernseher ja einpacken, wenn er dir gefällt.«

Dann verschwinden alle meine Klamotten, bis auf das, was ich trage, in der Waschmaschine und wir fahren zurück zum Garten. Dort gibt es warmes Essen, leckeren Rotling – einen Wein – und noch mehr Menschen, die mich freundlich begrüßen.

Und ich erfahre, dass ich im sogenannten *Glücksgarten* gelandet bin. Hier wird niemand abgewiesen. Wer Hilfe braucht, bekommt Hilfe. So einfach ist das.

Dann wird entschieden, dass ich nicht im Garten, sondern bei Tochter Sarah übernachte, dass Michaela mich am nächsten Morgen zum Frühstück in den *Glücksgarten* holt und dass ich noch mehr Rotling trinken müsse.

Wir sitzen noch lange und quatschen und später versinke ich dann, zwar mit immer noch heftig schmerzenden Füßen, aber dennoch ganz selig, im kuscheligen Bett – ohne jedoch vorher zu versäumen, mit meiner Nase an meiner himmlisch sauber duftenden Wäsche zu schnuppern, die Sarah noch in den Trockner gesteckt hatte.

Welch ein Luxus!

Gestrandet

Nach einer sicheren, sauberen und trockenen Nacht bei Sarah – von der ich mich schon am Abend vorher verabschieden musste, da sie schon früh los wollte und ich unbedingt länger schlafen sollte – holt Michaela mich mit meinen frisch duftenden Klamotten ab, bringt mich in den Garten und wir frühstücken und erzählen.

Was für ein bewegtes Leben sitzt da vor mir. Meine Gastgeberin hat schon sehr jung Erfahrungen machen müssen, die für ein ganzes Leben gereicht hätten. Und dennoch (oder gerade deshalb) hat sie ein Herz so groß, dass immer alles hinein passt – wie viel da auch kommen mag. Eines ist für Michaela in Stein gemeißelt: »Wie viel Kampf, Leid und Enttäuschung ich auch erlebt habe – aufgeben kam niemals infrage. Und es gab auch immer wieder Menschen, die mir auf die eine oder andere Art und Weise geholfen haben – davon gebe ich ganz einfach nur etwas zurück.«

Dieses Gedankengut möchte ich in meinem Herzen aufbewahren.

Heute gehe ich sehr entspannt in den Tag.

Ich werde nicht laufen und ich mache mir keine Gedanken darüber, wie und wo ich den heutigen Tag verbringen werde. Wenn ich schon durch mehrere Gegebenheiten wie eine liebenswerte Christa, eine verpasste Brücke und eine alte Dame auf einem quietschenden Fahrrad im *Glücksgarten* landen konnte, wo ich auf die selbstverständlichste Art und Weise versorgt wurde, dann wird sich auch alles andere irgendwie ergeben.

Es ist fast schon früher Mittag, als wir Richtung Schweinfurt fahren. Michaela bringt mich bis vor die Tür der Jürgen-Höller-Akademie und besteht darauf, dort noch auf mich zu warten. Ich sage ihr zwar, dass sie mir schon so unglaublich viel geholfen hätte und ich nicht mehr länger ihre Zeit in Anspruch nehmen möchte, aber weder diese Worte noch etwas Geld, das ich ihr für ihre Mühen geben möchte, nimmt sie in irgendeiner Form an. Sie möchte dort warten und gut ist.

Ich gehe hinein und suche das Büro, wo vielleicht meine Buttons und die Visitenkarten angekommen sind. Außerdem würde ich gerne mal beim Chef vorsprechen; ihm sagen, dass auch er nicht ganz unschuldig daran ist, dass ich mich auf diesen Weg gemacht habe. So wie Antony Fedrigotti, der mich durch sein Zentimetermaß aufgerüttelt hat, gibt es von Jürgen Höller zwei Zitate, die mich nachdenklich gemacht haben:

»Die entscheidende Frage für Erfolg ist nicht, ob etwas machbar, sondern ob es denkbar ist« und »Lebe deine Träume und träume nicht dein Leben«

Außerdem möchte ich hier in Erfahrung bringen, wo ich in der Nähe meine Laufpause einlegen kann – denn das werde ich auf jeden Fall tun müssen. Es macht keinen Sinn mehr, so weiterzulaufen. Ich würde maximal noch einen oder vielleicht zwei Tage durchhalten. Vielleicht sogar nicht mal das – und dann wäre es mit der Tour wahrscheinlich ganz vorbei. Ich muss mir eingestehen, gestrandet zu sein und will in der Akademie nach einem billigen Unterschlupf fragen.

Einer freundlichen Dame in irgendeinem der vielen Büros in dem Gebäude erkläre ich kurz mein Gründe, warum ich gerade dort auftauche und sie schaut zunächst einmal nach meiner Post. Sie verschwindet freundlich lächelnd, taucht schon eine Minute später mit einem großen braunen Briefumschlag auf und drückt mir diesen freudestrahlend in die Hand. Das wäre also schon mal erledigt, jetzt fehlt mir nur noch eine Unterkunft. Die freundliche Mitarbeiterin hat auch gleich eine Idee und stöbert kurz im Netz, um mir die genaue Adresse mitzugeben. Es handelt sich um ein Jugendgästehaus direkt am Main. Nachdem ich versucht habe, wenigstens ein kurzes Wort mit Herrn Höller zu sprechen – der mich mit dem Brief in der Hand und meiner Kappe auf dem Kopf für einen Boten hielt und gerade leider keine Zeit für mich hatte – lässt Michaela es sich nicht nehmen, mich auch noch bis zu meinem Unterschlupf zu fahren.

Am Abend vorher hatte ich mich schon von all den anderen tollen Menschen, die mich in ihrem *Glücksgarten* einfach so in ihre Mitte genommen hatten, verabschiedet – und nun drücke ich ein letztes Mal meinen persönlichen Engel, Michaela.

Sie hat mir gezeigt, dass hinschauen und handeln bei Menschen in Not ganz einfach sein kann.

Ich danke ihr für alles, und dass ich sie und die ihren treffen durfte und ich freue mich jetzt schon darauf, wenn ich das nächste Mal auf gesunden Füßen zu ihnen in den *Glücksgarten* spaziere!

Ich schnappe mir meine Sachen, humple in meine neue Bleibe, die mir für die nächsten zwei Nächte Schutz und so viel nötige Ruhe geben wird, dass ich dann hoffentlich weitergehen kann und verkrieche mich gleich auf meinem Zimmer.

Natürlich ist mir klar, dass ich diese Unterkunft nicht umsonst bekommen kann, aber inzwischen fühle ich mich nicht mehr zu unsicher, zumindest danach zu fragen oder wenigstens zu versuchen, einen Rabatt auszuhandeln. Leider ist es in diesem Gästehaus nicht möglich und so grabe ich in den Tiefen meines Rucksacks nach meinem Geheimversteck und hole meine EC-Karte hervor. Dass ich diese mitgenommen habe, ist auch meiner Freundin Sabine zu verdanken, die ebenfalls darauf bestanden hat, dass ich meine Krankenkassenkarte mit mir führe. Obwohl ich das ziemlich daneben fand – ein Crocodile Dundee wäre keinesfalls auf diese absurde Idee gekommen – bin ich ihr jetzt gerade sehr dankbar für ihre ständige Einrede in meine Pläne und ihr Beharren auf Karten und Notgeld.

Und dennoch: Auch wenn ich dankbar bin und weiß, dass diese Pause für meine Füße zwingend erforderlich ist – ich fühle mich jetzt doch so, als würde ich mich selbst hintergehen.

Ich will nicht weiter darüber nachdenken, drücke dem Mann an der Rezeption noch meine Visitenkarte in die Hand und verkrümle mich.

Ich packe meine Sachen aus, sortiere, glätte, lege neu zusammen und mache im Großen und Ganzen Bestandsaufnahme. Und dann sitze ich herum.

Der Ausblick von meinem Zimmer ist ganz toll, direkt auf den Main. Zuerst schaue ich vom Fenster aus dem gemächlichen Fluss des Wassers zu. Nach einer ganzen Weile gehe ich doch lieber noch vor die Tür, hocke mich auf einen der Plastikstühle, die dort herumstehen und schaue wieder stundenlang auf den breiten Strom.

Ich habe nichts weiter zu tun, als zu schauen und zu denken.

Die vergangenen Tage ziehen an mir vorüber, geballte Zeit, erlebte Zeit, eine sehr intensive Zeit. In Gedanken versuche ich, mir die Menschen vorzustellen, die mir begegnet sind und bin erstaunt, dass ich mir nicht sicher bin, die richtige Reihenfolge hinzubekommen oder überhaupt an alle zu denken und niemanden zu vergessen.

Ich möchte mir alle in Erinnerung rufen, die mir auch nur in irgendeiner kleinen Form behilflich waren. Sei es, dass sie mir den Weg gewiesen haben oder mir etwas zu trinken gaben. Sei es, dass sie mich einfach nur neugierig ansprachen und fragten, ob ich Hilfe benötige oder mir einen Tipp gaben, wo ich vielleicht etwas zu essen oder einen Schlafplatz bekäme.

In meinem Kopf drehen sich die Tage wie ein Karussell und beginnen durcheinander zu rutschen.

Nach einiger Zeit gebe ich auf, schnappe mir mein kleines Notizbuch und mache ein paar von meinen Eintragungen.

Als der Hunger beginnt, stellt sich mir die Frage, ob ich hier in diesem Hause wohl etwas zu essen bekomme. Natürlich hatte ich heute Morgen im *Glücksgarten* noch etwas Verpflegung mitbekommen, aber die möchte ich mir noch aufheben und erst einmal versuchen, hier eine Kleinigkeit zu ergattern. Ich hatte bisher noch nicht geguckt, ob hier überhaupt eine Küche angeboten wird und so gehe ich hinein und versuche, das herauszufinden.

An der Rezeption treffe ich wieder auf den Mann, dem ich heute Mittag schon meine Visitenkarte in die Hand gedrückt hatte. Tatsächlich hatte er auch schon auf meine Homepage geschaut und sich die ganze Geschichte durchgelesen. Da bin ich aber baff!

Wir reden ein bisschen darüber und auch über mein kleines Hungerproblem, das ich gerade habe, als er mir sagen muss, dass die Küche jetzt geschlossen ist und er gar keine Möglichkeit hätte, an irgendwelche Nahrungsmittel heranzukommen.

»Das ist aber blöd«, denke ich mir, denn so muss ich schon an meinen Proviant für morgen dran. Als ich dann erwähne, dass ich gerne ein Buch über meine Tour schreiben möchte, und dass ich dieses Gästehaus selbstverständlich auch erwähnen würde, spurtet er plötzlich los und kommt nach einer kleinen Weile freudestrahlend mit einer Orange, einem Apfel und einer Banane zurück.

»Damit Sie auch uns gut in Erinnerung behalten«, sagt er lachend und drückt mir das Obst in die Hand.

Während ich dort an der Rezeption auf einem Barhocker auf ihn gewartet hatte, besah ich mir natürlich auch alles und entdeckte dabei die große Kaffeemaschine. Au weia! Das war fatal, denn in meinem Kopf begann so eine Art Engelchen-Teufelchen-Gespräch:

»Oh, Milchkaffee, wie lecker!«

»Nein, das darfst du nicht!«

»Oh, nur ein einziger Milchkaffee, das bekommt doch gar keiner mit.«

»Aber das ist gegen die Spielregeln!«

»Hallo! Wer hat denn diese Spielregeln gemacht?«

»Ich!«

»Ja, genau, ich! Also kann ich sie auch brechen.«

»Nein, das darfst du nicht. Erst Regeln aufstellen und dann nicht dran halten!«

»Und – wem schade ich damit?«

»Na ja, so etwas nennt sich inkonsequent und undiszipliniert!«

»Und was ist mit der Cola in Rothenburg?«

»Ja, genau! Inkonsequent!«

»Tja – oder: das Leben soll auch Spaß machen! Ich bin gestrandet, es ist sowieso alles ganz anders und ich darf trotzdem stolz auf mich sein! Also, jetzt halte die Klappe und ich bestelle mir einen waaaahnsinnnnig leckeren Milchkaffee. Punkt!«

So in etwa ging die Post in meinem Kopf ab, während ich gewartet hatte, und als der gute Mann jetzt zurückkommt, gibt es kein Halten mehr für mich.

Dieser Milchkaffee ist definitiv ein Notfall!

Später stehe ich noch lange an meinem Fenster und schaue in die Dunkelheit. Die beleuchteten Boote und Flussdampfer sehen schön aus und ich stelle mir vor, an Bord zu gehen, mit ihnen hinauszufahren und einfach nicht mehr zurückzukehren.

Normalerweise müsste ich ja schlafen wie ein Baby – so sicher, mit einem Dach über dem Kopf, in einem weichen Bett.

Ich schlafe auch – aber ich schlafe nicht besser. Genauso wie draußen, wache ich auch hier drin während der Nacht immer wieder auf. Das macht mir nichts aus.

Aber da ist noch etwas anderes.

Wie dunkle Perlen auf einer dünnen Nylonschnur reihen sich Stunde um Stunde aneinander – glänzend, geheimnisvoll und sich stetig verändernd, je weiter die Nacht draußen am Fenster vorüberzieht.

Jedes Mal, wenn sich meine Augen öffnen, werfe ich einen Blick zum Fenster, hinaus in die Nacht und ich fühle mich einsam. So richtig heftig einsam.

Ich stelle mir vor, wie Menschen sich jetzt treffen, wie sie in ihren Gärten sitzen und grillen und dabei plaudern und lachen. Ich stelle mir vor, wie sie in der lauen Abendluft spazieren gehen und miteinander reden oder in den zahlreichen Biergärten hocken und einfach ihr Miteinander genießen.

Selbstgewählte Einsamkeit, die an der Seele nagt, selbstgemachtes Jammertal durch das ich gehe.

Ich fühle mich gefangen.

Begegnungen und ich werde die Königin der Welt

Als die Nacht endlich um ist, frage ich mich, warum ich aufstehen sollte. Niemand sieht mich, niemand fragt mich, niemanden interessiert es. Ich muss mich zusammenreißen.

Endlich mache ich mich fertig. Gott sein Dank gibt es ein Frühstück für mich und der Gedanke an einen frischen Morgenkaffee – den ich nicht extra bezahlen muss! – lassen meine Lebensgeister wieder ein wenig wacher werden.

Doch meine Laune ändert sich kein bisschen – eher das Gegenteil ist der Fall. Als ich in den Speiseraum komme, bin ich nicht die erste, die der Kaffeeduft hierher geführt hat und da alle irgendwie aussehen, als gehörten sie zusammen, setze ich mich an einen einzelnen Tisch.

Aber es ist für mich kaum auszuhalten. An jedem Tisch sitzen zwei oder mehr Leutchen, unterhalten sich, lachen, reichen sich die Butter oder die Marmelade und besprechen ihre Unternehmungen, die sie für diesen Tag planen. Sie gehören zusammen, sie haben einander und sie werden auch den ganzen Tag miteinander verbringen.

Ich hocke stumm zwischen ihnen, fühle mich einsam wie in der vergangenen Nacht und kann kaum noch die Tränen unterdrücken.

Meine Stimmung ist komplett im Keller. Essen mag ich auch nichts und so wickel ich mir verstohlen ein belegtes Brötchen in eine Serviette, stehe auf und stiebitze beim Hinausgehen noch schnell etwas Obst von der Anrichte.

Den Tag verbringe ich mit nackten hochgelegten Füßen, mal auf meinem Zimmer und mal draußen auf einem der Plastikstühle, die unten am Main stehen. Zwischendurch verabreiche ich meinen geschundenen Fußsohlen etwas von dem Kräuterextrakt, den ich noch von meiner Kräuterfrau Verena habe und gönne ihnen ansonsten einfach nur Ruhe und Erholung.

Währenddessen starre ich die meiste Zeit auf das träge Wasser des Flusses und hänge meinen Gedanken nach. Die Welt da draußen dreht sich weiter und ich grüble, wo mein Platz in ihr sein wird, wenn ich wieder in mein altes Leben zurückkehre. Dieses alte Leben, das ich so nicht mehr haben möchte.

Ich denke an meine Söhne und wie ihre Wege wohl einmal aussehen werden, die sie in dieser Welt noch zurücklegen müssen und ich denke an meine Mutter, die immer noch nicht weiß, dass ich unterwegs bin.

Der Abend vergeht wie der vorherige. Ich stehe am Fenster, schaue über den Lichterglanz, der sich im Wasser des Mains spiegelt und fühle diese Traurigkeit, die mich schon seit gestern fest im Griff hat.

Selbst am nächsten Morgen spielt sich für mich dieselbe Szenerie ab, wie schon am vorangegangenen Tag und ich fühle mich nicht in der Lage, diese Trübsinnigkeit, die mich erfasst hat, zu durchbrechen.

Wieder oben in meinem Zimmer packe ich lustlos alles zusammen, wuchte mir alles ächzend auf meine Schultern, schnalle meinen Gürtel mit Wasserflasche und Kartentasche um und mache mich auf die Socken.

Noch nicht mal an der Rezeption steht jemand, von dem ich mich verabschieden könnte.

Für die nächste Etappe habe ich mir wieder meine Wanderschuhe angezogen, in der Hoffnung, dass es nun gut ist und ich in den Tretern endlich laufen kann.

Das funktioniert zunächst auch und mit festerem Schritt als all die vergangenen Tage zuvor, trappel ich durch Schweinfurt und versuche, mich aus der Stadt heraus zu fragen.

Wie immer ist das nicht so einfach, weil zwar alle die viel befahrenen Hauptstraßen kennen, nicht aber irgendwelche Wege, die nach draußen führen.

Die Temperaturen steigen schon kräftig an und ich sehne mich danach, endlich diese Stadt hinter mir zu lassen. Doch auch hier gibt es irgendwann einen Weg weiter nach Norden und mit gesenktem Kopf und vornüber gebeugt, wie eine alte Frau, stapfe ich durch die Landschaft.

Ich bin immer noch mies gelaunt und habe auch nicht direkt eine Ahnung, wie und womit ich meine Stimmung aufhellen könnte. Die Pause, die ich gemacht hatte, war für meinen angestrengten Körper und vor allem für meine Füße bitter nötig gewesen – aber mental bin ich auf einem Tiefpunkt. Obwohl ich ständig auf Menschen treffe, tolle mitfühlende Menschen, bin ich doch die meiste Zeit mit mir alleine. Alleine mit meinen ständigen Zweifeln und Fragen.

Und dann treffe ich auf Arno.

Als ich so vor mich hintrotte, ertönt plötzlich von irgendwoher ein donnerndes: »Wullst ‘n Bier?«

Ich zucke zusammen, reiße den Kopf hoch und schaue mich erschreckt um, wer denn da so brüllt. Auf einer Hofeinfahrt, unweit der Kreuzung, auf die ich gerade zusteuere, entdecke ich jemanden, der mir mit erhobenem Arm zuwinkt. Ich bin gemeint! – und rufe zurück. »Nein danke, da falle ich um. Lieber ein Wasser.«

»Dann komm her«, brüllt er über die Straße.

Heftig mit der Hand wedelnd werde ich eingeladen.

Ohne weiter darüber nachzudenken, lenke ich meine Schritte auf diesen Hof und stehe kurz darauf vor einem etwas raubeinig wirkenden Mann mit lustigen Augen und einem verschmitzten Lächeln. Eine große Pranke wird mir entgegengestreckt und ein freundliches Gesicht fordert mich auf, meinen Rucksack abzustreifen und auf einer Bank vor einem großen, verwitterten Holztisch Platz zu nehmen.

Das lasse ich mir nicht zweimal sagen und gleich darauf stehen auch schon eine Flasche Wasser und ein Glas vor mir.

Arno stellt sich mir vor: Er sei der Arno aus Hammich und wer denn ich sei, wohin ich wolle und wieso ich als Frau alleine unterwegs sei. Ich beantworte brav alle seine Fragen und Arno gerät zusehends aus dem Häuschen: Ja, das fände er ja aufregend und wie ich denn auf so eine Idee käme und das wäre ja mal was und das müsse er gleich seiner Tochter erzählen und dem Nachbarn und auf seine Frau müsse ich unbedingt warten und ihr das erzählen und überhaupt …

Arno aus Hammich hat gar keine Ahnung, wie viel Balsam er mir gerade auf meine arme, einsame Seele streicht und als dann auch noch die Tochter und der Nachbar und eine Freundin kommen und Arno mich jedes Mal mit großem Tamtam vorstellt und dabei mein Woher und Wohin und vor allem das WIE lautstark verkündet, schließe ich ihn für immer in mein Herz ein! Vielleicht liest er dies mal und weiß jetzt, wie gut er mir an diesem Tag gerade tat. Ich fühle mich nicht mehr so allein.

Als Arno hört, dass ich mit nur sehr wenig Essen unterwegs bin, möchte er unbedingt, dass ich mir noch ein Brot für unterwegs mache und jammert dabei immer wieder, dass seine Frau noch nicht da sei, und dass ich unbedingt warten müsse, bis sie zu Hause ist, und dass er normalerweise für das Brotschneiden nicht zuständig wäre, aber jetzt würde er das gerne für mich machen wollen.

Als er mit Butter, Käse und den riesigen Brotscheiben wieder aus dem Haus kommt, muss ich wirklich lachen.

»Arno, wie um Himmels willen soll ich diese dicken Scheiben denn essen? Ich muss sie ja auch noch zusammenklappen – da kriege ich ja Maulsperre.«

Fast einen Zentimeter dicke Scheiben liegen vor mir!

Arno strahlt mich an und sagt: »So geht das bei uns. Da wirste wenigstens satt!«

Und während ich mir die Brotkanten mit Butter bestreiche und mit Käse belege, erzählt mir Arno aus Hammich von seinem uralten Traum, den er sich in einzelnen Etappen und Jahren erfüllt hat. Mit seinem Hund und nur auf einem Boot die Donau bis zum Schwarzen Meer hinunterzufahren.

Fasziniert von dieser Geschichte höre ich ihm zu und erfahre, wie er nach Wochen auf diesem riesigen Fluss in Wien oder in Budapest ausgestiegen ist (ganz genau weiß ich das leider nicht mehr), weil er des Alleinseins müde war und einfach keine Lust mehr hatte. Dennoch verließ ihn dieser Traum nicht und einige Jahre später ist er genau dort wieder eingestiegen, wo er die erste Etappe zuvor beendet hatte und ist auf seinem Boot wieder weiter Richtung Schwarzes Meer gefahren. Doch auch dieses Mal musste er seine Reise unterbrechen – aber nicht so unbedingt freiwillig, wenn man ihm auch gesagt hatte, es wäre seine Entscheidung, ob er weiterfahren wolle oder nicht. Er musste auf dem Fluss die Grenzen von Kroatien und Serbien überqueren und zu der damaligen Zeit war das noch nicht ganz ungefährlich. Zwar waren die Bosnien- und Serbienkriege zu dieser Zeit schon beendet, aber es gab immer noch Vorfälle von einzelnen Radikalen und so ganz und gar ungefährlich schien eine Reise in diesem Gebiet noch nicht zu sein. Schon gar nicht alleine, schutzlos und fernab üblicher Reiserouten.

So unterbrach Arno also wieder seine Fahrt, um sie aber Jahre später zu vollenden und mit seinem Boot und seinem Hund, einem Nachfolger seines ersten Begleiters, im Schwarzen Meer anzukommen.

Arnos Augen leuchten, als er mir von seinen Abenteuern erzählt und ich könnte ihm noch stundenlang zuhören.

Doch ich muss mich daran erinnern, dass ich noch ein eigenes Abenteuer zu bestehen habe und schweren Herzens bestehe ich am Ende seiner Geschichte darauf, weiterzukommen. Wenn es nach meinem freundlichen Gastgeber ginge, sollte ich einfach noch bleiben – ich müsse doch unbedingt noch seine Frau kennenlernen – aber ich möchte auch noch Strecke machen.

Arno lässt es sich nicht nehmen, mich mit seinem Hund bis zu meinem Talweg zu begleiten und von da aus geht es für mich wieder alleine weiter Richtung Norden.

Aber meiner Stimmung hat dieser kleine Zwischenstopp wirklich gut getan!

Mit der heißen Witterung komme ich einigermaßen zurecht, Wasserflasche und Brotbeutel sind aufgefüllt und mit den Gedanken bin ich auf einem Boot auf der Donau. Wochenlang alleine auf dem Wasser … da trifft man wirklich nicht gerade an jeder Ecke auf Leutchen, mit denen man mal eine Runde quatschen kann.

Und noch etwas anderes geht mir durch den Kopf:

Ich hätte niemals jemanden, einfach so, angesprochen und gefragt, ob er vielleicht etwas zu trinken haben möchte! Auf diese Idee bin ich wirklich noch nie gekommen!

Jetzt mal ehrlich – jeder von uns hat schon mal jemanden gesehen, vielleicht auch mit Rucksack, wo man hätte meinen können, dem könne man vielleicht mit einer Kleinigkeit zu essen oder zu trinken helfen. Wie oft sind wir schon an Menschen vorbeigegangen, wo wir ganz genau wussten, dass dieser sich bestimmt über eine kleine Hilfe freuen würde – oder auch nur über ein paar freundliche Worte?

Hand aufs Herz – wie oft gehen wir schnell vorbei, den Kopf abgewandt oder den Blick gesenkt? Und das nicht nur bei Menschen, die uns bettelnd in den Fußgängerzonen begegnen, sondern bei allen, bei denen wir die Armut schon aus der Entfernung vermuten.

Ich bin auf Wanderschaft, durchgeschwitzt, dunkel gekleidet, schwer bepackt und war, als der gute Arno mich ansprach, bestimmt nicht gerade mit dem fröhlichsten Gesicht unterwegs. Und trotzdem hatte er es sich nicht nehmen lassen, mich anzusprechen (oder eher aus der Entfernung anzubrüllen).

Es muss schon jemand so besonderes sein wie der Arno, der selbst weiß, wie es ist, auf sich allein gestellt zu sein. Der weiß, dass man einfach nur Durst haben könnte, oder dass ein freundliches Wort Balsam für die Seele ist.

Mir kommt in den Sinn, dass dieser Mensch gerade zur richtigen Zeit auf meiner Bildfläche erschienen ist, wie alle anderen, die bisher meinen Weg gekreuzt haben.

Wenn man so vor sich hin tapert und mit den Gedanken ganz woanders ist, bekommt man nicht unbedingt alles mit und wie ich so völlig in Gedanken versunken meines Weges gehe, entdecke ich mitten im Wald plötzlich vor mir eine Gruppe, fast lebensgroßer, ans Kreuz genagelter Figuren! Sehr gruselig!

Ich traue mich gar nicht näher ran, so unheimlich sehen diese Gestalten aus. Und dann steht da auch noch eine Mönchsfigur mit einer Kapuze – darunter ist das Gesicht im Dunkeln verborgen … unheimlich … wie in Im Namen der Rose, falls ihr diesen Film kennt

… *Huuu* … ich schaue mich um, aber außer mir ist da keine Menschenseele. Der Wald, die Figuren und ich.

Nö, das ist nix für mich und eilig sehe ich zu, dass ich weiterkomme.

Leider habe ich das Pech, dass mein rechter Fuß wieder beginnt, sich zu melden und ich langsam aber sicher wieder in den Humpelmodus zurückfalle. Noch nicht so schlimm, wie es mal war, aber auch nicht so toll, wie ich eigentlich gedacht hatte.

Auch wenn mich dieser Zustand stört und ich weiß, dass es wieder ganz blöd werden kann, bin ich doch nicht mehr ganz so genervt wie am Anfang. Es ist nun mal, wie es ist.

Als ich im Laufe des Tages die Nachricht bekomme, dass mir eine Kollegin, die meine Tour auf Facebook verfolgt, eine Dusche und ein Bett für den heutigen Abend bereitstellen möchte, mache ich mir keinen Kopf mehr, sondern freue mich stattdessen einfach.

Kati ist kein Weg zu weit, um mich zu sich nach Hause zu holen und fährt sagenhafte neunzig Kilometer, um mir zu helfen! Das ist ja irre! Also – nett irre. Wir verabreden per Handy eine ungefähre Uhrzeit und einen Treffpunkt.

So gehe ich die letzten Stunden etwas entspannter unserem Treffen entgegen und freue mich auf die nette Gesellschaft, die mich heute erwartet.

Juchhuu, heute gibt es keinen einsamen Abend für mich!

Als ich bei ihr im Auto sitze, fangen wir ganz entspannt an zu quatschen und die Zeit bis nach Ilmenau vergeht wie im Fluge. Jetzt geht es in den Osten! Weit in den Osten – das ist ja verrückt.

Wir düsen direkt bis zu ihrem Garten, wo ihr Mann Meik schon den Grill angeschmissen hat und verbringen dort einen gemütlichen Abend. Die beiden sind ein bisschen in Sorge, da ich keine Tiere esse, dass ich überhaupt satt werde und fordern mich immer wieder auf, nur ordentlich von den Salaten und dem Brot zu nehmen.

Herrlich! Endlich Abkühlung – auch von innen. Meine Haut ist zwar versalzen, aber da ich weiß, dass ich heute noch unter einer richtigen Dusche stehen werde, ist das gar nicht mehr so schlimm und außerdem kann ich meinen Fuß wieder einmal so schön schonen. Wir verplaudern in der angenehmen, lauen Abendluft unsere Zeit und für mich fühlt sich alles gut an.

Später entdecke ich, dass die beiden tatsächlich ihr kleines Wohnzimmer ein bisschen umbauen müssen, nur damit ich dort übernachten kann und einmal mehr wird mir bewusst, wie gut wir Menschen uns tun können – wenn wir nur wollen.

Am nächsten Morgen wartet ein ausgiebiges Frühstück auf mich und eine Kati, die mit ihrem Mann eifrig darüber diskutiert, an welchen Teil meiner Strecke sie mich denn nun zurückbringen würde.

Gestern Abend war das schon eine etliche Weile Thema, denn als ich ihr sagte, sie könne mich doch einfach dorthin zurückfahren, wo sie mich abgeholt habe, kam das für sie überhaupt nicht in Frage.

Wir hatten uns dann zwar auf einen Ort geeinigt, aber so ganz zufrieden war ich nicht und die alten Fragen, inwieweit ich mir immer untreuer werde, tauchten wieder auf. Meine Nacht war daher auch etwas unruhig, weil mich mein gewohntes Gedankenkarusell mal wieder eine Weile beschäftigt hatte.

Aber heute Morgen bin ich guter Dinge und höre während des Frühstücks dem Für und Wider zu, das die beiden sich da zuwerfen. Es geht um Entfernungen und Höhenrücken und wie lange ich wofür brauche, und dass ich eigentlich unmöglich mitten in der Rhön irgendwo wild übernachten könne.

Bald muss ich über beide Backen grinsen. Während Kati mit Meik herumstreitet, wo denn nun dieser beste besagte Punkt für mich wäre, reißt es Kati förmlich immer wieder von ihrem Stuhl hoch. Sie kann gar nicht ruhig sitzen bleiben, ist aufgeregt und versucht, vehement ihren Standpunkt zu verteidigen. Wenn es nach ihr ginge, würde sie mich bis nach Göttingen fahren – sie will mich eigentlich nirgendwo mehr aussetzen.

Doch irgendwann sitzen wir mit Pick und Pack wieder glücklich in ihrem Auto und es geht zurück auf meine Strecke. Zwar schon ein Stückchen weiter nördlich, aber ich werde die Chance bekommen, doch noch einen Höhenrücken selbst zu bezwingen und in der Rhön Lager zu machen.

Kati tut sich tatsächlich sehr schwer, mich dann irgendwo abzusetzen – und sie hat jedes Mal schlagende Argumente: »Hier ist es zu kurvig.« Oder: »Da ist es beim Aussteigen zu schotterig!« (was ist das denn für ein Argument??). Und: »Dort steht ein einsames Wohnmobil und wer weiß, wer dann plötzlich hinter dir her ist?«

Ich kann sie dann aber doch noch überzeugen, dass es besser wäre, jetzt mal zu halten, sonst wären wir wirklich irgendwann in Göttingen. Oder in Flensburg.

Beim Abschied kullern Kati fast die Tränen und so mache ich mich nach dem Ausstieg und einem letzten Foto fix wieder auf den Weg, wieder Richtung Norden.

Eine ganze Zeit lang ist es nicht so schön mit der Lauferei, weil ich mangels Orientierung nicht vom Weg abkommen will und somit mal wieder die Straße in Kauf nehmen muss.

Sollte ich jemals wieder auf die Idee kommen, mich abseits der Zivilisation durch irgendeine Wildnis schlagen zu wollen, muss ich unbedingt ein Navigationsgerät dabei haben, das mit einem Megaakku ausgestattet ist! Natürlich war das eine der an mich selbst gestellten Herausforderungen – mich mit meiner nicht vorhandenen Landkarte im Kopf durchzuschlagen. Doch kostet mich das immer wieder ganz schön viel Zeit. Dadurch, dass hier alles anders läuft als geplant, kann ich auch nicht immer meine eigenst entworfenen Karten verwenden. Wofür habe ich eigentlich meine Augen so fürchterlich überstrapaziert, als ich stundenlang vor Google saß und mir jedes Pupsnest aufgeschrieben habe, an dem ich vielleicht vorbeikomme? Was habe ich mir für einen Kopf um die »Süd-Nord-Route« gemacht. Stattdessen geht`s oft kreuz und quer durch die Lande. Immer wieder muss ich jetzt nachfragen, mich neu orientieren und nochmal nachfragen. Aber wenn keiner da ist, den ich fragen kann, ist das dann manchmal echt doof.

Aber bald kann ich mich dieses Mal doch anhand meiner selbst gemachten Karten von den Autos und dem Lärm entfernen und bin superstolz, dass das überhaupt funktioniert. Ich erkenne tatsächlich Wege, von denen ich zu Hause so viele in mühevoller Kleinarbeit eingezeichnet hatte und freue mich darüber diebisch wie ein kleines Kind.

Und nach einiger Zeit, weitab von vielbefahrenen Straßen, befinde ich mich irgendwo im Nirgendwo – mitten im großen Grün der Rhön.

Zunächst sind die Wege noch nicht so steil und ich komme gut vorwärts, aber ich kann die Anhöhe vor mir sehen und ahne, dass das kein Spaziergang für mich wird. Selbst nach jetzt schon etlichen Tagen ist das Gewicht meines Rucksacks noch sehr gut spürbar und je höher ich komme, desto mehr beginnen diese Wege, mir echt einiges abzuverlangen. Mit klopfendem Fuß, keuchendem Atem und klatschnass geschwitzt, erkämpfe ich mir einen der Höhenrücken und verfluche dabei jedes einzelne Kilo, das ich mit mir herumschleppen muss (nicht nur im Rucksack). Immer wieder muss ich stehenbleiben.

Ich komme mir vor wie eine Dampfwalze, die sich rostig scheppernd und furchtbar schwergängig den Berg hinauf walzt. Nach all diesen Tagen habe ich mich immer noch nicht in ein leichtfüßiges Reh oder eine durchtrainierte Amazone verwandelt.

Meine Beine schmerzen, die Oberschenkel fühlen sich an, als seien sie mit ständig reißender Wolle gefüllt und meine Pumpe arbeitet im wahrsten Sinne des Wortes zum Herzerweichen. Wie ein Dampfhammer fühlt sich das in meiner Brust an. Wenn ich meinen Mund schließe, um kleinem umherschwirrendem Ungetier keinen Zutritt in meinen trockenen Rachen zu gewähren, glaube ich zu ersticken. Alleine durch die Nase bekomme ich nicht genug Luft und nach drei, vier gequälten Atemzügen, bei denen ich fühle, dass einfach nicht ausreichend Sauerstoff in meinem Körper ankommt, klappe ich meinen Mund wieder ganz weit auf und sauge die Luft wie eine Ertrinkende ein. Scheiß auf die Viecher, die mir dabei in den Hals fliegen! Ich atme laut und stoßweise.

Warum habe ich auch nicht richtig abgespeckt, bevor ich losgegangen bin? Warum bin davon ausgegangen, dass ich diese Tour einfach so *hinkriegen würde?*

Als ich mit einigen Pausen, völlig daneben und schnaufend, oben ankomme, stehe ich minutenlang wie blöd in der Landschaft herum und versuche einfach nur zu atmen. In meinem Kopf hämmert das Blut so sehr, dass ich meine, es klopft wie wild gegen meine Schädeldecke und mein Herz springt mir bald aus der Kehle.
Herrje, wenn ich jetzt die Grätsche mache, findet mich kein Mensch, hier mitten in der Pampa!

Doch als sich der Aufruhr in meinem armen Körper langsam legt, mein Atem sich normalisiert und ich meine Umgebung allmählich wieder wahrnehmen kann, bin ich stolz wie Oskar (woher kommt eigentlich dieser Ausdruck?) und mache, puterrot und nassgeschwitzt wie ich bin, ein Selfie-Video von mir. Ich nenne es:

»Ich bin die Königin der Welt!« und lache mich dabei kaputt.

Es geht weiter durch Feld und Flur, meine Füße müssen mich weiter tragen – ob sie wollen oder nicht – und ich genieße einen Weg, der mir im Moment nicht allzu viel abverlangt. Außer, dass ich immer noch kaputt bin wie ein Brötchen.

Die Gegend ist groß und grün, immer wieder mal bewaldet. Dann begleiten mich wieder brachliegendes Land, Büsche und wildes Gestrüpp.

Mitten in dieser Wildnis komme ich an einem adretten, großen Haus vorbei, das völlig unwirklich inmitten eines parkähnlichen Grundstücks steht. Kunstvoll geschnittene Buchsbäume, gestutzte Hecken, wunderschöne Blumen, die in allen Formen und Farben ihr Bestes geben und all das durchzogen und umrandet von einem satten grünen Rasen, der einem Golfrasen alle Ehre gemacht hätte.

Eingerahmt von einem kerzengeraden gusseisernen Zaun liegt das riesige Grundstück vor mir. Ein großes geschwungenes Tor, das jetzt geschlossen ist, zeigt mir, dass ein Betreten dieses Besitzes nicht so einfach erwünscht ist.

Ein wenig perplex stehe ich, aus der Wildnis kommend, vor diesem Hab und Gut und schaue mich um, ob es hier noch mehr Häuser oder Villen gibt. Aber da ist nichts.

Die Bewohner dieses Hauses haben, außer dem Wald, keine Nachbarn.

Ich schaue den Weg entlang, den ich an diesem Park vorbei nehmen muss und sehe auch weiterhin nur festgetretenen Sand und Erde mit trockenen Grasbüscheln, die sich dazwischen ihren Weg ins Freie suchen. Er schlängelt sich ein wenig bergab und verschwindet wieder im Wald. Ich schaue mich nach einem Auto um, denn irgendwie müssen diese Menschen ja hierher kommen, aber ich kann keines entdecken.

Da ich so unverhofft auf eine Behausung gestoßen bin, wächst in mir der Wunsch nach erfrischend kaltem Wasser, das ich mir gerne über den Kopf gießen würde. Mir ist so furchtbar heiß und alles an mir klebt und ist salzig. Eine kalte Dusche wäre jetzt so richtig genial. Während ich noch überlege, ob ich es wagen soll, einfach mal nach einer Klingel zu suchen und nach etwas Wasser zu fragen, öffnet sich die Haustür.

Mit einer Gießkanne in der Hand kommt eine ältere Dame die Treppenstufen herab, direkt auf mich zu. Sie sieht mich etwas misstrauisch, aber nicht unfreundlich an und sagt kein Wort. Sie sieht eher fragend aus, als ob auch sie nicht glauben könnte, dass da plötzlich jemand vor ihrer Haustür steht. Bevor ich noch etwas sagen kann, kommt von der Hausecke her ein großer weißhaariger Mann auf mich zu, aber anstatt nach dem ersehnten Wasser zu fragen, sage ich: »Sie wohnen aber weitab und einsam hier oben. Und das alles hier – das war doch sicherlich eine Heidenarbeit?«

Der Mann erwidert, zwar ernst und irgendwie zurückhaltend, aber nicht unfreundlich: »Ja, das war`s. Hat aber auch 20 Jahre gedauert.«

Mehr sagt er nicht. Und die Frau auch nicht. Beide sehen mich schweigend an.

Ich werde richtig verlegen, ich komme mir irgendwie so blöde vor. Dann frage ich, ob ich wohl etwas Wasser haben könnte. Beide schauen stumm auf meine Wasserflasche, die an meinem Gürtel hängt. Da ist tatsächlich nicht mehr viel drin. Die Frau sagt, dass ich einen Moment warten solle, sie würde mir Wasser holen und ich frage schnell: »Dürfte ich wohl auch etwas Wasser aus Ihrer Gießkanne haben und mir über die Arme laufen lassen? Mir ist so elendig heiß.«

Das scheint sie sehr merkwürdig zu finden. Sie zögert – als hätte sie Angst, mir zu nahe zu kommen. Ich wiederum finde diese beiden irgendwie seltsam – sie reden nicht gerade viel, sie stellen mir keine Fragen, so wie ich es schon gewohnt bin und sie lächeln auch nicht.

Wahrscheinlich haben sie einfach nur nicht so oft Besuch aus dem Wald?

Endlich tritt die Frau auf mich zu und hält die Gießkanne so schräg, dass ich meine Arme darunter halten kann. Also nix mit übern Kopf kippen. Ich bin froh, dass ich meine Hände und Arme abwaschen kann und schöpfe mir auch noch ordentlich Wasser ins Gesicht.

Der große weißhaarige Mann hat wohl beschlossen, dass von mir keine Gefahr ausgeht und ist wieder hinter der Hausecke verschwunden.

Als die Kanne leer ist, bedeutet mir die Frau zu warten, nimmt meine Wasserflasche und füllt sie aus einem Wasserhahn direkt an der Hauswand auf.

Ich bedanke mich für die Erfrischung, grüße in ihre Richtung und wende mich wieder meinem Weg zu.

Als ich mich noch einmal umdrehe, sieht alles so verlassen und friedlich aus wie zuvor.

Weiter geht es durch den Wald, den ich allmählich zu lieben lerne. Wenn wir früher einen unserer wenigen Waldspaziergänge gemacht haben, kam ich mir immer ein bisschen verloren vor. Zwar mochte ich diesen speziellen Geruch der Bäume, das Rauschen der Blätter in den Baumkronen und auch das eigentümliche Knacken der Äste, das im Wald immer wieder zu hören ist. Aber unterschwellig gab es da auch immer eine kleine Ängstlichkeit. Ich wäre nie auf die Idee gekommen, mich quer durch die Büsche zu schlagen und tief in das Unterholz vorzudringen. Eher ging mein Blick schon mal nach rechts und links zwischen das dunkle Grün.

Die Stille, die mich jetzt umgibt, hat nun aber etwas Beruhigendes für mich. Ich bin alleine und ich weiß, dass mir aus dem Wald keine Gefahr droht. Ich betrachte die Bäume, die knorrigen Baumstämme und lasse den Blick immer wieder nach oben, in die im Wind schwankenden Wipfel schweifen. Nein, hier droht keine Gefahr. Der Wald wird mir immer vertrauter und ich fühle mich hier sehr wohl. Ich finde Schutz unter diesen ältesten Dächern der Welt.

Irgendwann stoße ich auf eine kleine Kreuzung aus zwei schmalen, geteerten Wegen, an deren Seiten eine kleine Ansammlung von Häusern steht. Ich bin erstaunt, denn dass hier Menschen angesiedelt sind, hätte ich nicht erwartet. Für mich ist das ein glücklicher Umstand, denn ich möchte bald mein Lager machen und hatte mir schon Gedanken gemacht, wo ich vielleicht noch Wasser her bekomme.

Eine Frau steht in der Entfernung auf dem Weg und schaut abwartend in meine Richtung. Doch als ich mich ihr nähere, macht sie Anstalten, in einem der Häuser zu verschwinden und ich rufe sie an, damit sie stehen bleibt. Zögernd und ein wenig skeptisch, wie mir scheint, blickt sie mich an. Um ihr zu zeigen, dass ich nichts Außergewöhnliches will, halte ich meine Wasserflasche hoch, die schon wieder fast geleert ist und frage schon von weitem, ob sie so freundlich wäre, mir diese aufzufüllen.

Als ich bei ihr angekommen bin, nimmt sie mir wortlos die Flasche aus der Hand und ich beeile mich, zu fragen, ob sie auch meine beiden großen Wasserflaschen, die an den Seiten meines Rucksacks stecken, füllen würde. Ich drehe mich mit dem Rücken zu ihr, damit sie die beiden Flaschen sehen kann. Sie antwortet noch immer nicht und wieder frage ich, ob sie sie dort herausnehmen könnte, dann müsste ich nicht erst meinen Rucksack absetzen. Wortlos zieht sie die Flaschen aus ihren Halterungen und wendet sich zum Gehen.

»Sehr freundlich von Ihnen«, sage ich. »Ich bin schon lange unterwegs und es ist immer wieder toll, auf Menschen zu stoßen, die mir helfen.«

Sie dreht sich zu mir um und sagt: »Ich werde unserem Großvater Bescheid sagen.«

Ich weiß nicht, was dieser Satz bedeuten soll, aber sie wendet sich schon wieder in die entgegengesetzte Richtung und geht zu einem der Häuser.

Meine Füße melden sich zurück und ich halte Ausschau nach einem Plätzchen, an dem ich mich einen Moment ausruhen kann. Ein paar Steinstufen führen zu einem anderen Eingang von einem dieser kleinen Häuser und ich lasse mich dort auf der obersten Stufe nieder und warte auf die Dinge, die da kommen sollen.

Es dauert ein kleines Weilchen, dann öffnet sich die Tür, hinter der die Frau verschwunden war und ein Mann, so um die Mitte sechzig mit weißgrauem, vollem Haar, kommt zu mir herüber. In den Händen hält er meine gefüllten Wasserflaschen.

»Wo wollen Sie hin?«, fragt er mich.

Ich antworte: »Nach Flensburg.«

Der Mann zieht die Augenbrauen hoch und schaut mich prüfend an.

Ich denke: »Ach, herrje. Jetzt kann ich mir bestimmt anhören, wie gefährlich das ist, so alleine als Frau. Und dann kommt bestimmt auch wieder die Frage – die ich jetzt schon so oft gehört habe: Warum gehen Sie nicht einfach den Jakobsweg?«

Aber er sagt erst einmal nichts, schaut mich nur sinnend an und wendet dabei seinen Blick ab und zu in den Wald. Dann sagt er: »Das wäre auch etwas für mich gewesen. Einfach mal raus. Man müsste doch einfach mal … aber wann?«

Und ich denke: »Ja, genau. Man müsste einfach mal … und auf einmal ist es zu spät dafür.«

Ohne weiter auf seinen Gedankengang einzugehen, erklärt mir der Mann den Weg zu einer Grillhütte, in der ich bestimmt übernachten könnte – vor allem wäre ich dort vor eventuellem Regen geschützt. Aber es soll ja erst ab morgen wieder stark regnen.

Ich bedanke mich und mache mich wieder auf den Weg. Doch die Grillhütte werde ich meiden, dort laufe ich Gefahr, auf Menschen zu stoßen. Ich bleibe lieber alleine im schützenden Wald. Mein Weg führt mich noch ein ganzes Stück, bis ich meine, weit genug von jeglichen Behausungen zu sein und ich mein Lager aufschlagen kann.

Den richtigen Platz zu finden, meine Plane zu spannen, mein Lager zu richten und all die nötigen Dinge zu tun, um mich für die Nacht vorzubereiten, sind allmählich Routine geworden. Ich denke nicht mehr darüber nach, sondern tue einfach das, was nötig ist.

Für mein Abendessen ist gesorgt, da ich von Kati und Meik Brote und Obst mitbekommen habe und dankbar mache ich mich vor dem Schlafengehen darüber her.

Dann stelle ich noch fest, dass ich mein Lager auf einem Meer von Glückskleeblättern errichtet habe und denke: »Ja, ich habe sehr viel Glück.«

Später liege ich, entspannt auf die Waldgeräusche lauschend, in meinem Schlafsack und warte auf die Nacht. Von Angst keine Spur mehr. Der Wald ist mein Freund geworden.

Irrwege, eine weise Frau und Besuch von einem Waldgeist

Dem nächsten Tag sehe ich genauso gelassen entgegen, denn sollte die kommende Nacht tatsächlich mit Regen oder sogar Unwetter drohen – ich bekomme heute wieder ein schützendes Dach über meinen Kopf.

Noch ein Kollege, der liebe Tino, hat sich über Facebook gemeldet und mir Asyl für die kommende Nacht angeboten. Ich habe dankend angenommen. Da er an diesem Tag sogar frei hat, macht er den Vorschlag, mich nicht erst am Abend aufzulesen, sondern schon früher am Tage, damit wir ein paar Stunden gemeinsam verbringen können und er Zeit genug hat, mir Löcher in den Bauch zu fragen.

Und außerdem hat er die umwerfende Idee, mir ein komplettes Wannenbad einzulassen, mit Schaum und allem Drum und Dran, um meinem Körper mal ein paar richtige wohltuende Wellnessstunden zu gönnen.

Wie könnte ich da nein sagen?

Am Morgen verbinde ich meinen rechten Fuß, an dem sich die Wunde an der Ferse wieder geöffnet hat – der linke lässt mich noch ein bisschen in Ruhe – und mache mich mit meiner Last auf dem Rücken wieder auf den Weg, weiter durch den Wald. Je stärker der Schmerz im Fuß ist, desto mehr merke ich das Gewicht meines Rucksacks.

Entgegen aller Prophezeiungen, dass sich Schultern und Rücken an diese Last gewöhnen würden, habe ich diese Hoffnung inzwischen aufgegeben. Unterwegs habe ich zwar schon mein kleines iPad, mein Essgeschirr, meine Kamera und sogar eine Garnitur Klamotten – letzteres bei Kati und Meik – zurückgelassen, aber dass mein Rucksack dadurch leichter geworden wäre, kann ich nicht feststellen.

Dennoch bin ich guter Dinge, da ich weiß, dass heute schon nach zehn oder elf Kilometern Schluss ist und Tino mich mit seinem Freund Torben auflesen wird. Ich muss nur bis zum nächsten Städtchen laufen und dort auf die beiden warten.

Und genau das tue ich.

Als ich dort ankomme, schmeiße ich meinen Rucksack ab, setze mich aufatmend auf eine Bank auf dem kleinen Marktplatz und warte auf meine Samariter. Ich lege den pochenden Fuß hoch und erinnere mich dabei daran, dass Tino Krankenpfleger ist und sich bestimmt meinen Fuß anschauen wird. Er hat vielleicht Rat und wird ihn bestimmt vernünftig verbinden können. Vielleicht schlägt er auch die Hände über dem Kopf zusammen, wenn er sieht, wie ich den Verband zusammengeschustert habe.

Während ich in der warmen, drückenden Schwüle warte, wandert mein Blick über die alten hutzeligen Häuser, von denen so manches ein kleines Geschäft beherbergt.

Alles ist wie ausgestorben. Es ist Mittagszeit und die Menschen sind aus der Hitze geflüchtet. Mein Blick wandert weiter und bleibt an einer Terrasse hängen, die zu einem Lokal gehört. Dort sitzen einige Leute, die meisten sportlich in Fahrradkluft gekleidet, die Fahrräder mitsamt Gepäck vor ihnen an die Balustrade gekettet.

Radfahrer habe ich auf meiner Tour wirklich viele gesehen und oft habe ich sie alleine wegen ihres Fahrtwindes beneidet – und natürlich weil sie so schnell vorwärts kommen. Unterwegs bin ich immer wieder gefragt worden, warum ich diese Tour denn nicht per Rad machen würde. Tja, was soll ich da antworten? Per Rad ist nun mal nicht zu Fuß.

Zu Fuß – wie ich es eigentlich gedacht hatte.

Jetzt sitze ich da in der Hitze auf meiner Parkbank und beneide diese Radfahrer schon wieder glühend. Sie haben große Gläser mit Radler, Wasser und Fruchtsäften vor sich stehen. Wie gemein. Mein Mund wird noch trockener, als er sowieso schon ist.

Das Wasser, das ich noch als Rest in meiner Flasche habe, ist schon wieder lauwarm geworden, schmeckt schal und ist eben keine Apfelschorle.

Apfelschorle! In meinem überhitzten Hirn setzt es aus und wie hypnotisiert starre ich zu dieser Terrasse mit all diesen ahnungslosen Leuten, die wie selbstverständlich immer wieder nach ihren Gläsern greifen und in kleinen Schlucken oder großen Zügen ihre eisgekühlten Getränke zu sich nehmen.

Ich will jetzt eine Apfelschorle! Dies ist wieder mal ein Notfall.

Der letzte war in Rothenburg ob der Tauber und das ist echt schon eine Weile her!

Und nach gefühlten zehn Millisekunden des Zögerns verlasse ich meine Parkbank, schleppe ächzend und somit nach Mitleid heischend meinen Rucksack rüber zu der Terrasse und bestelle unter den somit gekonnt eingeheimsten mitleidigen Blicken der Anderen meine eiskalte Apfelschorle.

Herrlich, sage ich euch!

Ich sitze da, genieße jeden einzelnen Schluck und beginne schon Fragen nach meinem Woher und Wohin zu beantworten.

Allerdings bin ich echt fix mit dem Austrinken meines Nektars – denn ehrlich: Ich will mich hier auf der Terrasse nicht von Tino und Torben in flagranti erwischen lassen, wie ich schon wieder eine meiner selbst aufgestellten Regeln breche.

Tatsächlich lesen die beiden das erst jetzt in diesem Buch.

Ich sitze dort verbotenerweise *auf der Terrasse und schaue mich immer wieder um, ob die beiden im Anmarsch sind. Ich würde mir wirklich blöd vorkommen,* erwischt *zu werden.*

Meine Güte! Wie tief sitzen denn immer noch meine alten Glaubenssätze: Es ist wichtig, immer gut dazustehen.

Und die Krönung ist: Als Vorbild in Trainings und Schulungen kann ich ausgiebig darüber referieren, wie wenig wichtig es ist, was andere von dir halten, wenn du nur dir selbst treu bist, dein Ding durchziehst und nicht immer all den anderen Meinungen hinterher läufst.

Ich glaube sogar, als Trainerin bin ich ziemlich gut.

Doch am Ende meiner Gedanken muss ich grinsen: Meine Übertritte fühlen sich nicht mehr ganz so schlecht an. Langsam fühle ich mich freier.

Ich sitze also wieder brav auf der Parkbank in Vacha, als Tino und Torben anrauschen und mich unter großem *Hallo und Gedrücke* mitsamt meinem Gepäck in ihr Auto verfrachten und zu Tino nach Bad Hersfeld bringen. Meine beiden Füße sind sehr froh, mal wieder ausruhen zu dürfen.

Bei Tino in Bad Hersfeld angekommen, werde ich mit einem Wannenvollbad (ich habe Tino ein bisschen Wald da drin zurückgelassen), selbst gebackenen Muffins, Kaffee und abends mit einem leckeren, sogar veganem Essen verwöhnt. Ein richtiger Wellnesstag eben.

Die Füße sind nach dem Bad auch mal wieder richtig sauber und der rechte wird fachmännisch mit etwas verbunden, was ich ein paar Tage drauflassen kann und das auch irgendwas enthält, was die Heilung fördert – ich kenn' mich da nicht so aus. Meine Hoffnung: Nach noch einem halben Tag Ruhe und Versorgung sollte es jetzt langsam mal gut sein und alles wieder richtig funktionieren.

Der Abend klingt mir guten Gesprächen und einem wundervollen Film, den ich mir auf jeden Fall noch einmal ansehen möchte, gemütlich aus. »Finde dich« heißt der Film, den ich jedem, der *auf der Suche* ist, nur empfehlen kann.

Er handelt von deiner eigenen Reise, *die du in deinem Leben machst. Du lebst an einem Ort und du machst dein Ding – sei es mit deinem Job, deiner Familie, etwas anderem oder allem zusammen. Vielleicht passiert etwas, was dich aus der Bahn wirft oder es passiert nichts und du haderst dennoch – du kämpfst oder du lässt alles mit dir geschehen.*

Es ist vielleicht nicht immer alles im Leben planbar, aber dennoch hast du immer ein außerordentlich großes Mitbestimmungsrecht. Wir vergessen das nur immer wieder.

Habe es satt, Opfer zu sein, folge deiner Freude, überwinde deine Ängste – mache deine eigene Heldenreise.

Dieser Film ist sehr gut gemacht und mal ganz anders. Der eine oder andere wird sich darin wiederfinden und bekommt vielleicht eine neue Idee für sein Leben.

Der Film scheint für mich gemacht worden zu sein.

Die Nacht verbringe ich auf einem bequemen Sofa, draußen auf der Terrasse. Es regnet und stürmt mal wieder, wie schon so oft während meiner Reise, doch ich liege trocken und gemütlich in meinem Schlafsack unter einem sicheren Vordach und schaue der wütenden Natur zu.

Natürlich hätte ich von Tino und Torben auch ein Bett in einem der Zimmer bekommen können, aber tatsächlich war die Aussicht, die Nacht draußen und dennoch geschützt zu verbringen, zu verlockend.

Ich liege dort und schaue den Gewitterwolken zu, die sich einander vor dem schwarzen Nachthimmel jagen.

In meinen Gedanken huschen die vielen Menschen vorbei, die mir auf meinem bisherigen Weg begegnet sind und mir zur rechten Zeit mit Rat und Tat zur Seite standen. Ob nun Autofahrer, die einfach hielten und mich mitnahmen oder diejenigen, die mich so selbstlos versorgten, als ich ihre Hilfe so bitter nötig hatte – ich hatte wirklich immer riesiges Glück, auf Menschen zu treffen, die ihren eigenen Alltag hintenan stellten, um sich um mich zu kümmern.

Während Gesichter und Namen in meinem Kopf vorüberziehen und mir langsam die Augen zufallen, schleicht sich eine leise Ahnung in meine Gedanken: wir alle bekommen immer wieder neue Chancen, nur ist uns wohl die Fähigkeit abhanden gekommen, diese immer wahrzunehmen.

Ein Gefühl von Sich-wohlbehütet-fühlen macht sich langsam in mir breit und bevor ich gänzlich in das Land der Träume gleite, fühle ich, dass ich mir um meinen weiteren Weg keine Sorgen zu machen brauche. Solange ich weiterhin meine Augen und Sinne weitoffen halte, werde ich auf Menschen und Begebenheiten treffen, die mir auf meinem Weg weiterhelfen.

Am nächsten Morgen – es ist inzwischen der 4. August – hat sich das Wetter ausgetobt und zu meinem Start für die nächste Etappe habe ich Sonnenschein, der sich im Laufe des Tages hoffentlich nicht wieder zu flirrender Hitze entwickeln wird. Aber ich bin guten Mutes, fühle mich sehr ausgeruht und obendrein ist mein Fuß durch Tino medizinisch versorgt worden. Der Schmerz hat endlich nachgelassen und ich denke, dass ich heute ein gutes Stück schaffen werde. Nach einem leckeren Frühstück und dem Einpacken meiner Wegzehrung, bringen mich Tino und Torben wieder zurück an meinen Weg – wieder ein kleines Stück weiter in Richtung Norden – und nach einem liebevollen Abschied mache ich mich wieder auf die Wanderschaft.

Nach all diesen Tagen, die ich nun schon unterwegs bin, hat sich mein Orientierungssinn leider immer noch nicht darauf besonnen, mir den Weg zu zeigen und so hoffe ich einfach darauf, dass ich anhand meiner Karten und meines Gedächtnisses den Weg über *Sontra* nach Friedland finde. Dann muss ich irgendwie um Göttingen herum und weiter Richtung Hannover.

All diese Namen sind mir jetzt schon bekannt und während ich einen Fuß vor den anderen setze, wird mir auf einmal bewusst, wie nah ich meiner Heimat schon bin. Ich laufe unweit östlich an ihr vorbei und tatsächlich kommt mir für einen Moment der Gedanke, dass ich doch hier ganz einfach meine Reise abbrechen und einfach nach Hause gehe könnte. Doch ich verwerfe ihn sofort wieder, denn wenn auch alles anders gekommen ist als geplant, möchte ich nach wie vor mein Ziel Flensburg erreichen.

Dabei kommt mir in den Sinn, wie mir vor vielen Monaten die Idee zu dieser Tour kam und welchen Aufwand ich betrieben habe, um diese Idee in die Tat umzusetzen.
Welche Anstrengungen habe ich unternommen, um meine Route zu planen und wie viele Stunden habe ich damit verbracht, darüber nachzudenken, was ich alles mitnehmen muss und wie ich mein

Leben in der Wildnis bewerkstellige! Wie ängstlich war ich und welche Sorgen habe ich mir gemacht!

Nicht im Entferntesten hätte ich mir vorstellen können, wie diese Reise wirklich verlaufen würde.

Meine größte Sorge war meine Angst vor der Dunkelheit. Diese Angst allein im Wald und die Schwärze der Nacht und das Alleinsein darin, nicht aushalten zu können. Wie oft bin ich zu Hause des Nachts aufgewacht, schweißgebadet, weil sich diese große unbekannte Dunkelheit mal wieder in meine Träume geschlichen hatte und mich um den Schlaf brachte!

Ausgerechnet diese Sorge war vollkommen unnötig, da diese Angst die erste war, die sich ziemlich schnell in Luft auflöste. Der Spruch ist wirklich wahr: Nicht die Angst selbst macht uns eigentlich so zu schaffen, sondern es ist die Angst vor der Angst.

Ständig machen wir uns verrückt mit Sorgen und Nöten vor den Dingen, die in der Zukunft liegen. Wir denken stundenlang nach, analysieren, fragen das Internet und Freunde, holen uns Rat und müssen dann auch noch die vielen »Wenn« und »Aber« überdenken, auf die wir von alleine gar nicht gekommen wären.

Bevor wir überhaupt in die Planung gehen, haben die Gedanken unser Vorhaben schon im Vorfelde auseinander gepflückt und oftmals fangen wir dann gar nicht erst an, Pläne in die Tat umzusetzen. Denn es könnte ja schiefgehen.

Wenn du dich in einem Wald befindest und den Weg nicht kennst, dann hilft es dir nicht, einfach stehenzubleiben. Gehe los und du wirst den Weg finden. Den einen oder den anderen.

Nicht nur im Wald - auch im Leben.

Ich erinnere mich an gestern Abend, als ich bei Tino auf der Terrasse lag und an all die Menschen und Begebenheiten denken musste, die mich bis hierher gebracht haben.

Nichts und niemanden davon hatte ich vorher eingeplant – oder konnte ich einplanen.

Ich konnte nicht wissen, wer oder was mir begegnen würde, konnte nicht ahnen, wie anders mein Weg verlaufen würde und hatte mich auf so viele Eventualitäten eingestellt, die gar nicht eingetroffen sind. Dafür hat es andere Hindernisse gegeben, die ich mir vorher gar nicht hätte vorstellen können und Menschen, die mir halfen, diese Hindernisse zu überwinden.

Letztendlich bin ich vor vielen Tagen trotz all meiner Ängste, Zweifel und Sorgen einfach losgegangen und während ich jetzt meinen Weg weiter Richtung Norden suche, fühle ich mich beschwingter und freier als all die Tage zuvor.

Alles fühlt sich gerade gut und richtig an.

Ich weiß nicht, was noch auf mich zukommen wird, aber es scheint so, was auch immer passiert, wird es einen Weg geben, mein Ziel zu erreichen. Und das fühlt sich gut an.

Wenig später bekomme ich die Nachricht, dass ich doch bitte mal meiner Mutter anrufen möchte. Ups … nun bin ich schon so alt, aber jetzt gerade fühle ich mich wie fünfzehn und als ob ich etwas ausgefressen hätte!

Ich suche mir ein stilles Plätzchen, schmeiße meinen Rucksack ab und mache es mir auf einer Art Schlagbaum, wie man sie manchmal vor Wanderwegen findet, bequem. Dann tippe ich herzklopfend die Nummer meiner Mutter ein.

Sie geht sofort dran und ich höre:

»Kind, was machst du denn für Sachen? Du bist auf einer großen Wanderschaft? Wie geht es dir denn?«

So gut ich kann, erkläre ich ihr alles und auch, warum ich sie nicht vorher über meine Pläne informiert habe. Meine Mutter hört mir ganz ruhig zu und lacht, als ich sage, dass ich dachte, dass sie vor Sorge um mich dann ja gar nicht mehr in den Schlaf gekommen wäre.

»Da hast du wohl wirklich recht«, sagt sie, »ich hätte kein Auge mehr zugetan.«

Ihre Ruhe und ihr Lachen beruhigen mich und wir plaudern noch ein Weilchen über meine Tour und was ich so erlebt habe. Sie erfährt nun endlich, wie lange ich schon unterwegs bin, kann aber gleichzeitig hören, dass es mir gut geht. So wird sie sich hoffentlich keine allzu großen Gedanken mehr um mich machen.

Vor etlichen Jahren, als ich mich einmal bei ihr beschwerte, dass sie sich nicht immer solche Sorgen um mich machen solle, sagte sie zu mir: »Tja, da kannst du wohl nichts machen. Egal, wie alt du wirst – du wirst ja doch immer mein Kind bleiben.«

Heute weiß ich, dass sie recht hat. Ich bin ja inzwischen selbst Mutter. Und mir wird es auch egal sein, wie alt meine Kinder sind – ich werde immer hoffen, dass sie glücklich und gesund sind.

Als unser Gespräch beendet ist, bin ich noch immer erstaunt, wie gelassen meine Mutter auf mein kleines Abenteuer reagiert hat und es zeigt sich mal wieder: Wir stellen uns nur vor, wie jemand auf das was wir tun, reagieren wird – wissen tun wir es aber nicht. So bleiben manche Worte ungesagt und manche Dinge ungetan – aus Angst vor Ablehnung oder Konfrontation.

Später lese ich auf Facebook einen Kommentar, den meine Schwester Petra auf meine `sunnysmile`- Seite gestellt hat: »Ich soll dir von Mami sagen, dass alles gut ist, so wie es ist.«

Während ich so meinen Gedanken nachhänge und durch die wunderbare Landschaft wandere, halte ich auch immer wieder nach Wegweisern Ausschau. Entweder an den Straßen, die meinen Weg kreuzen oder ich suche nach Hinweisen auf den diversen Fahrradschildern. Meine Karten helfen mir gerade nicht, da diese Route so mal wieder nicht geplant war und ich bin darauf angewiesen, meine geografischen Kenntnisse, die sich irgendwo in meinen Hirnwindungen verstecken, zu mobilisieren.

Auf großen Straßenschildern stehen meist oft größere Ortschaften, mit denen ich eventuell etwas anfangen kann. Aber die Namen kleinerer Dörfer sagen mir wahrlich gar nichts. Ab und zu habe ich das Glück, auf einen Spaziergänger oder Fahrradfahrer zu treffen, der mir die richtige Richtung weist und ich kann eine ganze Weile marschieren, ohne mir Gedanken machen zu müssen, ob der Weg nun richtig oder falsch ist.

Und dann haue ich vollkommen daneben.

Als es mal wieder ein ganzes Stück auf der Straße entlang geht und sich mir die Gelegenheit bietet, auf einen Waldweg abzubiegen, auf dem ich meine Strecke vielleicht sogar abzukürzen kann, muss ich nach einer ganzen Weile feststellen, dass dieser Weg im Nirgendwo endet. Ich komme nicht mehr weiter. Zu beiden Seiten befindet sich zunächst nur noch abgeholztes Brachland, das immer unwirtlicher und ungastlicher aussieht und am Ende verwehren mir Baumreste und undurchdringliches Gestrüpp mein Weiterkommen. Ich muss umkehren.

Mal abgesehen davon, dass ich eine ganze Strecke umsonst gelaufen bin und mir nichts anderes übrig bleibt, als diese nun auch noch zurückzugehen, weiß ich, dass am Ende nur wieder die heiße Straße auf mich wartet.

Etwas frustriert bin ich schon, mache mich aber ohne Pause gleich wieder auf den Rückweg. So unwirtlich es hier aussieht, lädt die Gegend auch nicht gerade zu einer gemütlichen Rast ein.

Zurück auf der Straße, wende ich mich nach rechts und mache mich an den langweiligen und heißen Weg, der in langen Kurven immer weiter bergauf geht. Nach jeder Kurve hoffe ich auf ein Ende der Straße, eine Abzweigung, einen Wegweiser, ein Schild. Aber dieser Gefallen wird mir lange verwehrt und irgendwann gerate ich sogar ins Zweifeln, ob ich hier überhaupt noch richtig bin.

Fußgänger und Radfahrer gibt es nicht und Autos fahren auch nicht gerade sehr viele hier entlang. Aber einen Wagen anzuhalten und nach dem Weg zu fragen, ist meine einzige Chance herauszufinden, ob ich hier noch richtig bin.

Während ich weiterlaufe, strecke ich also jedes Mal den Daumen raus, sobald ich ein Auto höre und schon bald hält jemand an, den ich nach dem Weg fragen kann.

Es stellt sich heraus, dass ich tatsächlich falsch bin. Ich laufe gerade Richtung Westen. Die Frau am Steuer sieht mich ganz zerknirscht an, als ob sie schuld an meiner Misere wäre. Ihr scheint es gar nicht zu gefallen, dass sie mir diese Hiobsbotschaft überbringen muss und zieht entschuldigend ihre Schultern hoch.

Zuerst bin ich wirklich sauer auf mich. Wie kann man nur so blöd sein? Meinem Orientierungssinn ist wirklich nicht zu vertrauen. Aber was soll ich machen? Großes Gezeter nützt mir überhaupt nichts – ich muss einfach wieder zurückgehen und mir einen anderen Weg suchen. Ich ergebe mich also in mein Schicksal und mache mich auf den langen Marsch, zurück woher ich gekommen bin.

Und zum ersten Mal denke ich: »Wer weiß, wozu das gut war?«

Ich muss grinsen. Gerade heute hatte ich den Gedanken, dass ich immer meinen Weg finden werde, egal was passiert. Und ausgerechnet heute verlaufe ich mich völlig.

Und wieder denke ich: »Wer weiß, wozu das gut ist?«

Meine Gedanken gehen weiter in diese Richtung und statt schlechter Laune macht sich tatsächlich so etwas wie ein Wohlbefinden in mir breit. Ich habe schon so viel geschafft und allen Widerständen zum Trotz, bin ich schon so weit gekommen. Es gibt wahrlich keinen Grund, wegen ein paar Kilometern den Kopf hängen zu lassen.

Ich will nach vorne blicken und darauf vertrauen, dass ich zur richtigen Zeit die Hilfe finde, die ich brauche. So wie es schon viele Male auf meinem Weg geschehen ist.

Während ich die lange Straße in der entgegengesetzten Richtung zurückmarschiere, fällt mir dankbar auf, wie gut ich eigentlich wieder gehen kann. Dank Tinos Wundersalbe und seinen medizinischen Kenntnissen bin ich wesentlich besser zu Fuß als die meiste Zeit zuvor. Meine Ferse pocht nicht mehr so und meine

Fußsohlen brennen kaum noch. Und das, obwohl ich schon eine ganze Weile unterwegs bin. Ich schicke ein großes, inniges Dankeschön in Richtung Bad Hersfeld.

Ein Auto, das plötzlich langsam neben mir ausrollt, schreckt mich aus meinen Gedanken auf. Ich schaue auf und entdecke die Frau von vorhin am Steuer ihres kleinen Wagens.

Sie hält an, beugt sich über den Beifahrersitz und öffnet die Tür.

»Kommen Sie, ich bringe Sie zurück. Es tut mir so leid, dass Sie den ganzen Weg in dieser Hitze umsonst gegangen sind. Da dachte ich mir, ich könnte Ihnen ein Stück davon abnehmen.«

Freudig nehme ich das Angebot an, hieve meinen Rucksack auf den Rücksitz ihres kleinen Autos und lasse mich in den Beifahrersitz fallen.

»Wissen Sie«, sage ich, »ich habe gerade darüber nachgedacht, wie viel Hilfe ich schon erfahren habe, wie viele Menschen ihren eigenen Alltag hintenan stellen, um mich weiterzubringen, und dass alles so richtig scheint, wie es gerade kommt. Und jetzt fahren Sie mir so einfach nach, um mich wieder auf den richtigen Weg zu bringen.«

Die Frau lächelt mich an und sagt schlicht: »Ich freue mich, dass ich Ihnen helfen kann.«

So fahren wir also die paar Kilometer wieder zurück und an der nächsten Kreuzung stehe ich schon wieder auf der Straße. Aber dieses Mal geht es wieder nach Norden.

Im nächsten kleinen Dorf steuere ich ein Lokal an, damit ich mir meine Wasserflasche auffüllen lassen kann. Am Straßenrand hatte ich ein Werbeschild für diese Gaststätte entdeckt und gehe einfach dem richtungsweisenden Pfeil nach. Aus der Ferne sehe ich, dass eine kleine Außenlampe brennt, also wird dort wohl auch geöffnet sein. Doch beim Näherkommen erlischt plötzlich das Licht und als ich an die Tür klopfe, die leider doch verschlossen ist, öffnet niemand. Wahrscheinlich war das da draußen nur ein Bewegungsmelder und irgendeine Katze, die dort herumgestromert ist, hatte die kleine Lampe aktiviert. Ich schaue mich um und stelle fest, dass alles unglaublich ruhig ist.

Welchen Wochentag haben wir eigentlich? Ich habe schon ewig nicht mehr drüber nachgedacht. Auch jetzt habe ich keine Lust, nachzurechnen, welcher Tag heute sein könnte. Für mich macht das auch keinen Unterschied, ob es Montag oder Donnerstag ist, alle Tage sind für mich gleich.

Auf der Suche nach jemandem, der vielleicht gerade draußen in seinem Garten unterwegs ist und mir meine Flasche auffüllen könnte, laufe ich weiter durch das Dorf und steuere dabei schon die Richtung nach Sontra an.

Der Himmel hat begonnen, sich zuzuziehen und wenn mich nicht alles täuscht, wird es bald noch ein heftiges Gewitter geben. Ich möchte also gar nicht so lange hier herumtrödeln, als ich an einem ziemlich großen Hofplatz vorbeikomme, in dessen Mitte ein unglaublich hoher Haufen gehackten Holzes liegt. Das alleine hätte mich ja nicht dazu gebracht, stehenzubleiben – aber die alte Frau, die in gebückter Haltung eine Schubkarre bis zu einem kleinen Holzberg belädt und diese dann quer über den Hof in einen wohl dahinter liegenden Schuppen wuchtet – diese Frau lässt mich näherkommen und fragen, ob ich ihr helfen könnte.

Sie guckt verwundert zu mir hoch, als sie schon wieder gebückt an dem Holzstapel arbeitet.

»Nanu«, sagt sie. »Wo kommen Sie denn auf einmal her?«

»Ich suche nach jemandem, der mir meine Wasserflasche auffüllen kann«, antworte ich und öffne den Beutel an meinem Gürtel, in dem ich meine Trinkflasche verstaut habe.

»Ich bin auf Wanderschaft und mein Wasser ist bei dieser Wärme natürlich immer ziemlich fix leer. Die Wirtschaft da hinten hat zu und auf meinem Weg durch diese Straße habe ich Sie hier vor diesem riesigen Holzhaufen entdeckt. Haben Sie niemanden, der Ihnen bei dieser schweren Arbeit helfen kann?«

Die Frau schaut mich zunächst prüfend an, dann lächelt sie und sagt: »Na ja, die jungen Leute haben immer etwas anderes zu tun und dieses Holz muss ja irgendwann mal von diesem Hof verschwinden.«

Ich sage ihr, dass ich ihr gerne helfen würde, aber sie winkt mit einem Blick zum Himmel ab.

»Das wird jetzt nix mehr. Da braut sich was zusammen und es fängt gleich an zu gießen. Sie können aber Ihren Rucksack da vorne unter das Vordach stellen, da steht auch ein Gartenstuhl. Setzen Sie sich. Ich decke das hier alles noch ab und dann bringe ich Ihnen Ihr Wasser.«

Diesen Vorschlag nehme ich dankend an, laufe aber nach dem Abstellen des Gepäcks quer über den Hof zu ihr zurück und mache mich, gemeinsam mit der netten Dame, an der riesigen Plane zu schaffen, die wir über all das Holz zerren. Noch während wir damit beschäftigt sind, öffnet der Himmel plötzlich seine Schleusen und es regnet wie aus Eimern auf uns herunter.

Wir beeilen uns, das Holz abzudecken und rennen dann gemeinsam zurück unter das rettende Vordach.

»Du meine Güte«, lacht die Frau, »da sind Sie mir aber gerade richtig auf meinen Hof geschneit.«

Sie schiebt den Stuhl noch etwas weiter unter das Dach und ich soll es mir bequem machen, während sie die Stufen zu ihrem Haus hinauf eilt und wenig später mit meiner aufgefüllten Wasserflasche, zwei Gläsern Saft und ein paar Keksen auf einem Tablett wieder zurückkommt. Mit einem Kissen setzt sie sich auf die Stufen ihrer Treppe. Sie möchte, dass ich, als ihr Gast, auf jeden Fall auf dem bequemeren Stuhl sitzen bleibe. Sie erklärt das damit, dass sie schon wesentlich Unwirtlicheres mitgemacht hätte, als auf einer Treppe zu hocken.

Der Regen trommelt jetzt so laut auf das Vordach, dass eine Unterhaltung fast unmöglich ist und so schauen wir in stillem Einverständnis den dicken, tanzenden Tropfen, die auf dem Hofpflaster aufprallen, zu, knabbern die Kekse und warten, bis das Unwetter weiterzieht.

Als es ruhiger wird und wir unser eigenes Wort wieder verstehen können, beginnt die Frau mit den Fragen, die ich schon so oft gehört habe und ich erzähle ihr meine Geschichte. Und ich erzähle ihr mehr, als ich es je zuvor getan habe.

Von meinen Träumen, die ich nicht gelebt habe und von meiner Sorge, dass das Leben so kurz ist und ich glaube, dass es noch etwas gibt – von dem ich nicht weiß, was es ist – das auf mich wartet und ich es vielleicht nicht zu greifen bekomme. Ich erzähle ihr von meinen übriggebliebenen *29 cm Leben* und dass ich mich jetzt auf den Weg gemacht hätte, um einfach *irgendetwas* zu tun, das meinem Leben vielleicht eine andere Richtung gibt.

Die alte Dame hört mir sehr aufmerksam zu, nickt hin und wieder und schaut mich dabei mit ihren hellen Augen immer wieder forschend an.

Sie bleibt eine Weile stumm und ich denke schon, dass ich viel zu viel geplaudert habe und sie mit meinen Worten doch nichts anzufangen weiß, als sie langsam antwortet:

»So ist es richtig, junge Frau. Einfach nur stehenbleiben und abwarten, dass sich die Dinge von alleine ändern, hat schon so manchen ins Grab gebracht, ohne dass sich nur das Geringste geändert hätte. Wenn man so alt ist wie ich, betrachtet man viele

Dinge mit anderen Augen und auch ich hätte meinem Leben gerne eine andere Richtung gegeben. Zu meiner Zeit hat man sich aber an die Regeln gehalten, die einem schon in jungen Jahren eingebläut wurden und man hat sich gefügt. Da gab es kein Ausbrechen, kein Ich-will-das-alles-anders-haben. Und das Schlimmste war, dass die meisten unserer Generation sich immer danach richteten, was die Familie für gut hieß und dass man vor den Nachbarn und überhaupt in der gesamten Gemeinschaft immer gut dastand. Und wenn einer über die Stränge schlug, wie das bei uns hieß, dann wurde im Stillen getuschelt und ansonsten der Deckmantel des Schweigens darüber gelegt. Gerede galt es zu verhindern und so fügte man sich.«

Die Frau wird immer lebhafter, gestikuliert mit ihren Händen in der Luft und spricht lauter und schneller. Mir geht durch den Kopf, dass ich auf jemanden getroffen bin, der genau die gleichen Gedanken hat wie ich.

»Nur wir selbst können unser Leben in die Hand nehmen. Nur wir selbst können bestimmen wo es lang geht. Nur wir selbst können uns ändern«, fährt sie fort. »Wir sind immer der Meinung, wenn dies oder das anders wäre, dann würden wir ein besseres Leben haben. Oder wenn der andere so oder so wäre, dann ginge es uns besser. Aber manche Dinge ändern sich nun einmal nicht und andere Menschen schon gar nicht. Jeder muss an sich selbst arbeiten und Veränderungen selbst herbeiführen. Auch wenn sie schmerzlich sind. Doch davor haben wir Angst. Und dann bleibt alles so wie es ist.«

Die Frau ist wieder leiser geworden. Sie lächelt aber und meint dann: »Irgendwann kommt der Zeitpunkt, wo man merkt, dass es jetzt zu viel der Anstrengung wäre, noch ein neues Kapitel in seinem Leben zu beginnen. Dann ist es gut, wenn man seine Einstellung zu den Dingen ändert, denn sonst wird auch das Lebensende zu einem Kraftakt.«

Ich bin beeindruckt von ihren Worten, fassen sie doch genau all das zusammen, was auch mir immer wieder durch den Kopf geht: »Wenn du etwas nicht ändern kannst oder willst, dann ändere deine Einstellung dazu. Denn deine Einstellung bestimmt dein Leben.«

Wir unterhalten uns noch ein Weilchen und die alte Dame erzählt mir kleine Geschichten aus ihrem langen Leben. Traurige Geschichten und welche zum Schmunzeln. Ich höre ihr gespannt zu, folge ihren lebhaften Worten und vergesse die Zeit.

Und dann hört plötzlich der Regen auf.

Wir schauen beide zum Himmel, an dem sich die letzten dicken Wolken verziehen und das strahlende Blau wieder erscheint.

»Jetzt habe ich aber geplaudert, junge Dame«, sagt meine ungeplante Gastgeberin und wirkt ein bisschen verlegen. »Das ist sonst gar nicht meine Art.« Entschuldigend schaut sie mich an. Ich beeile mich, ihr zu sagen, dass ich ihre Gesellschaft und ihre Worte sehr genossen habe und bedanke mich für ihre Zeit.

Ich muss jetzt aber los. Wie lange ich jetzt hier gesessen habe, weiß ich gar nicht, aber wenn ich heute noch ein Stückchen schaffen will, sollte ich mich schleunigst auf den Weg machen. Da die Zeit nun doch vorangeschritten ist, lasse ich mir zur Sicherheit noch meine beiden Duschflaschen auffüllen, bevor ich mich wieder abmarschbereit mache und dann verabschiede ich mich. Die alte Dame drückt mich kurz an sich und als mich schon umdrehe, um meine Wanderschaft wieder aufzunehmen, sagt sie mir noch: »Ich wünsche Ihnen alles Gute. Sie haben sich auf den Weg gemacht, so oder so. Es wird etwas verändern.«

Ich kehre auf die Straße zurück.

Lange noch bin ich tief in meinen Gedanken versunken.

Einige Zeit später fallen mir zwei Leute auf, die ebenfalls mit Rucksäcken unterwegs sind – die ersten Backpacker, die mir auf meiner Reise begegnen.

Die beiden, ein Mann und eine Frau, stehen am Straßenrand und scheinen sich zu beratschlagen. Als ich näher komme, begrüßen wir uns und fragen natürlich nach dem Woher und Wohin. Als wir voneinander erfahren, welche Routen wir nehmen und was jeweils Start und Ziel sind, müssen wir echt grinsen. Die beiden durchqueren ebenfalls Deutschland. Nicht wie ich, von Süd nach Nord, sondern von Ost nach West. Sie sind in Görlitz im Osten gestartet und ihr Ziel im Westen ist Aachen. Das ist ja echt schräg. Unsere Wege kreuzen sich wirklich fast in der Mitte Deutschlands, in der Nähe von Sontra, und eigentlich müsste man das irgendwie begießen. So etwas kommt garantiert nicht so häufig vor.

Wir machen das einfach mit unseren Wasserflaschen und plaudern noch ein Weilchen über unsere Strecken und Erfahrungen. Die beiden sind auch größtenteils zu Fuß unterwegs, nehmen aber, wenn es gar nicht mehr geht, gerne mal den Bus, der sie ein Stückchen weiter bringt, suchen sich Unterkünfte in Jugendherbergen oder günstigen Pensionen und haben natürlich Geld für Essen und Trinken dabei. Ich werde tatsächlich ein bisschen neidisch – nicht wegen der Unterkünfte, da habe ich zum einen bisher ja auch unglaublich viel Glück gehabt und zum anderen, macht mir das Schlafen im Wald nichts mehr aus – nein, ein klitzekleines bisschen werde ich neidisch, weil sie zu zweit sind. Man kann so viel besprechen zu zweit: Wo gehen wir lang? Wo schlafen wir heute Nacht? Wollen wir uns dies oder das ansehen? Aber wie gesagt: Es ist nur ein bisschen Neid und vergeht auch gleich wieder. Tauschen würde ich dennoch nicht. Genau wie ich, haben die beiden jetzt nicht mehr so viel Zeit. Sie müssen ihre nächste Unterkunft erreichen und ich muss mir auch bald einen Lagerplatz suchen.

Wir verabschieden uns mit guten Wünschen für die Weiterreise und gehen unserer Wege.

Zwei nach Westen, Einer nach Norden.

Nach einigen Kilometern verlasse ich die Straße und halte nach einem geeigneten Schlafplatz Ausschau. Ich schlage mich ziemlich tief in die Büsche, denn von Wald ist hier weit und breit keine Spur zu sehen. Ich suche nach zwei Bäumen, die ich für den Aufbau meiner Plane nutzen kann. Alles ist nass nach diesem heftigen Regen und in einem Wald hätte ich eher die Chance gehabt, einen etwas trockeneren Platz ausfindig machen zu können. Aber das nützt mir jetzt nichts und als ich zwei Bäume entdecke, die mir geeignet erscheinen, beschließe ich, die weitere Suche aufzugeben und hier mein Lager zu bauen.

Alle Handgriffe sind jetzt schon zur Routine geworden. Zuerst spanne ich die Plane zwischen die Bäume, dann breite ich darunter meine Nässeschutzplane aus, befestige das Moskitonetz am unteren Ende, das heißt zu meinen Füßen und blase mit dem sogenannten Schnossel meine Matratze auf. Dann hole ich meinen Schlafsack aus meinem Rucksack und breite ihn auf der Luftmatratze aus. Zuletzt packe ich meine wollene Unterwäsche für die Nacht und die nötigen Utensilien für die abendliche Wäsche aus. Ich entledige mich meiner verschwitzten Klamotten, gehe mit Seife und Duschflaschen etwas abseits, damit ich mein Lager nicht mit Wasser vollspritze und seife mich ein, um mich dann mit dem kalten Wasser wieder abzuwaschen. Wenn ich mich mit dem kleinen Handtuch abgetrocknet habe, ziehe ich meine lange wollene Unterhose und mein Wollhemd an, sprühe Füße, Arme und Hände mit dem Zeckenmittel ein und hänge meine Klamotten rechts und links auf die Leine, mit der ich meine Plane an den Bäumen befestigt habe. Dann hocke ich mich auf meine Matratze und je nachdem, ob ich noch Hunger habe, esse ich noch ein Brot, wenn noch eins von der Wegzehrung übrig ist oder einen Apfel und trinke dazu mein Wasser. Wenn ich damit fertig bin, stehe ich nochmals auf, putze mir die Zähne und dann verkrieche ich mich endgültig unter meine

Plane. Bevor ich den Rucksack bis vor die Öffnung, die sich an meinem Kopfende befindet, zerre, kommt mir die Idee, mal ein Foto mit Blick nach draußen zu machen. Es ist noch hell genug dafür und ich möchte einfach nur mal zeigen, wie meine Aussicht so ist. Als ich das Bild gemacht habe, schaue ich nach, ob es etwas geworden ist und bin einigermaßen erschrocken.

Auf dem Foto ist ein Gesicht zu sehen! Also, irgendwie nicht richtig ein Gesicht, aber dennoch hat es eine Stirn, Augen und eine Nase. Groß und unheimlich schaut etwas zu mir herein, das weder Tier noch Mensch ist.

Der Kopf, der aussieht wie von einer Gestalt aus einem düsteren Mönchsfilm oder der eines Fabelwesens, schwebt direkt am Eingang meiner Behausung und scheint mich anzuschauen. Mein Herz macht zunächst einen Riesensatz, denn uralte Ängste vor gruseligen Horrorgestalten aus meiner Kindheit werden aus meiner Erinnerung hochgespült und ich halte verängstigt die Luft an.

»Schreien, aufspringen und weg hier!«

Das sind meine ersten Gedanken und Gefühle.

Doch, Gott sei Dank, schaltet sich auch fast sofort mein Verstand wieder ein und lässt mich noch einmal genauer hinsehen. Natürlich ist da kein Gespenst, so etwas gibt es nicht. Und Köpfe, die einfach so in der Luft schweben auch nicht. Auch keine Fabelwesen, Horrorgestalten oder sonstiges. Also muss diese Erscheinung *einen natürlichen Ursprung haben und ich suche das Gestrüpp direkt vor meiner Haustür nach Zweigen, Blättern und Ästen ab, die dieses Gebilde hervorrufen.*

Aber ich kann nichts entdecken, woraus sich dieses Gesicht formen könnte. Es ist wie verhext – ich sehe diese Augen, die Nase, die Stirn und sogar die Wangen nur auf diesem Foto! Immer wieder schaue ich nach draußen, vergleiche die einzelnen Ästchen, Gräser und Blätter und kann doch in natura nichts dergleichen so zusammenstellen, dass es auch nur im Entferntesten Ähnlichkeit mit dem Kopf auf meinem Bild bekommt.

Lange schaue ich nach draußen, mein Herz schlägt wieder gleichmäßig, der Puls hat wieder sein normales Tempo und ich werde langsam irgendwie – ruhig.

Meine Gedanken kreisen um dieses Wesen: *»Ich weiß nicht, was oder wer du bist. Ich denke mir, dass du ein Gebilde aus dem Gestrüpp da draußen sein musst, denn sogenannte Erscheinungen gehören nicht unbedingt in das Repertoire meines Verstandes.*

Andererseits kann ich auch nicht mit Bestimmtheit sagen, dass es außerhalb unserer Welt keine Wesen gibt, die unsere Sinne nur nicht erfassen können. Wenn es Waldgeister gibt – vielleicht bist du einer davon und willst nur mal nach dem Rechten schauen?

Wie auch immer – tatsächlich fühle ich mich sicher und geborgen.«

Nach einer Weile werde ich schläfrig, doch bevor ich mich endgültig in das Land der Träume verabschiede, falte ich noch meine Fleecejacke zu einem Kissen, lege mich rücklings auf meine Matratze und tippe dann, wie jeden Abend, ein paar Worte über meinen Tagesablauf in mein Handy. Dieses Mal schicke ich auch das ominöse Foto mit, mal sehen, was die anderen dazu sagen.

Wenn ich Glück habe, kann ich meine Nachricht per Mail direkt an Eric Pott in Paderborn schicken, der die Geschichte dann auf Facebook veröffentlicht. Aber meistens habe ich kein Netz und ich muss am nächsten Tag daran denken, immer mal wieder nachzuschauen, ob ich die Mail absenden kann. Manchmal muss ich sogar zwei Berichte gleichzeitig schicken, weil ich am Vortag keine vernünftige Verbindung hatte.

Wenn ich mich in irgendwelchen Ortschaften befinde, kann es sein, dass ich ein Netz habe und dann gucke ich alle zehn Minuten auf Facebook, ob es irgendwelche Nachrichten oder Grüße gibt. Ich bin dann regelrecht süchtig und giere nach jedem Wort, das von draußen zu mir kommt. Dass die anderen an mich denken, macht mich sehr froh und die aufmunternden Worte von Uschi, Alex, Wolfgang und vielen anderen und sogar mir völlig unbekannten Menschen, machen mir Mut und geben mir Zuversicht.

Der Kommentar meiner Schwester fällt mir ein:

"Mami sagt, dass alles gut ist, so wie es ist."

Mit diesem schönen Satz, den Worten der alten Dame, die ich heute traf und dem Gefühl, beschützt zu sein, schlafe ich endlich ein.

Erfahrungen und Erkenntnisse und eine »belauschte« Unterhaltung

Am nächsten Morgen bin ich schon früh wach.

Während der Nacht hat es immer wieder geregnet und auch jetzt ist es wieder am Schütten. Da ich gestern Abend keine Bäume gefunden habe, die mir mehr Schutz vor dem Regen hätten bieten können, habe ich jetzt zum ersten Mal das Problem, dass jetzt wirklich alles klitschnass ist. Meine Klamotten, die ich gestern Abend noch auf die Leine gehängt hatte, habe ich des Nachts noch zu mir hereingeholt und auch den Rucksack komplett unter der Plane geparkt. Ich mache ein kurzes Handyvideo und beschwere mich dabei, dass ich nicht unter meiner Plane hervorkommen kann. Es ist alles so nass!

Als ich mir später selbst noch einmal den kleinen Clip auf Facebook anschaue, denke ich: »Du hast auch immer was zu meckern!«

Alsbald wird mir klar, dass sich das Wetter in den nächsten Stunden wohl nicht ändern wird und ich schäle mich aus meinem Schlafsack ins Freie. Dabei entdecke ich, dass das Wasser auch zu mir hereingelaufen ist und somit alle Planen, die Luftmatratze und auch der Schlafsack ordentlich etwas von dem Wasser abbekommen haben. Jetzt mache ich natürlich fix, denn ich möchte nicht noch mehr Wasserschäden haben und versuche, alles so schnell wie möglich zusammenzupacken. Dass das jetzt aber eigentlich schon Blödsinn ist, wird mir nach einigen Minuten klar: was nass ist, ist nass. Alles andere, wie Klamotten, Schuhe und Rucksack sind zwar klamm, aber dank der schützenden Plane während der Nacht nicht pitschenass. Was ich aber schnell loswerden muss, ist meine wollene Unterwäsche, denn feuchtgeregnet fühlt sie sich auf der Haut nicht so sehr gemütlich an und ich möchte sie noch so trocken wie möglich verpacken.

Es regnet zwar in Strömen, aber mir ist nicht kalt. Und so stehe ich bald, meiner Klamotten entledigt, pudelnackt, mitten auf einem freien Fleckchen Erde, unweit meines nächtlichen Lagers und lasse es auf mich herabregnen. Ich bleibe einfach dort stehen und spüre jeden Tropfen Regenwasser auf meiner Haut. Das fühlt sich gut an. Es prickelt und jeder einzelne Tropfen scheint mich zu reinigen.

Die Augen geschlossen, das Gesicht dem Regen zugewandt, genieße ich das Wasser überall auf meiner Haut. Ich höre es um mich herum prasseln, Blätter fangen den Regen mitten im Sturz auf, nur um ihn gleich wieder loszulassen. Von der Erde unter meinen Füßen strömt ein satter Geruch zu mir herauf und meine Füße sinken ein wenig in den nassen Boden ein. Ich stelle mir vor, wie aus meinen Füßen Wurzeln wachsen, wie aus kleinem, zartem Geäst feste, starke Wurzeln werden, die sich tief in das dunkle feuchte Erdreich graben und mich mit dieser Welt verbinden.

Mein Stand ist fest und ich schwanke nicht.

Langsam hebe ich die Arme und wende mein Gesicht ganz und gar dem Himmel zu. Das Wasser prasselt unvermindert auf meine nackte Haut, es läuft in Strömen an mir herab und ich atme tief die erdige Luft um mich herum.

Ich fühle mich nicht mehr fremd. Gerade in diesem Moment scheine ich nirgendwo anders hinzugehören als hierher. Eine Weile bleibe ich so, alleine, alle Gedanken vergessend und der Regen wäscht alle Ängste und Sorgen von mir herunter.

So frei habe ich mich schon eine Ewigkeit nicht mehr gefühlt.

Und dann fällt mir der Waldgeist von gestern Abend ein. Ich lache in den Regen und denke: »Na, mein Bester, so einen Anblick hast du hier wohl auch nicht so oft.«

Es wird Zeit zum Aufbruch. Ein Frühstück gönne ich mir nicht, ich habe nicht mehr so viel und will mir das bisschen Nahrung für später aufheben. Alles was wirklich richtig nass geworden ist, versuche ich in die untere Packtasche meines Rucksacks zu stopfen und das gelingt mir mit einiger Mühe auch. Wenn ich Glück habe, kommt heute noch die Sonne hervor, die mich all die Tage vorher so gepiesackt hat und ich kann das alles heute noch, vor meinem nächsten Lager, trocken bekommen.

Einen Wetterbericht könnte ich mir auf meinem Handy anschauen, aber ich tue es nicht. Das habe ich bisher auch nicht gemacht, denn was hilft es mir, wenn ich weiß, was die Natur sich als nächstes ausdenkt?

Für meine Orientierung ist es gut, dass ich entdecke, dass ich mich nahe der B27 befinde, wie mir ein Schild verrät, das ich zwischen den Bäumen sichten kann. Ich laufe irgendwo neben dieser Strecke und aus dem Schild kann ich ersehen, dass meine Richtung stimmt. Dort steht ein Pfeil nach Göttingen, also bin ich hier richtig auf meinem Weg nach Norden.

Mit meinen Füßen und vor allem mit der rechten Ferse hat es sich sichtlich gebessert. Tino hat ein wahres Wunder vollbracht und meine rechte Ferse sowie auch die lädierten, mit aufgeplatzten Blasen übersäten Fußsohlen so gut versorgt, dass endlich eine Heilung eintritt, obwohl sie mich immer noch tragen müssen. Ich bin Tino so dankbar! Endlich, nach nun schon 19 Tagen auf Achse, kann ich einigermaßen gehen, ohne bei jedem Schritt die Zähne zusammenbeißen zu müssen.

Tino, du bist mein Held!

Weite Wege über Feld und Flur führen mich immer wieder an ein Flüsschen, das mich eine ganze Weile begleitet, aber ich achte immer wieder darauf, die B27 nicht ganz aus den Augen zu verlieren. Sie ist mein Wegweiser nach Göttingen. Ich habe keine Lust, noch einmal so einen Irrlauf wie gestern zu machen und halte mich somit immer in der groben Richtung.

Mit dem Fortschreiten der Zeit schaue ich auch immer wieder zum Himmel und warte auf die Sonne, die mir doch bitte meine Ausrüstung trocknen möge. All die Tage habe ich sie so manches Mal beschimpft und verflucht und heute kann ich es gar nicht abwarten, dass es endlich so warm wird, dass ich meine Sachen irgendwo ausbreiten kann. Wenn es wieder richtig heiß werden würde, ginge das ja ruck, zuck und ich bräuchte nicht so lange zu warten, bis ich alles wieder verstauen könnte.

Eine ganze Weile sieht es aber nach Regen aus; so wolkenverhangen, wie sich der Himmel heute zeigt.

Während ich mir meinen Weg suche, mache ich mir kaum noch Gedanken über mein weiteres Fortkommen. Ich will mich zwar nicht unbedingt wieder verlaufen, bin aber sicher, dass ich, wie auch immer, mein Ziel erreichen werde. Es ist nicht mehr wichtig, dass ich genau das einhalte, was ich mir ursprünglich vorgenommen hatte und es ist auch nicht mehr wichtig, ob andere das gutheißen, was ich tue. Die Reste dieser Gedanken, die mich ja auf meinem ganzen bisherigen Weg begleitet hatten, wurden wohl heute Morgen mit dem frühen Regen fortgespült. Ich bin zwar müde, wohl weil ich in der letzten Nacht des Öfteren durch den Regen geweckt worden bin, aber im Großen und Ganzen fühle ich mich gut.

Auf einem meiner Wege habe ich dann eine Begegnung mit einem Wesen, das ich noch nie gesehen habe und mich auch nicht erinnern kann, es im Biologieunterricht jemals behandelt zu haben: Eine sehr große bunte Spinne. Und wenn ich sage groß, dann meine ich riesig (also in etwa drei Zentimeter lang). Sie läuft mir unbeeindruckt vor die Füße. Ich glaube, dass es eine Spinne ist, denn mit ihren acht langen Beinen sieht sie nicht aus wie ein Käfer und um meinen Mitmenschen zu zeigen, mit welchen Ungeheuern ich es hier manchmal zu tun bekomme, hole ich mein Handy raus und filme dieses gefährliche Wesen. Denn nicht nur, dass ich diese Spinne wirklich groß finde, ist sie auch noch schwarz-gelb gestreift. Sobald ich Netz habe, will ich das Filmchen absenden, mit der Frage, ob mir jemand sagen kann, was genau ich da begegnet bin. In meiner Vorstellung krabbelt dieses Wesen geradewegs in meinen Schlafsack, und das finde ich nicht so lustig. Ich möchte zumindest wissen, ob diese Art von Spinne in der Lage ist, mir mit einem Biss Gift in meine Adern zu sprühen. Ich mag eigentlich die Farbe Gelb, aber auf einer Spinne und dann noch in Streifen, finde ich, sieht diese Farbe ziemlich gefährlich aus.

In einem Dorf treffe ich auf eine junge Frau in ihrem Vorgarten und sie ist so freundlich und füllt mir ohne langes Zögern meine Trinkflasche auf. Sie gibt mir noch einen Apfel und mit guten Wünschen im Gepäck ziehe ich weiter. Den Apfel esse ich sofort auf und merke dabei, wie hungrig ich inzwischen geworden bin. Ich habe immer noch etwas von Tinos Wegzehrung, die er mir mitgegeben hat, aber lange werde ich die nicht mehr in meinem Rucksack tragen, sondern mir ein Plätzchen suchen, an dem ich sie gemütlich auffuttern kann. Für den weiteren Marsch muss ich mir dann essenstechnisch noch etwas einfallen lassen. Ein kleines bisschen will ich aber noch aushalten und stattdessen mache ich einmal kurz Rast, um mir Gänseblümchen, Klee und auch Mohnblumen zu pflücken. Die kann ich als Zwischenmahlzeit gut unterwegs genießen.

Bevor ich aber wirklich daran denke, mir einen Rastplatz zu suchen, treffe ich auf drei ältere Wandersmänner, die mit kleinem Gepäck für ein Wochenende aus ihrem Alltagstrott ausgebüxt sind. Sie erzählen mir, dass sie drei oder vier Tage unterwegs sein wollen, je nachdem wie das Wetter mitmacht und sie Unterkünfte für die Nacht finden. Auch sie möchten nach Möglichkeit in keiner Pension oder ähnlichem Halt machen, sondern versuchen, sich irgendwie anders ein Dach über dem Kopf zu verschaffen. Das wäre das eigentliche Abenteuer an ihrer Reise.

Ich bin beeindruckt, hätte ich mir doch nicht vorstellen können, dass noch jemand auf so eine Art von Abenteuer Lust hat und schon gar nicht drei Männer, die die fünfzig auch schon weit überschritten haben müssen. Sie sehen lustig aus, unrasiert, sonnenverbrannt und irgendwie verkatert – aber alle drei mit einem ansteckenden Lachen im Gesicht.

Sie erzählen mir, dass sie die vorletzte Nacht ziemlich unbequem auf und unter einem Hochstand verbracht hatten, da sie noch nicht einmal ein Zelt oder etwas Ähnliches dabei haben. Die letzte Nacht hingegen, sei wiederum sehr angenehm gewesen, da sie am vergangenen Abend bei einem Pastor Unterschlupf gefunden hätten. Dieser hätte sich nicht lumpen lassen und ein ordentliches Abendbrot aufgefahren und hinterher gab es reichlich Bier und Schnaps für alle. Einschließlich dem Pastor.

Mir erklärt das jetzt den leicht verkaterten Eindruck, den ich von den dreien habe und muss gleichzeitig an meine eigene Erfahrung mit meinem Kirchenmann denken, der mich noch nicht einmal aufnehmen wollte. Ich erzähle den lustigen Wandersmännern diese kleine Geschichte und sie können es genauso wenig fassen wie ich, dass ich dort ganz alleine in dem alten, unwirtlichen Gemeinderaum hocken musste. Sie raten mir, zu ihrem Pastor zu gehen, ihm herzliche Grüße von ihnen auszurichten und dort ebenfalls für eine Nacht um Asyl zu bitten. Ich würde das ja auch gerne tun, nur liegt der Ort, in dem das Haus dieses gastfreundlichen Pastors steht, in gänzlich entgegengesetzter Richtung.

Sie hätten mir auch gerne etwas zu essen gegeben, aber leider haben sie so gar nichts dabei, denn wenn sie der Hunger überkommt, machen sie einfach in einem Rasthaus, einer Kneipe oder an einer Bude halt. Sich auch noch das Essen zu erbetteln, das wäre nun wirklich zu viel. Sie hätten so schon Abenteuer genug.

Mit einem ordentlichen Händedruck, gegenseitigen guten Wünschen und einem letzten Lachen aus drei freundlichen Augenpaaren verabschieden wir uns und setzen unsere Wege in verschiedene Richtungen fort.

Jetzt habe ich aber wirklich Hunger und ich halte nach einer Bank oder ähnlichem Ausschau. Es sitzt und isst sich ja einfach besser, wenn die Beine nach unten baumeln können und mein Wunsch wird ganz bald erfüllt. Ich entdecke tatsächlich eine Bank.

Während ich noch meine müden Glieder ausstrecke und versuche, es mir auf dieser Bank bequem zu machen, höre ich auf einmal jemanden rufen. Vier Frauen kommen mit schnellen Schritten aus der Richtung, in der die drei Wanderer verschwunden sind, auf mich zugelaufen. Ihre Rufe gelten mir und ich warte verwundert ab, bis diese Frauen bei mir angekommen sind und sich freudestrahlend zu mir gesellen.

Eine der Vier fragt: »Sind Sie diejenige, die auf einer großen Wanderschaft quer durch Deutschland ist?«

Ich wundere mich noch mehr und bejahe ihre Frage. Eine Andere hält so etwas wie ein Kreuz auf einem langen Wanderstock in der Hand und alle vier haben kleine Rucksäcke dabei. Die Frauen lachen, reichen mir die Hand und erklären dann, dass sie selbst auf einer Pilgertour sind. Sie wären vorhin auf die drei Männer gestoßen und diese hätten ihnen von mir erzählt. Sie fanden diese Geschichte so unglaublich und die Männer hätten gesagt, dass, wenn sie sich beeilen würden, sie mich vielleicht noch einholen würden. Und genau das haben sie dann auch getan. Sie wollten mich unbedingt kennenlernen und einer der Männer hätte auch gesagt, dass es toll wäre, wenn sie etwas Essbares für mich hätten. Ihnen selbst würde es so leidtun, dass sie mir damit nicht hätten aushelfen können.

Die vier Frauen gruppieren sich um mich herum, nehmen ihre Rucksäcke ab und beginnen, Obst, Kekse, Brote und Schokoriegel auszupacken.

Ich bin platt. Wieder einmal kommen mir vollkommen fremde Menschen zu Hilfe und freuen sich sogar, dass sie mir etwas Gutes tun können.

Sie selbst wollen jetzt nichts essen, drängen mich aber, mich nicht abhalten zu lassen und ordentlich zuzulangen. Das lasse ich mir nicht zweimal sagen und während ich mich um meinen, inzwischen völlig leeren Magen kümmere, beantworte ich zwischendurch all ihre Fragen und erzähle meine Geschichte.

Die Frauen ihrerseits berichten von ihrer kleinen Pilgertour, woher sie kommen und wohin sie gehen und eine von ihnen kramt letztendlich eine kleines Notizbuch aus ihrem Rucksack und bittet mich um ein Autogramm. Lachend erfülle ich ihren Wunsch und meine, dass das ja wohl ein bisschen weit hergeholt sei, aber ich fühle mich natürlich sehr geschmeichelt. Die Frau steckt ihr Notizbuch wieder ein und sagt schmunzelnd: »Och, man weiß ja nie. Vielleicht landen sie mal bei Günter Jauch und dann kann ich sagen: Ich habe sogar ein Autogramm von dieser Frau.«

Jetzt pruste ich richtig los. Das kann ich mir ja nun gar nicht vorstellen – was habe ich denn schon großartig gemacht? Doch den Vieren ist es schon irgendwie ernst damit und meinen, dass sich nicht so viele Menschen so eine Tour zutrauen würden. Ich finde es nett, dass ich so viel Anerkennung ernte, stelle aber richtig, dass meine Reise anders läuft als geplant. Doch das beeindruckt meine vier Helferinnen wenig und sie sind von ihrem Respekt mir gegenüber nicht abzubringen. Zu guter Letzt kramt eine von ihnen noch einen Zehn-Euro-Schein heraus, ich solle ihn für meinen Spendenaufruf für die Hugo-Tempelman-Stiftung (Anm. dazu am Schluss des Buches) verwenden. Ich sage ihr, dass ich gar kein Bargeld annehme und ich auch nicht wisse, wie ich denn jetzt das Geld der Organisation, über die die Spenden laufen, zukommen lassen sollte. Auch das findet kein Gehör und sie besteht darauf, dass ich die zehn Euro jetzt nehmen und sie später dort einzahlen könne. Sie selbst kenne sich mit diesem ganzen Computerkram nicht aus und wolle unbedingt etwas zu den Kinderhäusern in Südafrika beisteuern. Ich resigniere ob dieser resoluten Frauen, stecke das Geld zu meiner Krankenkarte und verspreche, mich darum zu kümmern, wenn ich wieder zu Hause bin.

Wenig später verabschieden wir uns wieder voneinander, herzlich, mit Umarmungen, guten Wünschen und von meiner Seite mit einem riesigen Dankeschön für ihre Hilfe und ihr fröhliches Entgegenkommen.

Endlich kommt auch die Sonne so heraus, dass ich jetzt meine Ausrüstung trocknen könnte, doch die letzte Pause ist noch nicht so weit her und ich möchte erst noch laufen.

Endlich kann ich das besser als jemals zuvor, aber dennoch bin ich immer noch nicht so schnell, wie ich eigentlich sein müsste. Doch darum mache ich mir keine Gedanken, ich weiß inzwischen, dass ich ankommen werde und über das Wie und Wann mache ich mir keine Sorgen mehr.

Wie am allerersten Tag, beginne ich darüber nachzudenken, wie es wohl wäre, einfach weiterzulaufen. Ich meine, einfach nicht mehr zurückzukehren. Wo würde ich hingehen und wo letztendlich ankommen? Irgendwo müsste es ja eine Endstation geben, ich könnte ja nicht für den Rest meines Lebens auf Wanderschaft bleiben. So schön es gerade ist und wie viele Menschen ich auch treffe, die mir helfen – das würde ja wahrscheinlich nicht immer so sein.

Jetzt ist es für viele, die ich so treffe, ja noch interessant, weil es einfach mal etwas anderes ist. Nicht dieser eintönige Trott, der uns ständig begleitet, nicht dieses Einerlei aus Schlafen, Arbeiten, Essen und Terminen, Ärger und Verpflichtungen.

Eine hat diesen Trott verlassen, wenn auch nur auf Zeit, aber das schaut man sich gerne mal an.

Das gibt wahrscheinlich auch Gesprächsstoff.

»Könntest du das – da draußen schlafen im Dunkeln? Warum macht sie das ganz alleine und warum geht sie nicht den Jakobsweg? Wie kommt man nur auf so eine Idee?«

Kopfschütteln oder Anerkennung. Oder beides.

Aber was wäre, wenn ich mich einfach abmelden würde?

»Sorry, Leute, aber das ist nichts mehr für mich. Ich bleibe hier draußen und schaue, wie ich mich durchschlage. So long, ich melde mich mal wieder. Irgendwann vielleicht einmal.«

Mann, das wäre ein richtiges Abenteuer. Leider weiß ich auch, dass ich dazu gar nicht in der Lage bin. In jeglicher Hinsicht.

Ich muss zurück auf die Ameisenstraße, auf der wir alle hin und her wuseln, unsere Jobs machen, Geld verdienen, nur damit wir es auch immer wieder ausgeben können und – Stopp!

Halt, warte mal ...

Ein Gedanke dazu formt sich in meinem Kopf:

Wenn ich meine Zeit, bei der es sich ja um nicht weniger als meine Lebenszeit handelt, in sehr viel Arbeit investiere, um auch viel Geld zu verdienen, damit ich es einfach wieder ausgeben kann, damit ich mir etwas *leisten kann – bedeutet das nicht, dass ich all das Zeug, das ich mir ständig anschaffe, ziemlich teuer mit meiner Lebenszeit bezahle? Manch anderer arbeitet noch viel mehr und bekommt dafür weitaus weniger. Wenn er sich dann aber trotzdem kaum etwas anschaffen kann, weil das Geld einfach nicht reicht, da Miete und all die anderen Verpflichtungen alles auffressen – bezahlt er das nicht trotzdem mit seiner Zeit, die er dafür in Arbeit umtauschen muss? Leben gegen Miete und Kredite? Leben gegen Zeug? Ich muss an all meinen Krimskrams denken, den ich den letzten Jahren schon wieder angesammelt habe. Hat dieser Kram nicht sehr viel von meiner Lebenszeit gefressen? Und – war es mir das wert? Wird es mir das immer noch wert sein, wo ich just in diesem Augenblick beginne, den Zusammenhang zwischen meiner Lebenszeit und meinem Konsum zu begreifen?*

Hm ... ich glaube, ich will da gerade nicht weiter drüber nachdenken. Das macht ja depressiv!

Aber ich muss zugeben, dass mir das Leben ohne Termine und Verpflichtungen immer besser gefällt. Auch wenn es nur zeitlich begrenzt ist.

Ich beschließe, meine immer noch nassen Klamotten endlich zu trocknen. An einer Bank, die schön in der Sonne steht, mache ich

Halt. Ich breite meine Plane, die Bodenplane und meine Matratze auf einem Stück Wiese daneben aus. Ich hocke mich derweil auf den Rasen und studiere meine Karten. Ich muss irgendwie um Göttingen herum, denn auf keinen Fall will ich mitten durch diese große Stadt latschen. Große Straßen und die Städte werden, glaube ich, nie meine Freunde werden auf dieser Tour.

Es dauert schon ein Weilchen, bis der letzte Tropfen auf meinen Planen und der Luftmatratze endlich verdampft ist und sich verflüchtigt hat. Etliche Spaziergänger, die hier in der Nähe der Werra unterwegs sind, schauen interessiert und neugierig und ein älterer Mann mit strengem Gesicht fragt mich, ob ich das richtig finde, die Bank mit meinem nassen Zeug zu besetzen. Ich frage ihn, ob er eine Rast machen möchte, ich würde die Bank dann räumen, aber er sagt: »Nein, junge Dame, generell ist so eine Bank nur zum Sitzen da und kein Wäschetrockner.«

Ich versuche noch, ihm meine Situation zu erklären, doch er schüttelt nur verständnislos den Kopf, schaut mich mit schmalen Lippen streng an und geht, vor sich hin schimpfend, seiner Wege. Ich schaue ihm zunächst etwas konsterniert hinterher, aber gleich darauf tut mir der Mann sogar leid. So sehr in feste Regeln eingespannt zu sein, dass er sich sogar über so eine Kleinigkeit aufregen muss – das ist bestimmt nicht einfach. Glücklich wird man dabei wahrscheinlich nicht gerade. Es sei denn, alle befolgen die Regeln. Vor allem die, die nirgendwo niedergeschrieben sind.

Als die Sonne alle feuchten Reste der vergangenen Nacht getrocknet hat, packe ich alles wieder zusammen und ziehe weiter.

Dann bekomme ich Bescheid, dass Sara aus Bodenfelde mich morgen Abend eventuell aufnehmen kann. Wenn das klappt, gibt es für mich wieder eine heiße Dusche. Das läuft doch echt nicht schlecht. Aber Bodenfelde? Ist das nicht ziemlich weit von mir entfernt? Darüber denke ich jetzt aber nicht nach. Das sehen wir morgen, wenn es so weit ist und Sara sich noch mal meldet.

Über Facebook wurde mir die Frage gestellt, wie ich denn mein Handy immer wieder auflade und ich erkläre, dass ich mobile Solarzellen mit mir herumschleppe. Diese sind leider ganz schön schwer, so eineinhalb Kilo, aber sie sichern mir den Kontakt zur Außenwelt. Als ich damals mit meiner Planung für diese Tour begann, war mir das sehr wichtig und hat sich auch bewährt. Die Solarzellen befinden sich hinten, außen an meinem Rucksack und werden von der Sonne immer wieder aufgeladen.

Inzwischen weiß ich den Wert dieses mobilen Aufladens auch echt zu schätzen, dennoch kommt mir der Gedanke, dass ich bei einer neuerlichen Tour darauf würde verzichten wollen. Dafür müsste ich allerdings vorher lernen, wirklich alleine in der Wildnis klarzukommen.

Eine neuerliche Tour? Ich denke über eine weitere Wanderschaft nach? Hm ... aber nicht jetzt – ich muss erst einmal diese hier zu Ende bringen.

Ich quäle mich durch Bad Sooden-Allendorf und bin heilfroh, als ich endlich wieder aus der Stadt heraus bin. Nein, Städte und ich werden keine Freunde. Heiß, laut und viel zu unruhig für mich. Allerdings haben Städte doch etwas gravierend Gutes für mich. Es gibt Bioläden und auch hier kann ich wieder nach etwas zu essen fragen, das selbst dem Biokunden nicht mehr angeboten wird. Und auch hier habe ich Erfolg. Mit einer aufgefüllten Vespertüte im Marschgepäck, sowie frischem Trinkwasser und gefüllten Duschflaschen kann ich dem Abend beruhigt entgegensehen.

In Wahlhausen angekommen, stelle ich anhand eines Schildes fest, dass ich vor Jahren die letzten Kilometer hier wohl nicht überlebt hätte. Ich wäre ganz einfach erschossen worden! Ich befinde mich direkt auf dem ehemaligen Grenzgebiet zwischen der Bundesrepublik und der ehemaligen DDR.

So viel schöne Landschaft und so viel Leid. Was Menschen anderen Menschen antun können, ist wirklich nicht fassbar und mit einem Gefühl von aufkeimendem Trotz suche ich mir einen Lagerplatz inmitten des ehemaligen Todesstreifens.

Wie schon am vergangenen Abend baue ich meine Schlafstelle in mehr Gestrüpp und Büschen als unter ausgewachsenen Bäumen auf. Mir reichen ja auch zwei, zwischen denen ich wieder meine Plane aufspannen kann und ich beginne das allabendliche Ritual des Aufbauens, des Waschens und Essens und danach dem Nachdenken über meinen Tag und des Schreibens einiger Worte.

Dieses Mal kommt mir in den Sinn, etwas über das Glück zu schreiben.

Glück bedeutet für jeden etwas anderes. Für mich ist es zurzeit gerade ein großes Glück, einen trockenen Schlafplatz zu haben und wenn ich irgendwo aufgenommen werde. Wenn ich einen ganz sicheren Schlafplatz bekomme, eine heiße Dusche dazu und etwas zu essen in meinem Rucksack. Dieses Glück, das mir zu Hause gar nichts bedeuten würde, da es für mich vollkommen selbstverständlich ist, ein Bett zu haben und ein Dach über dem Kopf – über dieses Glück denke ich in meinem täglichen Einerlei überhaupt nicht nach, es muss noch nicht einmal erwähnt werden. Doch hier ist es für mich riesengroß.

Ich liege geschützt unter meiner Plane, habe alles bei mir was ich brauche und muss mir keine Sorgen machen, dass jemand kommt und mich verscheucht, geschweige denn einsperrt oder sogar erschießt. So wie es vor noch fünfundzwanzig Jahren der Fall gewesen wäre. Es fühlt sich ein wenig unfassbar an, dass ich auf einem Stückchen Land liegen soll, das für andere einmal das Todesurteil bedeutet hätte.

Wie viele Menschen auf diesem Planeten müssen um ihr Leben fürchten, weil sie zufällig in einem Land geboren worden sind, in dem sie nicht so leben dürfen, wie sie es vielleicht gerne tun würden? Viele von ihnen dürfen noch nicht einmal glauben was sie wollen! Und nicht anders denken, als das Regime vielleicht vorschreibt – wie damals in der DDR. Menschen zwingen Menschen und drohen sogar mit Folter und Tod, wenn du nicht spurst. Es ist so absurd!

Während ich mich, vor Regen und Wind geschützt, auf diesem ehemaligen Todesstreifen in meinen Schlafsack kuschle, gehen mir alle möglichen Dinge durch den Kopf. Sehr lange Zeit kann ich nicht einschlafen.

Was tun wir uns nur an? Selbst wenn niemand da ist, der uns Angst macht, wenn wir in Frieden leben könnten, unser Leben genießen und mit Freude in jeden Tag gehen könnten, machen wir uns – oder anderen – mit vielen Ängsten das Leben schwer.

Auch sind wir nicht gerade gut zu uns selbst, körperlich wie seelisch. Unsere Nahrung ist mit allerlei Chemie versetzt, unser Körper, der zu siebzig Prozent aus Wasser besteht, bekommt statt Wasser, Kaffee und Cola. Dazu kommen fürchterliche Hetze und unglaublicher Druck. Das alles und noch viele andere Dinge, die wir uns antun, machen uns sehr krank. Wir hechten von Termin zu Termin, halten alle möglichen Anforderungen aus und fordern auch von anderen immer mehr. Wir nörgeln, meckern, schimpfen und beschimpfen und unser Herz und unsere Seele gehen einfach dabei drauf.

Dann schauen wir in die Nachrichten und werden in unserer Vermutung bestätigt – die Welt ist einfach schlecht: Terror und

Krieg, die Wälder abgeholzt, die Tiere gequält, die Natur vergiftet, Korruption, Betrug und Lügen.

Gegenüber dem Großen und Ganzen fühlen wir uns klein und hilflos und fahren unsererseits gegen Freund und Feind die Ellenbogen aus, um wenigstens aus dem eigenen kleinen Leben das Beste herauszuholen.

Ich schlage die Plane zurück und starre in den Nachthimmel.

Warum sind wir so wie wir sind? Was ist denn da bloß schiefgelaufen? Warum können wir diesem ganzen Unrat nicht Einhalt gebieten? Keiner von uns will doch all das, was uns da täglich um die Ohren gehauen wird.

In meinem Kopf drehen sich immer mehr Fragen und Gedanken. Es muss an diesem Ort liegen, an diesem Todesstreifen. Statt Ruhe zu finden, werde ich immer aufgewühlter und wacher und zu guter Letzt kann ich gar nicht mehr still liegen bleiben. Ich muss aufstehen, streife die Sandalen über meine Füße und gehe ein Stück weiter hinaus in dieses ehemalige Niemandsland. Dort stehe ich, schaue in die Dunkelheit und kann dabei das Gelände um mich herum kaum noch erkennen.

So viele Gedanken sind auf einem Mal in meinem Kopf, dass es sich anfühlt, als würde er gleich brechen. Diese Last, die sich wie aus dem Nichts plötzlich auf mich legt, wird immer schwerer, sie macht mich fassungslos und erschreckt mich:

»Das macht doch alles keinen Sinn mehr. Wir machen alles kaputt. Niemand hält uns auf. In den letzten hundert Jahren haben wir mehr zerstört, als in den Tausenden von Jahren zuvor. «

Letzten Endes fange ich tatsächlich an zu heulen. Weinend und frierend stehe ich in dieser Finsternis und suche nach Antworten, die mir doch keiner geben kann.

Ich weiß, dass ich ein Niemand bin in dieser großen Geschichte und dass ich diese Welt nicht ändern kann. Ich fühle mich so klein und hilflos wie schon lange nicht mehr und ich lasse meinen Tränen einfach freien Lauf. Hier sieht mich niemand und ich muss niemandem erklären, welch Weltschmerz mich gerade heimsucht und mich buchstäblich in die Knie zwingt.

Wie lange ich dann dort auf dem grasigen Boden liege, weiß ich nicht, doch unendlich langsam beruhige ich mich wieder. Mit meiner Heulerei ändere ich auch nichts an dem Drama dieser Erde.

Ich beginne, mir eine Geschichte auszudenken. Manchmal, wenn ich mit meinen Gedanken gar nicht mehr weiterkomme, wenn es keine eindeutigen Antworten gibt, wo ich doch so gerne eine Erklärung auf meine Fragen hätte, mache ich das. Ich denke mir einfach eine Geschichte aus. Eine Geschichte, in der es auf all meine unbeantworteten Fragen tatsächlich eine Antwort gibt. Meist muss ich gar nicht lange danach suchen – die Worte scheinen immer schon irgendwo in meinem Kopf zu schlummern und wenn sie merken, dass ich vor einem Rätsel stehe oder Gedanken habe, mit denen ich nicht so richtig klarkomme, kommen sie heraus und fügen sich wie zu einem kleinen kuriosen Märchen zusammen. Wie dieses hier:

Das Universum, Mutter Natur und Gott sitzen nach ein paar Hundert Jahren mal wieder bei einer gemütlichen Kaffeerunde zusammen. Das ist ungefähr so oft, wie bei uns Menschen der allwöchentliche Kaffeeplausch mit einer guten Freundin. Die Drei erzählen sich so einiges über dies und das und tauschen etliche Neuigkeiten aus. Als das Meiste gesagt ist, wendet sich das Universum plötzlich mit dröhnender Stimme an Gott und fragt: »Naaa, Gott, erzähl mal, wie läuft es denn so mit deinen Menschen?«

Das Universum weiß natürlich, dass es Menschen auf dem Planeten Erde gibt, kümmert es sich doch immer wieder um die Wünsche, die ihm von diesen Wesen geschickt werden. Doch zunehmend klingen diese Wünsche und Nachrichten verwirrender und das Universum möchte endlich mal aus erster Hand erfahren, was denn da nun eigentlich los ist auf dem Planeten Erde. Die Gelegenheit ist gerade günstig, wo man sich hier nun schon mal trifft und das Universum wollte Gott schon lange danach fragen, hatte es aber neben all den wichtigeren Dingen einfach immer wieder vergessen.

Gott wirkt auf einmal etwas verlegen.

»Och, es geht so«, antwortet er mit einem schiefen Grinsen.

»Was heißt denn das – es geht so?«, hakt das Universum nach. Es hätte es doch gerne ein bisschen genauer.

»Na ja«, antwortet Gott, »das haut noch nicht so hin mit ihnen.«

Gott würde am liebsten gar nicht über dieses Thema reden. Das kann man ihm direkt ansehen.

Plötzlich lässt sich Mutter Natur mit zornig verhaltener Stimme hören: »Das haut mit denen nicht hin?«, wiederholt sie konsterniert. »Also hör mal, ich finde, die sind komplett verrückt, deine Menschen.«

Das Universum ist nun ganz interessiert und neugierig.

»Wieso? Was machen die denn? Was ist denn mit denen los?«, fragt es.

Gott dreht sich zu Mutter Natur um und sagt bestimmt: »So schlecht sind meine Menschen gar nicht! Einige von denen haben es richtig gut drauf!«

»Ja, einige«, antwortet Mutter Natur, »aber die meisten von ihnen denken ja kein bisschen nach.«

Sie dreht sich zum Universum um und sagt: »Stell dir nur vor, sie haben es wirklich geschafft, innerhalb kürzester Zeit den gesamten Planeten in eine Müllhalde zu verwandeln. Sie holzen alles ab, was sie nur finden, zerstören mit wachsender Begeisterung meine Natur, rotten nach und nach alle Tiere aus und zu guter Letzt, führen sie auch ständig Kriege gegeneinander. Nicht nur ganze Völker gehen aufeinander los, sondern auch innerhalb von kleinen Verbänden sind diese Menschen kaum in der Lage, friedlich miteinander umzugehen. Oder sie machen sich sogar selbst kaputt.«

Das Universum reißt vor Verwunderung seine Augen weit auf und fragt entsetzt: »Warum verhalten diese Wesen sich denn so selbstzerstörerisch? Das ist doch nicht normal! Sag mal, Gott, was, um alles im Universum, hast du denen denn für Eigenschaften mitgegeben?«

Gott windet sich ein bisschen und sagt dann leise: »Na ja, ich habe gedacht ... ich hatte angenommen, dass ... «

Er zögert, sagt dann aber mit fester Stimme: »Ich habe ihnen den freien Willen gegeben.«

»Den freien Willen?«, donnert das Universum daraufhin. »Was hast du dir denn dabei gedacht, Gott? Bis du von allen guten Geistern verlassen? Du weißt doch, dass das schiefgehen muss! Mit dem freien Willen ist das eine sehr, sehr komplizierte Sache und damit kann einfach nicht jedes Wesen umgehen. Wie oft hatten wir darüber diskutiert und bei den Tieren auf deiner Erde hast du ja wohl augenscheinlich auch beherzigt, was wir hier besprochen haben. Deine Tiere haben doch auch nur ihren Instinkt erhalten und bekommen ihre Fortpflanzung und Arterhaltung ganz gut hin. Wieso hast du das bei den Menschen anders gemacht?«

»Meine Güte«, antwortet Gott daraufhin, »ich konnte doch nicht ahnen, dass das Ganze derart aus dem Ruder läuft. Ich dachte, wenn jeder von ihnen den freien Willen bekommt, kann auch jeder von ihnen so ein Leben führen, wie er es gerne möchte. Dann ist keiner abhängig vom anderen und kann eigene Entscheidungen treffen. Ihr

habt mich zwar gewarnt, aber ich dachte wirklich nicht, dass sich der freie Willen so unterschiedlich ausbildet.« Gott seufzt ergeben und fährt traurig fort: »Viele von den Menschen nutzen ihren Willen überhaupt nicht, den ich ihnen gegeben habe. Das ist wirklich sehr seltsam. Oft laufen sie einfach nur denen hinterher, die einen starken Willen haben und alles durchsetzen. Dann meckern sie zwar, aber sie sind auch zu bequem, um sich dagegenzustellen. Oder sie richten sich ganz freiwillig nach den anderen, dann müssen sie selbst wahrscheinlich weniger nachdenken.«

»Ja, aber«, fragt das Universum, »was sagen die denn alle zur Zerstörung der Natur oder dem Ausrotten der Tiere, von dem Mutter Natur gerade berichtet hat? Das geht sie doch alle an.«

»Na ja,« antwortet Gott, jetzt wieder ein bisschen verlegen, »sie sagen: Da muss doch einer mal was machen.«

Das Universum holt tief Luft und fängt dröhnend an zu lachen.

»Da muss doch einer mal was machen? Wie viele von diesen Menschen hast du denn inzwischen?«

»Ein paar Milliarden«, antwortet Gott noch leiser, aber auch nicht ganz ohne Stolz.

»Ein paar Milliarden?«, wiederholt das Universum und macht schon wieder ganz große Augen. »Ein paar Milliarden? Und dann sagen sie, da muss doch einer *mal was machen? Sag mal, sind deine Menschen vielleicht ein bisschen blöde, mein Lieber? Einer! Ich glaub`s ja nicht. Da kriegen alle den freien Willen von dir und dann gucken alle zu, wie dieser Planet zugrunde geht? Wieso setzen diese Menschen nicht alles daran, ihre Erde zu erhalten? Wissen die eigentlich, dass sie nicht ewig leben?«*

»Das wird wahrscheinlich das Problem sein«, schaltet sich jetzt Mutter Natur ein. »Wenn sie ewig leben würden, dann wären sie wahrscheinlich vorsichtiger mit ihrem Lebensraum, ihren Mitmenschen und mit sich selbst. Doch so interessiert es ja nicht, was später wird. Ihr Leben ist kurz und doch behandeln unglaublich viele von diesen Menschen ihren Planeten und ihren eigenen Körper so furchtbar, als ob es noch einen zweiten gäbe. Sie denken nicht nur nicht nach, sondern sind zudem auch noch so unglaublich faul. Wenn eine Errungenschaft ihnen ihr Leben angeblich leichter macht – welchen Preis ihre Umwelt und ihre Gesundheit auch immer dafür bezahlt hat oder noch bezahlt – sie ändern es nicht mehr. Zum Beispiel haben sie ihr ach so sauberes Plastik erfunden, doch dieses Zeug ist schon überall und verstopft allmählich alle Atemwege der Erde, es ist sogar schon in ihrem Trinkwasser – aber sie benutzen es

einfach weiter. Und all ihre Kriege, die sie führen – im Kleinen wie im Großen – ob nun ein ganzes Volk oder nur einzelne Menschen, wie den Nachbarn von nebenan – den anderen in die Knie zu zwingen, die eigene Meinung aufzudrücken – das ist für viele erstrebenswert für die Dauer ihres kleinen Lebens. Und wenn sie keinen Krieg gegen andere führen, dann führen sie ihn gegen sich selbst. Du solltest mal sehen, was manche mit ihrem Körper und ihrer Seele machen. Das ist wirklich verrückt. Diese Menschen wissen, dass sie nicht sehr lange leben und so will jeder das vermeintlich Beste für sich für diese kurze Dauer. Das, was nach ihrem eignen Leben kommt, ist den meisten egal und wenn sie sich selbst schlecht behandeln, sagen sie paradoxerweise sogar ‚Ich lebe ja nur einmal' und ruinieren sich weiterhin. Diese Menschenwesen zu verstehen ist wahrlich nicht ganz einfach.«

Meine Güte, das war aber mal eine lange Rede von Mutter Natur.

Das Universum hat ihr erstaunt zugehört und schüttelt jetzt nachdenklich den Kopf.

»Tja, da können wir wohl nichts mehr machen. Sie haben diesen freien Willen jetzt nun mal und wenn die einen diesen ausnutzen, um zu zerstören und die anderen ihn nicht nutzen, um diese Zerstörung zu verhindern – ob nun ihre Umwelt mit allem was darin wächst und lebt, ihre Mitmenschen oder sich selbst – dann müssen sie das eben tun. Ein freier Wille ist ein freier Wille. Den können wir nicht zurücknehmen. Aber, Mutter Natur, kommst du denn mit all diesen Katastrophen einigermaßen zurecht?»

Ein trauriges Lächeln geht über das weise Gesicht der Angesprochenen.

»Ihr wisst doch, egal was man mir auf dieser Erde antut – (bei Trilliarden von Sternen gibt es natürlich noch einige Planeten mehr, auf denen Mutter Natur ihre Werke mit Freuden verrichtet) – ich werde mich wieder erholen.« Und an Gott gewandt spricht sie weiter: »Ich kann nichts anderes tun, als abzuwarten. Sie werden mir auf dieser Erde noch sehr viel antun und ich werde mich hin und wieder wehren. Doch letztendlich, wenn der Mensch wieder weg ist, weil er sich selbst die Lebensgrundlagen genommen hat, werde ich mich erholen.«

Jetzt aber nimmt Gott seine Menschen noch einmal in Schutz.

»Sie sind lernfähig, Mutter Natur. Es gibt wirklich schon etliche Menschen, die die Dinge anders angehen, die sich all dem bewusst sind, was du gerade gesagt hast. Leute, die sich dem Frevel an Mensch und Erde entgegenstellen. Und vielen von ihnen, auch von

denen, die – wie hast du es genannt: den anderen hinterherlaufen und selbst gar nichts dagegen tun? – beginnen zu verstehen. Ich bin sicher, dass sie es hinkriegen werden!«

Jetzt weiß ich, warum wir so sind wie wir sind. Wir haben den freien Willen, der meist ungenutzt in uns schlummert, von dem wir oft noch nicht einmal wissen, dass wir ihn besitzen.

Und meine eigenen Ängste, die im Vergleich zu all den Problemen dieser Welt so verschwindend gering sind, dass sie es nicht einmal mehr wert sind, ihnen so viel Beachtung zu schenken, habe ich auch ohne meinen Willen zugelassen.

Diese Ängste machen einfach keinen Sinn – außer mir das Leben schwer zu machen. Das sehe ich jetzt. Sich das Leben schwer zu machen, ist doch nun wirklich sinnlos.

Endlich kann ich lächeln, fühle eine tiefe Dankbarkeit und kuschle mich wieder in meinen Schlafsack.

In meine Gedanken ist Ruhe eingekehrt.

Wieder viele Gedanken

In der Nacht verlässt mich ein kleines Stück von meinem Glück. Alles Mögliche an Ungeziefer und Mücken bahnt sich einen Weg zu mir herein und macht es sich zur Aufgabe, mich nicht ruhen zu lassen. Am Morgen fühle ich mich ein bisschen wie gerädert, habe überall Stiche, bin durch die Feuchtigkeit des Biotops, in dem ich wohl geschlafen habe, ziemlich klamm und habe Kopfschmerzen. Alles in allem kein so guter Start für heute. Allerdings erreicht mich auch gleich die neuerliche Nachricht, dass Sara mich wirklich irgendwo an der Strecke abholen möchte. Heute gibt es also tatsächlich noch eine richtige Dusche für mich und vielleicht kann ich auch meine paar Klamotten waschen. Welch ein Luxus. Ich lerne, diese Dinge immer mehr zu schätzen.

Ich soll einfach immer weiter nördlich gehen. Sara kommt mir mit ihrem Mann Florian entgegen und sammelt mich auf. Ich packe also meine Siebensachen auf diesem ehemaligen Todesstreifen zusammen, werfe noch einen langen Blick auf dieses Niemandsland, das mir letzte Nacht so viele Gedanken beschert hat und mache mich auf den Weg.

In Lindewerra, das zu DDR-Zeiten unmittelbar im Sperr-Grenz-Gebiet lag und somit garantiert jahrelang harte Zeiten durchgemacht hat, überquere ich die wiederaufgebaute Werrabrücke. Diese war damals gesprengt worden, denn sie war ja eigentlich unnütz geworden. Über diese Brücke hätte man einfach in den Westen gehen können oder andersherum, vom Westen in den Osten. Ein großes Schild informiert mich über all diese Fakten und lange stehe ich auf dieser Brücke und schaue nach rechts und links zu beiden Ufern, die einander so unglaublich nah sind und doch für fast drei Jahrzehnte so weit voneinander entfernt waren wie der Mond von der Erde. Die Menschen aus Ost und West einen Steinwurf voneinander getrennt durch Stacheldraht und Wachtürme.

Wieder kann ich nicht fassen, wozu Menschen in der Lage sind und was sie sich alles antun können. Immer wieder und überall auf unserem schönen Planeten.

Doch bevor ich mich erneut meinem Trübsal ergebe, mache ich mich lieber wieder auf die Socken. Die grobe Richtung habe ich, das Wetter ist gut und wenn ich mich auch nicht sonderlich fühle, weiß ich doch, dass dieser Tag sehr bequem für mich enden wird.

So ganz genießen kann ich den Gedanken aber noch nicht, weil meine Kopfschmerzen sich einfach nicht legen, sondern mit der Zeit immer heftiger werden. Ich sollte mir noch mehr Flüssigkeit zuführen, aber gerade jetzt ist meine Wasserflasche schon ziemlich leer und ich muss sparsam sein. Im nächsten Dorf werde ich mir Wasser besorgen.

Dieses Mal mache ich aber mal eine ganz andere Erfahrung mit meiner Bitte um etwas Wasser. Die Dorfbewohner bleiben wohl wegen der Hitze alle in ihren Häusern. Die Straßen liegen wie ausgestorben vor mir. Ich werde einen von ihnen aus seiner Behausung klingeln müssen. Ich warte aber damit, bis ich am letzten Haus, das eher einem Hof gleicht, angekommen bin. Auf mein Klingeln öffnet niemand, aber auf dem Hof sehe ich ein parkendes Auto und aus dem etwas zurückliegendem Nebengebäude, das über einen schmalen Weg zu erreichen ist, dringen Geräusche. Ich gehe den Weg entlang und gelange an einen Zaun mit einem kleinen Tor, vor dem ich stehen bleibe. Auf der anderen Seite des Zaunes führt der Weg noch ein kleines Stückchen weiter und endet an einer Tür, die weit offen steht und durch die Geräusche zu mir nach draußen dringen. Da dort jemand sein muss, rufe ich ermutigt ein lautes »Hallo« in diese Richtung und warte ab. Wenig später zeigt sich ein Mann in der Tür, bleibt dort stehen und sieht mich abwartend an. Er sagt kein Wort. Mein Gefühl sagt mir sofort, dass ich nicht willkommen bin und schnell sprudle ich meine Worte heraus, zeige meine fast leere Wasserflasche, indem ich sie von meinem Gürtel löse und frage, ob er so freundlich wäre, sie mir zu füllen.

Der Mann reagiert zunächst nicht, sondern schaut mich nur wortlos an. Vielleicht versteht er nicht, was ich gesagt habe und ich öffne gerade den Mund, um meine Bitte zu wiederholen, als er, auf einen Wasserhahn in der Hauswand neben ihm deutend, antwortet: »Hier kannst du Wasser holen. Wenn du es schaffst durch das Tor zu kommen.«

Er verschwindet wieder im Inneren des Gebäudes und zieht die Tür fest hinter sich zu. Es dauert ein paar Sekunden bis ich diese Antwort ganz erfasst habe, denn sie hört sich schon irgendwie merkwürdig an. Als ich dann das Tor öffnen möchte, verstehe ich voll und ganz: Es ist verschlossen. Und der Mann weiß das.

Ich bin so perplex und enttäuscht oder sogar über so viel – ja, wie soll ich es nennen – Nicht-Willkommen-Sein erschüttert, dass ich gar nicht auf die Idee komme, an einem anderen Haus meine Bitte zu wiederholen. Die Flasche mit dem kleinen Rest Wasser noch in der Hand, mache ich kehrt, wende mich gleich wieder meinem Weg zu und verlasse das Dorf.

Hatte ich dieses Thema heute nicht schon einmal? Was Menschen anderen Menschen zufügen können und das vielleicht noch besonders spaßig finden? Dabei habe ich nur eine ganz harmlose Variante von Boshaftigkeit erfahren müssen. Boshaftigkeit ganz ohne Grund. Das ist mir noch nie begegnet, auch nicht vor meiner Tour.

Die nächsten Kilometer führen mich dann auch noch durch die pralle Sonne und ich denke immer nur: »Nicht trinken, nicht trinken. Wer weiß, wann du wieder etwas bekommst.«

Wenn du nicht trinken darfst, hast du blöderweise umso mehr Durst.

Dennoch beschäftigt mich das Verhalten dieses Mannes erstaunlicherweise nicht sehr lange. Ich kenne ihn nicht, weiß nichts von seiner Vorgeschichte und nichts von dem, was ihn dazu bringt, so zu handeln. Glücklich und zufrieden sah er jedenfalls nicht aus und er vermittelte auch nicht den Eindruck, dass diese beiden schönen Worte überhaupt in sein Leben gehören. Doch wirklich beurteilen kann ich das nicht und so hake ich diese seltsame Geschichte unter einem netten Satz ab, den ich mal gehört habe und der mir schon so manche Situation erleichtert hat: »Der Mann hat ein Problem und das kann er gerne behalten.«

Mein Wasserproblem löst sich im nächsten Dorf, das zwar ebenso ausgestorben wirkt wie das vorherige, aber ich entdecke sofort ein richtungsweisendes Schild zum Friedhof. Dank Joey Kellys Buch weiß ich, dass das Wasser auf Friedhöfen trinkbar ist und so mache ich mich auf den Weg, den Toten einen Besuch abzustatten.

Eine kleine Rast würde mir inzwischen auch gut tun und warum nicht dort, wo das Leben die letzte große Pause einlegt, bevor … ja, bevor was?

Da ich überzeugt davon bin, dass das was mich ausmacht, nämlich meine Seele, nicht begraben oder verbrannt werden kann, ist es für mich einfacher, dem irdischen Ende entgegenzusehen, als so manch anderem, der meint, mit dem Tod sei alles zu Ende. Tröstlich ist diese Annahme allemal. Wie es nach dem Verlassen meines, dann nicht mehr funktionierenden Körpers weitergeht, habe ich zwar nicht den leisesten Schimmer, aber wenn ich irre – nun, dann bin ich halt weg, habe mich aber im Leben nicht damit herumschlagen müssen, dass mit dem Tod einfach alles endet.

Jetzt aber denke ich über diese Dinge nicht nach, sondern widme mich eher den irdischen Dingen – nämlich endlich meine Wasserflasche aufzufüllen.

Der Friedhof ist gut zu finden und alsbald stehe ich vor dem Brunnen, an dem tatsächlich das Wort Trinkwasser steht und endlich kann ich trinken und für den weiteren Weg meinen Nachschub sichern. Sehr lange bleibe ich nicht, nur so lange wie ein Plausch mit einem Nachbarn und einer Besucherin dauert, die mir neugierig zuschauen, wie ich meine Wasserflasche auffülle, und nachfragen, wohin ich denn unterwegs sei.

Ich marschiere wieder los, informiere Sara, wo ich ungefähr bin und mache mich auf den Weg zur Bundesstraße, wo sie und ihr Mann mich aufgabeln wollen. Dort werde ich nach einer Möglichkeit suchen, am Straßenrand auf sie zu warten. Den beiden auf so einer vielbefahrenen Straße weiter entgegenzulaufen, wäre wohl keine gute Idee.

Ich finde tatsächlich eine Bushaltestelle und keine zwanzig Minuten später brausen Sara und Florian heran. Das hat ja super geklappt!

Mein nächstes Ziel, das etwa zehn Kilometer entfernte Friedland, wird mich nun nicht zu Gesicht bekommen, denn wir brausen in Richtung Nordwesten. Von Friedland aus wollte ich mich eigentlich um Göttingen herumschlagen. Das bedeutet, dass ich mich morgen auch nördlich von Göttingen wieder absetzen lassen kann. So brauche ich mir um diese Stadt keine Gedanken mehr zu machen und genieße die Fahrt, die Unterhaltung und das Rollen der Räder unter mir.

Es ist so verrückt: Der eine macht sich noch einen Spaß daraus, mir ja nicht helfen zu wollen und andere nehmen sogar einen Riesenumweg in Kauf, nur um mir Dusche, Bett und Essen anzubieten können.

Den Rest des Abends genieße ich im Kreise der Familie, frisch gewaschen, inklusive meiner Klamotten, satt und mit ausgeruhten Füßen. Zwar humple ich immer noch ein bisschen, wie Sara sofort auffällt, aber für mich ist es inzwischen fast normal. Dennoch ist es eine Wohltat mit sauberen, frisch versorgten Füßen völlig bequem auf einem Sofa zu sitzen und zu wissen, dass es statt Nässe und Mücken heute ein Bett für mich gibt.

Wie viele Menschen haben diese Sicherheit nicht, gerade in der jetzigen Zeit und ich bin überzeugt, dass ich auch in Zukunft diese uns so selbstverständlichen Dinge wesentlich mehr zu schätzen und zu würdigen weiß.

Während ich schnell Freundschaft mit dem kleinen, süßen Sohnemann schließe, erzähle ich ein paar Geschichten, die ich erlebt habe und beantworte alle Fragen, die meinen Gastgebern auf der Seele liegen.

Noch an diesem Abend erklärt sich wieder jemand aus dem großen Kreise meiner weitläufig in Deutschland verteilten Kollegen bereit, mich schon am nächsten Abend bei sich aufzunehmen und ich nehme auch dieses Angebot wieder dankbar an. Andrea wird ebenfalls weiter fahren, um mich zu holen und mir Obdach, Essen und Dusche zu geben. So wird aus meiner Reise zu Fuß zurzeit eher ein Kollegen-Hopping von Stadt zu Stadt. Aber das macht mir nichts mehr aus. Morgen werde ich schon in der Nähe von Northeim sein und viele der Namen, die ich dann auf den Straßenschildern zu lesen bekomme, werden mir schon bekannter sein.

Im Sauseschritt nähere ich mich dem Norden.

Später liege ich wohlig unter meiner Decke und denke an meine letzte Nacht, die ich fast schlaflos auf dem ehemaligen Todesstreifen verbracht habe. Ich schicke ein großes Dankeschön hinaus in die Welt und schlafe selig ein.

Der nächste Morgen

Drei Wochen bin ich nun schon unterwegs. Was als Reise ins komplett Ungewisse begann und mit so vielen Ängsten, Grübeleien und Schlaflosigkeit geplant, verworfen und tausendmal überdacht wurde, entwickelte sich von Beginn an anders, als ich je überhaupt erahnen konnte.

Von Anfang an lief alles anders, als ich es mir hätte denken können, von Anfang an war ich, von mir unvorhergesehen, gehandicapt und von Anfang an, musste ich meine Tour immer wieder umschmeißen, neu planen und mich den jeweiligen Gegebenheiten anpassen.

Ich hatte unüberwindbare Hürden auf mich zukommen sehen, die nie eingetroffen sind. Hatte unglaubliche Ängste, wie die vor der Dunkelheit, die mich fast dazu gebracht hätten, schon im Vorfeld meine Idee von diesem Lauf vorzeitig zu begraben und hatte Vorbereitungen getroffen, die einer Expedition zum Himalaja würdig gewesen wären.

Und dann machte mir von Beginn an nur *mein Körper einen Strich durch die Rechnung. Alle anderen ausgeklügelten Vorbereitungen,*

Planungen und Gedanken waren – ebenfalls von Anfang an – hinfällig gewesen. Meine Angst vor der Dunkelheit löste sich unglaublich schnell einfach in Luft auf. Vieles von dem, was ich in meinem Rucksack mit mir herumgeschleppt hatte, benötigte ich gar nicht und fast täglich traf ich auf Menschen, die mir mit Nahrung und – was weitaus wichtiger war – mit tatkräftiger Hilfe und liebevoller Zuneigung zur Seite standen.

In diesen drei heißen Wochen, die ich auf den verschiedensten Straßen und Wegen zugebracht hatte, mit Menschen real an meiner Seite oder über den raumumfassenden Orbit verbunden (indem sie mir Nachrichten über mein Handy schicken konnten), habe ich mich mehr Ängsten gestellt als jemals zuvor. Dabei habe ich erfahren, dass es immer eine Lösung gibt, wenn man nur offen ist und Veränderungen zulässt.

Ich hatte mich mit Sätzen wie »Was ist wenn?«, »Was denken die Leute nur von mir?« und »Oh, das tut man nicht, das darf man nicht und so geht das nicht« so eingeklemmt und zugeschüttet, dass ich darunter ganz vergraben war.

Ich buddle noch, aber ich bin sehr gespannt, was unter diesem unsäglichen Haufen an selbst aufgestellten Regeln, Gesetzen und Glaubenssätzen noch zum Vorschein kommt.

Wie immer bei all meinen Gasteltern, Helfern und Engeln, werde ich mit einem tollen Frühstück verwöhnt und kann mir etwas Brot und Obst für unterwegs einpacken. Sara würde mich am liebsten, wie schon so einige vor ihr, ganz und gar zu meiner nächsten Gastfamilie fahren. Obwohl ich es gar nicht mehr schlimm finde, immer wieder gefahren zu werden, denke ich als nächste Station ist Northeim schon weit genug.

Nach einem sehr herzlichen Abschied geht es für mich wieder los.

Als es für mich durch die Northeimer Seenplatte geht, habe ich endlich das Glück, dass das Wetter bedeckt ist und keine Sonne auf mich niederprallt. Bei gefühlten zwanzig Grad kann ich die Landschaft genießen, den Vögeln lauschen, die in den Vogelreservaten zu hören sind und die Weite, die sich vor mir auftut, betrachten.

Meine Umgebung hat sich in den letzten Tagen sehr verändert – es ist zunehmend flacher geworden und an diesem Tag, der zugleich der Beginn meiner vierten Woche auf dieser Reise ist, wird immer deutlicher, dass der Norden nicht mehr weit entfernt ist.

Ich weiß gar nicht, wo geografisch gesehen der Norden Deutschlands beginnt, aber mir als gebürtige Lübeckerin war es schon komisch, wenn es hieß, dass Hannover sich im Norden befände.

Allzu weit bis dorthin ist es nun nicht mehr und ich bin sicher, dass ich auch um diese Stadt herumkommen werde, ohne sie mit meiner inzwischen vertrauten Stadtangst durchlaufen zu müssen.

Joey Kelly fällt mir ein, der mir in unserem letzten Gespräch von dieser Tour abgeraten hatte, weil ich nun mal eine Frau bin. Er hatte mir gesagt, dass es in den Städten viel gefährlicher für mich wäre als im Wald oder draußen in der Natur. Ich weiß noch, wie ich damals dachte: »Das kann ich mir beim besten Willen nicht vorstellen. Im Wald bin ich mutterseelenallein und wenn es Nacht wird – wer weiß, was mir da so alles an furchtbaren Dingen begegnet.«

Mir ist zwar in keiner Stadt etwas passiert, doch mochte ich es von Anfang an nicht, diese Häusermeere zu durchlaufen und den Wald habe ich inzwischen sehr zu lieben gelernt. Keine Stadt strahlt Ruhe und Behaglichkeit aus, die Menschen in ihr sind unberechenbar und der allgegenwärtige Lärm löst Stress und Unwohlsein aus. Alle diese Dinge findest du in einem Wald nicht.

Er ist ruhig. Er duftet. Er schützt. Er lebt. Er atmet.

Während ich meines Weges gehe und an den riesigen Hochwasser-Rückhaltebecken der Leine vorüberkomme (das habe ich auf den Schildern gelesen, die immer wieder an verschiedenen Aussichtspunkten und Wegen aufgestellt sind), kommen mir immer mehr Gedanken zu unserer Natur und zu den Wäldern, die uns umgeben.

Ich weiß nicht sehr viel darüber. Ich kenne nur wenige wildwachsende Pflanzen mit Namen. Um die Bäume habe ich mir nur selten Gedanken gemacht und über die Bewohner des Waldes und überhaupt über die Natur, weiß ich auch nur das, was ich vor über vier Jahrzehnten in der Schule gelernt habe.

Dass wir die Natur schützen müssen, ist mir natürlich klar und dass ich meinen kleinen Beitrag dazu leisten kann, indem ich einfach nichts in ihr zerstöre und vorsichtig mit ihr umgehe, ist mir nur natürlich. Mir ging es wirklich sehr nahe, als ich in diesem einen Waldstück, in dem ich übernachten wollte, diesen Haufen Müll vorfand, den jemand vollkommen achtlos dort abgeladen hatte.

Wenn ich jetzt darüber nachdenke, nur einige Zeit und ein paar im Wald verbrachte Nächte später, macht mich diese überaus geringe

Wertschätzung gegenüber den ältesten Bewohnern dieser Erde zunehmend wütender – und trauriger.

Wir brauchen doch die Natur und die Wälder – was wären wir denn ohne sie?

Nichts! Gar nichts!

Wir wären noch nicht einmal in der Lage, auch nur einen einzigen Tag zu überleben. Ohne Sauerstoff, ohne Wasser, ohne Nahrung - all dies bietet uns die großartige Natur.

Aber mal abgesehen davon – wie sähe unsere Erde ohne die bunten Farben der Blumen, ohne das satte Grün der Bäume, ohne dem Zirpen der Grillen und dem Singen der Vögel aus? Das Meer, die Wüste, der Dschungel, – wir brauchen all dies, um zu leben und um zu überleben.

Die Natur braucht uns Menschen nicht. Wozu auch? Sie hat uns nie gebraucht. Das sollten die Kinder schon in der Schule lernen, vor allem wenn sie in einer Umgebung aufwachsen müssen, die sich naturfeindlich verhält.

Mir selbst ist, seit dem ich alleine lebe, erschreckend aufgefallen, wie viel Müll ich als einzelne Person produziere. Wenn ich einkaufen gehe, versuche ich schon immer darauf zu achten, nicht so viel in meinen Einkaufskorb zu packen, das irgendwie eingepackt ist – aber das ist schon fast unmöglich.

Das meiste ist von Plastik umhüllt und mir fällt meine eigene Geschichte wieder ein, in der Mutter Natur von diesem allumfassenden Plastik erzählt. Also – wohin mit all diesem Zeug?

Natürlich habe ich jetzt auch keine Lösung, aber ich nehme mir gewissenhaft vor, noch wesentlich mehr darauf zu achten, von all diesem Müll viel viel weniger zu produzieren. Ich will überhaupt nichts mehr davon haben. Nur wie ich das bewerkstelligen soll, weiß ich noch nicht.

Ich weiß nur, dass meine Wertschätzung gegenüber der Natur und vor allem gegenüber dem schützenden, lebendigen Wald unglaublich gestiegen ist.

Ich möchte mehr über ihn lernen. Ich möchte von ihm lernen.

In der Ferne kann ich so etwas wie kleine Statuen am Wegesrand erkennen, aber beim Näherkommen entdecke ich, dass es sich dabei um Feldsteine handelt. Zuerst kann ich nur zwei davon sehen, aber als ich davor stehe, sind es tatsächlich drei Feldsteine – zwei große und ein kleiner, fast im Erdreich versunkener Stein.

Durch eine niedrige Einzäunung ist zu erkennen, dass es sich hier um besondere Steine handelt, in denen auch so etwas wie eine Zeichnung eingeritzt ist und eine Tafel daneben erzählt mir die Geschichte zu den Monumenten:

Zwei Brüder, ein jeder von einem Knecht begleitet, trafen sich hier beim Pflügen, gerieten wegen Grundstücksgrenzen miteinander in Streit und erschlugen sich alle vier gegenseitig mit ihren Pfluggeräten. Sie liegen alle vier an dieser Stelle begraben, doch nur drei Grabsteine wurden wieder gefunden. Der eine sterbende Bruder aber hatte gesagt, wer von ihnen in diesem blutigen Streit unrecht hätte, dessen Grabstein solle versinken. Daher sind zwei Grabsteine in den Boden gesunken, während die beiden anderen noch stehen. Man hat versucht, den einen gesunkenen Stein von neuem aufzustellen, doch er ist wieder fast in der Erde verschwunden.

So war es schon seit Urzeiten mit uns Menschen und wird wahrscheinlich auch immer so bleiben: Recht behalten um jeden Preis.

Ich wandere durch die nächsten Dörfer, die beschaulich und verschlafen wirken mit ihren Gärten und Hühnern, die ich überall entdecken kann, und freue mich immer noch darüber, dass die Sonne mich heute in Ruhe lässt. Hinter dem letzten Dorf, auf Einbeck zu, verbreitert sich die alte Landstraße irgendwann wieder zu einer großen lauten Straße. Wind und Lärm nehmen mir dann doch noch ein bisschen von dem Spaß, den ich heute bei meiner Lauferei hatte. Doch jetzt möchte ich so schnell wie möglich durch Einbeck durch und halte einfach geradeaus auf diese Stadt zu.

Es ist seltsam, ich habe hier in diesem Städtchen tatsächlich schon zweimal auf dem Eulenfest mit meinem Marktstand und meinem Schmuck gestanden und hatte dennoch nicht in Erinnerung, wie gemütlich dieser Ort mit seinen vielen Fachwerkhäusern ist. Ich war damals zu beschäftigt, um mich um die Schönheiten der Stadt zu kümmern und wenn überall Marktzelte herumstehen, sieht man auch nicht so sehr viel von den eigentlichen Bauten (dies sage ich jetzt einfach mal so, zu meiner Entschuldigung).

Ich lasse mir also doch ein kleines bisschen Zeit, um die Bauwerke zu bewundern, betrachte die vielen liebevoll restaurierten Fachwerkhäuser und lege dann in dem schönen Stiftsgarten eine Rast ein. Auch hier komme ich wieder mit den Menschen, die dort verweilen, ins Gespräch und ein alter Mann, der erst nur ein Weilchen zugehört hat, bittet mich leise um ein Kärtchen. Er möchte meine Reise nachlesen. Und er möchte für die Hugo-Tempelman-Stiftung spenden. Wie schön!

Hinter Einbeck laufe ich nur noch ein paar Kilometer, diese haben es allerdings in sich, denn es geht ziemlich steil bergan – wo ist denn nur mein Flachland geblieben? – und dann treffe ich auf Andrea, die mich einsammelt und zu sich nach Hause bringt.

Andrea freut sich riesig, dass sie mich beherbergen darf und sie macht aus ihrer Freude auch keinen Hehl. Wenn sie mich anschaut, strahlt sie über ihr ganzes freundliches Gesicht und haarklein muss ich ihr erzählen, wie es mir auf meiner bisherigen Reise ergangen ist. Sie und ihr lieber Mann verwöhnen mich sehr und an diesem Abend schlafe ich ohne weitere Gedanken ein.

Am nächsten Morgen, nachdem Andrea mich von ihrem Heimatort *Bockenem* aus wieder ein Stück weiter nördlich zurück in die Nähe der Leine gebracht hat, verabschiede ich mich innig von dieser Frau mit dem ganz großen Herz und mache mich auf den Weg an den Fluss.

Hier ist es so herrlich ruhig und das Wasser der Leine begleitet mich ein ganzes Stück auf meinem Weg durch die Lande. Doch kann ich nicht immer am Fluss entlang gehen. Da es heute wieder ziemlich heiß ist, bin ich jedes Mal sehr froh, wenn ich wieder ein kleines schattiges Waldstück erreiche. Doch diese sind wirklich rar in dieser Gegend und zunehmend wird mein Weg staubiger und trockener. Immer wenn ich mal wieder unter ein paar Bäumen entlang marschiere, hoffe ich, dass es dieses Mal ein wenig länger Schatten für mich gibt. Doch nach jeder Kurve gibt es diesbezüglich eine Enttäuschung. An diesem Tag muss ich mich wieder mit der brennenden Sonne abfinden und lange Strecken führen mich erbarmungslos über weite, schattenlose Felder.

Heute geht es mir aber wieder mal richtig gut und an die Macken meiner Füße habe ich mich ja allmählich gewöhnt. Nach drei Wochen wird das ja auch mal Zeit. Zwar jammere ich immer noch mal herum, aber im Großen und Ganzen geht es mir gut und auch mental bin ich voll auf der Höhe.

Ich gehe einfach Schritt für Schritt meines Weges und achte mit gesenktem Kopf nur auf meine Füße, die sich wie von alleine immer wieder voreinander setzen.

Schritt für Schritt.

Im Laufe der Zeit habe ich mir abgewöhnt, immer wieder nach vorne zu schauen, nur um festzustellen, dass mein Ziel noch immer so weit entfernt ist.
Kennt ihr die Geschichte vom Straßenkehrer Beppo aus dem Buch Momo? Er verrät Momo sein Geheimnis über das Straßenkehren: Man muss immer nur Schritt für Schritt tun und nicht die ganze Straße auf einmal sehen. Wenn man nämlich den ganzen Weg, den man noch zurücklegen will, immer wieder in seiner ganzen Länge sieht, wird man mutlos oder aber man kommt furchtbar aus der Puste, weil man sich so beeilt. Doch das macht den Weg nicht kürzer. Also immer schön Schritt für Schritt – und auf einmal ist man am Ende angelangt.
Irgendwann bekomme ich die Leine, die mir als Orientierung gut gedient hat, überhaupt nicht mehr zu Gesicht und ich laufe nur noch über endlos weite Felder.

Dies ist ein seltsamer Tag. Zeitweise habe ich das Gefühl, der einzige Mensch auf diesem Planeten zu sein, denn so weit ich auch schauen kann, sehe ich nur eine trockene Landschaft und keine Menschen. Niemand kommt mir entgegen und kein Radfahrer überholt mich. Hin und wieder komme ich durch ein Dorf, aber auch hier begegne ich so gut wie niemandem.

Mir geht es trotz der Hitze immer noch gut und so wird der heutige Tag nur mit Laufen und ein paar wenigen Pausen gefüllt. Auch Andrea hat mich gut mit Wegzehrung versorgt; um Nahrung brauche ich mir also keine Sorgen zu machen. Mit dem Wasser ist es etwas anderes. Da es so heiß und staubig ist, trinke ich auch sehr viel und muss immer darauf achten, genug Wasser in meiner Trinkflasche zu haben. Da mir kaum jemand begegnet und sich auch in den Gärten der Dörfer niemand aufhält, klingle ich das eine oder andere Mal an einer Haustür. Nicht immer macht jemand auf, wahrscheinlich einfach, weil niemand zu Hause ist. Wenn ich aber jemanden antreffe, ist es kein Problem, meine Flasche auffüllen zu lassen.

Ich mache heute ganz gut Strecke und werde einfach laufen, bis ich nicht mehr kann. Mein Rücken hat sich über die Zeit wieder völlig beruhigt, meine Schultern sich an das Gewicht des Rucksacks gewöhnt und meine Seele macht auch gut mit.
Ich komme an eine Straße und folge ihr ein ganzes Stück auf dem Radweg. Als ich wieder einmal von meinen Füßen hochschaue, kann ich sehen, dass der Radweg bald endet und die Straße in eine Schnellstraße oder ähnlichem übergeht. Sie wird breiter, bekommt einen Mittelstreifen und rechts und links Leitplanken. Das ist

natürlich blöd für mich, denn auf so einer Straße kann ich nicht laufen. Dort wo diese Straße sich ändert, gibt es eine Kreuzung und an allen vier Straßenecken kann ich Leitplanken erkennen. Ich gehe noch ein Stück weiter, in der Hoffnung, vielleicht einen anderen Weg nehmen zu können; wenn denn dort ein Schild steht, das mir sagt, wohin diese Straße führt.

Ich gehe also mit gesenktem Kopf weiter. Und als ich wieder hochschaue, steht dort an dieser Kreuzung ein Mann. Seltsamerweise steht er nicht hinter der Leitplanke, wie man es vorsichtigerweise machen würde, sondern er steht davor auf der Straße – und liest.

Mir kommt das seltsam vor. Woher kommt dieser Mann, hier steht weit und breit kein Haus und ein Auto habe ich in den vergangenen Minuten weder gehört noch gesehen. Und wieso steht er auf der Straße?

So merkwürdig ich das auch finde, freue ich mich doch, dass ich jemanden fragen kann, wie es hier für mich weitergehen könnte. Dass dieser Mann sich hier auskennt, ist mir gleich klar, denn ein Fremder würde sich erst recht nicht so verhalten.

Also überquere ich die Straße, gehe zu ihm und sage: »Sie schickt der Himmel. Können Sie mir sagen, wie ich hier weiterkomme? Der Radweg scheint zu Ende zu sein und jetzt weiß ich nicht, wo ich hier weiterlaufen kann.«

Der Mann dreht sich lächelnd zu mir um und erklärt mir freundlich, dass ich nur nach links ein kleines Stückchen in die Straße einbiegen müsse, dann käme ich rechts wieder auf den Radweg und dieser führe mich dann, dieses Mal links von der großen Straße, weiter. Das könne man von hier aus, durch einen kleinen Hügel vor dem Radweg, auch wirklich nicht erkennen.

Na prima. Problem gelöst. Ich bedanke mich, folge der kleinen Straße ein paar Meter und stoße tatsächlich auf diesen Radweg.

Ich drehe mich um, damit ich dem Mann noch mal meinen Dank zurufen kann.

Aber er ist weg.

Ich drehe mich hin und her, weil ich nicht verstehen kann, wo er so plötzlich abgeblieben ist – aber er bleibt verschwunden.

Mir kommt das sehr seltsam vor.

Ich laufe weiter, folge meiner Route und bekomme im Laufe des Tages die Nachricht, dass Jutta, die in der Nähe von Hannover wohnt, mich morgen aufnehmen möchte.

Tja, was habe ich gesagt? Ich muss grinsen. Ich komme bestimmt irgendwie um Hannover herum und Jutta wird mir garantiert dabei helfen. Heute werde ich also so weit in Richtung dieser Stadt laufen, wie ich kann, um es mir morgen wieder so richtig gut gehen zu lassen.

»So kann es eigentlich immer weitergehen«, denke ich.

Meine Grübeleien darüber, dass ich meinen Weg ganz anders geplant hatte, meine Angst auf ganzer Linie zu versagen und die zunächst bittere Erkenntnis, dass ich dieses Vor-anderen-Leuten-immer-gut-dastehen so lange mit mir herumgeschleppt habe – dies alles habe ich irgendwo in den vergangenen Tagen auf meiner Reise wohl verloren.

Kurz bevor ich meine Tour gestartet hatte, bekam ich eine Mail, in der mir all diese Ängste und Befürchtungen, die mich hier ja auch so lange begleitet hatten, sogar bestätigt wurden.

Mir wurde vorgeworfen, mich in den Vordergrund zu drängen und Aufmerksamkeit erheischen zu wollen. Und die Spendenaktion, die ich mit diesem Lauf verbinden wollte, sei nur ein Vorwand um dem ganzen den Anstrich einer Gemeinnützigkeit zu geben. Zum damaligen Zeitpunkt war das natürlich Öl, das auf das Feuer meiner inneren Ängste gegossen wurde. Kurzzeitig war ich drauf und dran, alles zu verwerfen und aufzugeben, bevor ich überhaupt angefangen hatte.

Deprimiert und traurig las ich diese Mail immer wieder und wieder und stellte somit mein ganzes Vorhaben in Frage.

Doch jetzt bin ich so froh, dass ich mich dem nicht gebeugt habe, was meine Ängste immer wieder schürte und dass ich mich stattdessen einfach auf den Weg gemacht habe.

Dieses Puzzleteil, dieser Lauf, verändert langsam etwas in mir. Ich kann es spüren, ich kann es erahnen. Noch immer weiß ich nicht ganz genau, wie ich die restlichen Zentimeter meines Lebens verbringen möchte, noch immer sind nicht alle meine Träume klar zu sehen. Dazu sind sie durch die Jahre einfach zu lange begraben gewesen. Doch langsam kommt mir die Erkenntnis, was ich ganz bestimmt nicht mehr will und welche Puzzleteile in meinem Leben nicht richtig passen und getrost ausgetauscht werden können.

Ich habe diese neuen Teile noch nicht gefunden, aber ich bin jetzt schon ganz sicher - das werde ich noch.

Mein Weg führt mich durch einen Ort, bei dessen Namen ich denke: »Jetzt weiß ich, wo die Jeinsager herkommen.«

Es gibt doch Menschen, die nie das Eine oder das Andere sagen, sondern immerzu unentschlossen sind und ihre Meinung eher nach der Meinung der anderen richten. Sie sagen nie richtig »Nein«, und sie sagen nie richtig »Ja.« Diese Menschen kommen bestimmt aus diesem Örtchen, das ich jetzt durchwandere: Jeinsen.

Aber gleich schicke ich eine stumme Entschuldigung hinter diesem Gedanken her, denn ich tue diesen Bewohnern damit sehr unrecht. Die Jeinsager gibt es überall auf der Welt, in allen Sprachen und in allen Religionen. Doch dieser lustige Name erinnert mich einfach daran und ich entschuldige mich hier noch einmal für meine Gedanken.

Ich durchquere Jeinsen und laufe weiter in Richtung Pattensen und damit auch weiter in Richtung Hannover.

Heute habe ich eine lange Strecke hinter mich gebracht und allmählich macht sich das in meinen armen Füßen wieder bemerkbar. Der Abend nähert sich und langsam sollte ich mich nach einem Lagerplatz umschauen. Doch das ist hier nicht so einfach. Das Land ist platt wie eine Flunder und soweit das Auge reicht, sehe ich nur Felder. Immer noch. Keine Ansammlung von Bäumen, wo ich mein Lager aufschlagen könnte und so bleibt mir nichts anderes übrig, als immer weiter zu laufen.

Überall auf den Feldern sind jetzt die Bauern auf ihren Mähdreschern unterwegs und der Staub, der durch das Mähen aufgewirbelt wird, setzt sich bei mir in Mund und Nase.

Ein Tuch, das ich mir umbinde, verschafft da ein wenig Abhilfe, aber mir gefällt dieses Atmen durch den Stoff nicht und ich hoffe, bald etwas zu finden, wo ich die Nacht verbringen kann.

In Pattensen mache ich nochmal eine kleine Rast, die ich eigentlich nicht vorhatte, aber die kleine Mauer, die mich dort so anlacht, ist zu verlockend. Als ich während dieses Tages meine Pausen machte, hatte ich auf diesem platten Land nichts gefunden, wo ich mich hätte draufsetzen können. Eine Bank, einen Baumstumpf oder Ähnliches. Und bei einer Rast die Beine baumeln zu lassen, ist einfach zu schön. Heute aber war mir das nicht vergönnt gewesen und so habe ich entweder am Wegrand gehockt oder mich kurz auf eine Wiese gelegt. Aber im Liegen zu essen und zu trinken ist nicht so sehr bequem.

Deshalb lege ich auf diesem Mäuerchen nochmal eine kurze Rast ein und gönne meinen Füßen eine Schaukelrunde. Schräg gegenüber gibt es sogar noch einen Gasthof und den steuere ich nach meiner Pause an, um mir auch gleich meine Duschflaschen auffüllen zu lassen.

Auch hier wieder das gleiche Bild: Viele Leute sind hier, darunter sogar etliche Gäste, die in ganz feinem Zwirn hier aufgeschlagen sind und ich komme mit meiner verschwitzten und verklebten Montur herein und bettle um Wasser. Die meisten Köpfe drehen sich zu mir herum und – mir macht es nichts mehr aus. Im Gegensatz zu früheren Tagen, bin ich jetzt völlig gelassen.

Hinter Pattensen bietet sich mir dann das gleiche Bild wie schon zuvor: Endlose Felder und Mähdrescher.

Wie blöd!

Weiter entfernt, zwischen all diesen Feldern, entdecke ich endlich eine größere Baumgruppe, die mir geeignet zu sein scheint. All die anderen Bäume, die ich bisher gesichtet habe, stehen entweder vereinzelt oder viel zu nahe an der Straße. Mittlerweile bin ich schon drauf und dran, mich mitten zwischen die Reihen auf einem der Maisfelder zu schmeißen – aber gemütlich wird das bestimmt nicht, da es gerade mal Platz genug für meine Schlafmatte gibt. Die Plane könnte ich diesem Fall vergessen.

Als ich die Baumgruppe entdecke, atme ich auf. Ich muss da nur noch hinkommen. Mühsam stolpere ich über ein riesiges Kohlfeld, dabei muss ich aufpassen, mich mit meinen Füßen nicht in den Ranken zu verheddern.

Wieder macht sich jetzt doch eine kleine Angst in mir breit. Auf diesem flachen Land bin ich so sichtbar wie eine Leuchtstoffrakete und die Bauern ringsherum können garantiert sehen, wie ich über dieses Kohlfeld stolpere und versuche, diese Bäume zu erreichen. Wenn einem von ihnen das nicht passt, könnte ich heute Nacht noch Ärger bekommen. Aber mir bleibt jetzt nichts anderes übrig und ich hoffe einfach auf mein Glück. Ich meine, da schickt mir das Universum einen seltsamen Mann mitten auf die Straße, nur damit er mir den Weg weisen kann – dann kann es mir auch einen schönen Lagerplatz nach all dieser Hitze und dem Staub gönnen. Ohne gesehen zu werden und Ärger zu bekommen.

Endlich erreiche ich die Baumgruppe und entdecke, dass sie von meterhohem festem Gestrüpp umschlossen ist. Auch das noch. Ich kann durch dieses Gestrüpp nicht erkennen, wie das Innere dieser Gruppe beschaffen ist. Ich kann nur noch hoffen, dass ich dort überhaupt meine Matten auslegen kann. Ich umrunde die Bäume und halte nach einem geeigneten Durchschlupf Ausschau. Ein kleiner

Durchlass tut sich vor mir auf und ich krieche und krabbele dort durch und zerre meinen Rucksack hinter mir her.

Als ich dann das Gestrüpp hinter mir habe, stehe ich fast verwundert auf einem weichen Waldboden aus Erdreich, Baumnadeln und Moos und um mich herum stehen die Baumstämme, gerade und hoch gewachsen und ich denke fast ehrfürchtig: »Das ist ja eine richtige Baumkathedrale.«

Nach dieser Wärme, dem Rattern der Mähdrescher und diesem unglaublichen Staub da draußen, empfängt mich hier wohltuende Kühle, Ruhe und saubere Luft zum Atmen.

Zwischen all den Bäumen kann ich mir einfach zwei aussuchen und einer ist schöner als der andere. Endlich, als ich mit meinem Erstaunen und meiner Freude so weit bin, baue ich meinen Lagerplatz auf, wasche mich gründlich und mache es mir dann mit meinem restlichen Obst so richtig schön bequem.

Herrlich!

Ich schaue hoch in die Baumkronen und fühle mich entspannt und zufrieden. Meine Gedanken lassen mich in Ruhe und die Stille um mich herum schenkt mir einen fast meditativen Frieden.

Endlich lege ich mich hin, kuschle mich in meinen Schlafsack und schließe die Augen, um mir meinen wohlverdienten Schlaf zu holen. Es dauert nicht lange, da höre ich alle möglichen Geräusche! Ein Scharren und Knispern, ein Rascheln und Piepsen. Es knackt und knarzt und ich meine sogar ein Schnüffeln zu vernehmen. Um mich herum müssen alle möglichen Tiere sein!

Ich reiße meine Augen wieder auf, vielleicht kann ich etwas erkennen. Aber das ist natürlich Blödsinn, denn ich liege ja schließlich unter meiner Plane. Lange bleibe ich einfach ganz still liegen und horche auf die Geräusche, die mich umgeben. Was ist das nur? So etwas hatte ich in der ganzen Zeit, die ich nun unterwegs bin, noch nicht erlebt. Es macht mir zwar auch keine direkte Angst, aber etwas unsicher bin ich doch, was da draußen, außerhalb meiner Plane, wohl so los ist.

Könnte es sein, dass ich mein Lager in einer Art Schutzzone für Tiere aufgeschlagen habe? Gibt es so etwas? Wenn ich an all die zu bearbeitenden Felder da draußen denke, würde mir das jedenfalls einleuchten. Und ich würde es sogar sehr schön finden, wenn man an all die Tiere gedacht hätte, die ringsherum keinen Raum mehr haben, in dem sie sich ungestört und ungefährdet aufhalten können. Ich bin mir nur nicht sicher, ob es so etwas wie eine Schutzzone tatsächlich gibt und ob ich nun direkt in so einer gelandet bin.

Leise krame ich mein Handy hervor, um die Geräusche aufzunehmen. Doch leider sind diese dafür viel zu leise und auf meinem Gerät bei der Wiedergabe überhaupt nicht zu hören. Dafür sieht man mein erschrecktes Gesicht, als ich meine, dass eins der Tiere an meinen Füßen herumschnüffelt. Was wiederum Quatsch ist, da ich in meinem Schlafsack liege und mit diesem immer noch unter meiner Plane. Aber angefühlt hat es sich trotzdem so!

Irgendwann mache ich mir auch darum keine Gedanken mehr, sondern sage mir, dass auch ich heute Nacht einfach ein bisschen Schutz brauche und dass die Tiere das schon irgendwie verstehen werden.

Ich schlafe ein und tief und traumlos verbringe ich diese Nacht inmitten all dieser anderen Lebewesen, die mit mir ihren Schlafplatz teilen.

Am nächsten Morgen gibt es keine Spur mehr von ihnen. Na ja, wahrscheinlich schon, nur kann ich sie nicht sehen. Ich schaue mich ein bisschen um, kann aber nichts entdecken, das mich an irgendein Tier erinnern würde und ich finde das sehr schade. Ich hätte schon gerne gewusst, mit wem ich denn hier die Nacht verbracht habe – aus reiner Neugier – und wieder einmal wird mir bewusst, wie wenig ich über die Natur und ihre Bewohner weiß.

Mein Herz sagt mir, dass ich mehr über all das lernen möchte.

Als ich meine Sachen zusammengepackt habe und mir einen Weg durch das Gestrüpp gesucht habe, komme ich gerade an einer Stelle aus diesem Wäldchen, an dem ich ein Schild, das an einem der äußeren Bäume befestigt ist, entdecke: »Wildruhezone – Hunde anleinen«

Ich hatte also recht mit meiner Annahme und füge in Gedanken hinzu: »Wildruhezone – auch für Menschen geeignet«

Dann mache ich mich wieder auf den Weg, Hannover entgegen.

Heute habe ich es nicht sehr weit und ich bin auch froh darum. Der gestrige Tag war für mich sehr lang und staubig und ich spüre meine alten Knochen. Was mir gestern gelang für etliche Stunden auszublenden, holt mich heute wieder ein. Wenn es mir im Allgemeinen auch besser geht, ist doch der Schmerz allgegenwärtig. Mein Körper ist einfach nicht fit genug für so eine körperliche Anstrengung, auch jetzt nach etlichen Tagen noch nicht. Er wurde lange Zeit sehr vernachlässigt, ist immer noch behäbig und macht mir bei langen Strecken oder steileren Anstiegen, wie sie immer mal zu bewältigen sind, Kummer.

Am Maschsee werde ich auf Jutta treffen, von der ich noch nicht ahne, was sie auf sich nimmt, um mir zu helfen. Sie gehört ebenfalls zu meiner weitläufigen Kollegen-Familie und möchte es sich nicht nehmen lassen, mir eine Dusche und ein Bett anzubieten.

Als ich meine Reise begann, konnte ich nicht ahnen, wie viele Menschen mich begleiten und mir helfen würden. Und ich wusste auch nicht, dass ich auf diese Hilfe dringend würde angewiesen sein. Dass mich so viele Kollegen deutschlandweit auf Facebook verfolgen und mir Hilfe anbieten würden – damit hatte ich nicht gerechnet. Eigentlich hatte ich gedacht, wenn mir überhaupt jemand zu Hilfe kommen würde, dann wären das eher die Menschen, die auf Facebook in den verschiedensten Gruppen immer wieder von einer »heilen Welt« predigen und nicht müde werden, dementsprechende Texte, Videos und Bildchen zu posten.

Aber alle, die mir bisher geholfen haben, habe ich entweder selbst gefunden – Gabi und Franz auf dem freundlichen Hof vor der Iller-Hängebrücke, Martin »die Eule«, der ziemlich einsam mit seinem Gott lebt oder das Pastorenehepaar, das mich im Gemeinderaum aufgenommen hat. Oder die Menschen, die mich gefunden haben – die liebe Christa, die mich gleich zu sich nach Hause gebracht hat, damit ich etwas zu essen bekomme und ich mich waschen konnte; Wolfgang, der seine Frau an ihrem gemeinsamen Hochzeitstag ziemlich lange warten ließ, nur um mich sicher auf einem Campingplatz unterzubringen und die »Glücksgartenengel«, die wirklich alles daran setzten, mich irgendwie wieder aufzupäppeln.

Und dann noch all die lieben Kollegen, die mich virtuell auf meiner Reise verfolgten und immer zum richtigen Zeitpunkt am richtigen Ort waren, um mir zu helfen.

Kein einziger sogenannter »Facebookfreund« war darunter! Hin und wieder hatte ich in den diversen Gruppen von mir erzählt, in der Hoffnung, wenigstens einige von ihnen auf meiner Tour kennenzulernen. Doch Facebook zeigt hier sein wahres Gesicht: Es wird gelikt, was das Zeug hält, jeder möchte eine »heile Welt« voller Verständnis, Toleranz und Mitgefühl, aber im richtigen Leben ist davon nicht viel übrig. Da möchten dann doch lieber alle ihre Ruhe haben und nicht belästigt werden und wahrscheinlich denkt so mancher: »Na ja, einer wird schon helfen.« Dann kann man auch wieder schön seufzen und sagen: »Ach, mehr davon. Die Welt ist so schlecht und endlich tut mal einer was.»

So wie Gott es in seinem Gespräch mit dem Universum und Mutter Natur schon erklärt hatte.

Eine dieser Facebook-Gruppen hat über 30.000 Mitglieder, mein Beitrag wurde 52 Mal geteilt – gemeldet hat sich niemand.

Jutta gabelt mich in der Nähe des Maschsees auf und bringt mich zu sich nach Hause. Bei einem leckeren heißen Kaffee erzählt sie mir dann, dass sie gerade vor einer ziemlich schwierigen Aufgabe stünde und sie mich leider für einige Zeit gleich wieder verlassen müsste. Einer sehr guten, langjährigen Freundin, ging es nach einem plötzlichen Todesfall so schlecht, dass all ihre Freunde sich entschlossen hatten, ihre eigenen Zeiten so einzuteilen, dass immer jemand um sie herum ist. Die Gefahr des Alleinseins sei einfach zu groß. Für heute hatte Jutta diese Aufgabe für ein paar Stunden übernommen, da niemand von den anderen gerade Zeit hatte – doch später würde sie wieder abgelöst werden.

All das ist ihr zwar sichtlich unangenehm, denn sie weiß ja, dass ich diese Zeit sonst eigentlich nutzen könnte, meinen Weg fortzusetzen, aber sie wollte mich unbedingt einmal bei sich haben und hatte nicht damit gerechnet, dass ich schon so schnell an ihrer Haustür vorbeikommen würde. Sie ist hin und hergerissen, ob sie mir zumuten könne, einfach ein paar Stunden zu vertrödeln – aber da kann ich sie ganz schnell und ganz einfach beruhigen:

Keine meiner Zeiten, die ich in all den Wohnzimmern und Küchen verbracht habe, war vertrödelte Zeit! Ich habe so viel erfahren, ich habe so viel gelernt – all die Menschen, die mir begegnet sind, all diejenigen, die ihr eigenes Leben einen Moment zurückgesteckt haben, um ein Teil meines Weges zu werden – all das und noch viel mehr ist für mich unbezahlbar!

Und auch jetzt lerne ich gerade wieder etwas Großes über Freundschaft und Nächstenliebe! Jutta düst also beruhigt los, nicht ohne mir vorher kleine Leckereien hinzustellen und mich aufzufordern, mich wie zu Hause zu fühlen.

Diese ruhige Zeit, diese Stunden allein in einem Heim, wohlig und entspannt, genieße ich ebenso wie das Plätschern eines Baches oder das Rauschen der Baumwipfel. Meine Sinne scheinen sich derart geweitet zu haben, – nicht geschärft, wie wir landläufig sagen, das ist mir ein zu hartes Wort für das was ich meine – dass es sich manchmal so anfühlt, als würde sich die Zeit ausdehnen, als würde mir mehr von der Zeit bleiben. Natürlich habe ich gerade nichts anderes zu tun, da ist es leicht, so etwas zu sagen – dennoch habe ich das Gefühl, dass sich auch in meinem Zeitverständnis langsam etwas verändert. Ich kann noch nicht genau sagen, was es ist, aber ich werde schon noch dahinter kommen.

Jutta kommt zurück und wir genießen einen langen, herrlichen Abend mit Plauderei und Geschichten erzählen. Am nächsten Morgen bringt sie mich zurück an meine Route, natürlich nördlich von Hannover, einmal um diese Stadt herum, hinter den Flughafen – *ich habe es doch gewusst!* – und so mache ich mich weiter auf die Wanderschaft in Richtung Norden. Bevor ich losgehe, umarmen wir uns ganz fest und ich danke ihr für ihre Zeit.

Heute bin ich wieder alleine unterwegs und morgen werde ich endlich auf Britta treffen!

Britta ist mir während meiner späteren Vorbereitungen für meine Tour mit ihrer übersprühenden Art und ihrem unglaublichen Lachen, über das Nur-Kollegin-sein hinausgewachsen. Wir hatten schon früher manch tolles Gespräch, doch erst jetzt stellt sich für mich heraus, dass sie, wie ich, auf der Suche nach ihren Puzzleteilen ist und auch nicht mehr bereit ist, die zu nehmen, die sich so schön bequem einfügen lassen würden. Britta weiß, dass sie nicht passen. Sie war auch die Erste, die sofort und ohne jegliche Einschränkung, mit voller Begeisterung, den Gedanken an meinen Deutschlandlauf unterstützte. Als sie davon erfuhr, machte sie mir mit ihrem Enthusiasmus und ihrer überbordenden Art, unglaublichen Mut.

Irgendwann rief sie mich an und teilte mir mit, dass sie mich auf meiner Route treffen wolle, um ein Stück mit mir zu gehen – und morgen ist es so weit.

Ich marschiere los, das Wetter ist ein bisschen drückend, doch es weht ein leichter Wind, der für Abkühlung sorgt. Der nächste Punkt auf meiner Karte wäre Schwarmstedt und von dort aus immer geradeaus weiter, damit ich westlich an Hamburg vorbeikomme. Dort gibt es eine Fähre über die Elbe und somit vermeide ich das Durchlaufen dieser riesigen Stadt. Bei meiner Routenplanung bin ich über diese kleine Fähre gestolpert und hatte recherchiert, wo sie genau abfährt und wo sie wieder anlegt. Sogar im Fährhaus habe ich angerufen, um in Erfahrung zu bringen, wie viel mich die Überfahrt kosten würde. Dieses Geld musste ich ja von vornherein mit einplanen. Aber es sind nur ein paar Euro und die sind in meinem Zwanziger locker enthalten.

Ich weiß noch nicht, wo ich morgen auf Britta treffen werde und wie weit sie mit mir laufen wird. Doch ich denke, dass sie nicht allzu weit mit mir gehen werden kann, denn sie muss den Weg ja auch alleine wieder zu ihrem Auto zurück.

Heute ist, trotz der Pause, die ich gestern hatte, – oder vielleicht gerade deshalb? – nicht so ein guter Tag für mich. Zu Beginn ist eigentlich alles noch ganz in Ordnung, aber ich merke ziemlich schnell, dass mit mir irgendetwas nicht stimmt. Ich fühle mich ein bisschen deprimiert und ich habe überhaupt keine Ahnung, woher das kommt.

Ich merke meinen müden Körper überall.

Meine Stimmung, die anfänglich doch recht gut war, rutscht im Laufe des Tages immer weiter ab und alte Gedanken und Gefühle kommen mit Macht an die Oberfläche und lassen mich nicht in Ruhe.

Wie funktioniert das eigentlich mit uns? Warum sind wir in der einen Stunde hellauf begeistert, haben gute Laune und könnten Bäume ausreißen und in der nächsten Minute sind wir down, antriebslos und deprimiert?

Ich verstehe mich selbst nicht, kann aber langsam dem Gefühls- und Gedankenchaos nicht mehr ausweichen und finde keine Möglichkeit, mir selbst Mut zu machen und mich zu motivieren. Mir gefällt das alles nicht und ich suche in meinem Kopf nach Geschichten, die mich ablenken könnten – aber es ist, als ob da nichts mehr vorhanden wäre. Es gibt einige Techniken, mit denen man sich selbst überlisten kann, wenn man merkt, dass die Gedanken in eine verkehrte Richtung gehen. Doch meine Erinnerung gibt einfach nichts her und frustriert lasse ich meinen Gedanken freien Lauf.

Während ich mir meinen Weg neben einer vielbefahrenen Straße suche, steigen die alten Muster, die von Selbstzweifeln und Mutlosigkeit erzählen, wie brennend in mir hoch und lassen meine Gefühle Achterbahn fahren. Ich versuche noch, das irgendwie in den Griff zu bekommen, aber dadurch scheint es nur noch schlimmer zu werden und das Chaos in meinem Kopf und in meinem Körper nimmt auf einmal Ausmaße an, die ich nicht mehr beherrschen kann.

»Wozu mache ich das hier eigentlich? Das bringt doch alles nichts! Wieso musste ich auf diese bescheuerte Idee kommen und bin dann noch nicht einmal in der Lage, diese Idee auch wirklich in die Tat umzusetzen? All die Leute, die hinter vorgehaltener Hand

darüber getuschelt haben, dass ich das hier sowieso nicht schaffe, hatten vollkommen recht! Was für eine Anmaßung von mir, zu glauben, ich könnte das hier einfach so hinkriegen! Was für ein Wahnwitz!«

Alte Muster, alte Gedanken, alte Gefühle ...

»Sie hatten recht, sie hatten recht, sie hatten so recht ...«

So oder so ähnlich rauscht es durch meinen Kopf und es wird immer schlimmer. Nicht nur Worte beginnen in meinem Hirn zu dröhnen, sondern die Gesichter dazu steigen ebenfalls in mir auf. Unbekannte Gesichter und noch viel schlimmer – bekannte Gesichter! Kollegen, Bekannte, Freunde. Mit erhobenem Zeigefinger und hämischem Grinsen.

Inzwischen habe ich mich querfeldein von der Straße weggemacht, da ich den Lärm der vorbeifahrenden Autos nicht mehr ertragen kann und verkrieche mich in einem Gestrüpp, das mich ein wenig von der Welt da draußen abschirmt.

Ich lasse alles fallen, nur weg mit dem Rucksack, weg mit der Wasserflasche, weg mit allem was ich schleppen muss. Mit angewinkelten Beinen, den Kopf in den Armen vergraben, liege ich irgendwann da und heule Rotz und Wasser.

Ich kriege die Bilder nicht aus meinem Kopf und die Worte drehen eine Endlosschleife in meinem Hirn. Wortfetzen fallen mir ein, Sätze, die mir hinter vorgehaltener Hand zugetragen worden waren. »Pst, sag ja nicht, dass du das von mir hast, aber der und der sagt, was du da vorhast, ist vollkommen bescheuert.«

Der Sprecher schaut mich dabei verschwörerisch an und ich denke, dass er mir mit diesen Worten genauso gerne eins auswischen möchte, wie der über den er redet.

Sie hatten recht. Es ist alles so sinnlos.

Warum kann ich nicht einfach so weitermachen wie bisher? Was stimmt denn mit mir nicht? Ich will nicht mehr denken, ich will nicht mehr grübeln! Scheiß doch auf die Puzzleteile! Wer weiß denn schon, ob ich jemals die vermeintlich richtigen finden werde? Was ist, wenn ich mir etwas vormache? Was ist, wenn das Leben, das ich einmal hatte, das richtige war? Warum passen manche Menschen plötzlich nicht mehr in mein Leben? Warum will ich etwas anderes, als das was ist?

Ich will keine Entscheidungen mehr treffen, jetzt nicht, auf diesem Weg, auf dem ich seit Wochen ständig Entscheidungen treffen muss - Nehme ich diese Straße oder die andere? Klopfe ich hier an diese Tür oder besser dort? Steige ich in dieses Auto ein oder nicht? Baue ich hier mein Lager auf oder lieber dahinten? Verstoße ich gegen die Regeln oder nicht? Erzähle ich alles oder bleibt einiges mein Geheimnis? -

Und auch keine Entscheidungen mehr für mein Leben.

Lass einfach alles wie es ist. Geh nach Hause. Lecke deine Wunden und lass` ein paar spöttische Bemerkungen auf dich herabregnen. Irgendwann redet kein Mensch mehr darüber.

Ende. Aus. Feierabend.

Lange liege ich dort in diesem Gestrüpp.

Ich fühle mich, als hätte ich alles Elend dieser Welt auf mich geladen, zerfließe langsam in Selbstmitleid und kann mich diesen ganzen Kummers gar nicht mehr erwehren.

Erst nach und nach gelingt es mir, mich zu beruhigen. Völlig ausgelaugt, total müde und mit verheulten Augen liege ich da und starre zu den Wolken hinauf.

Was soll ich jetzt tun?

Soll ich wirklich nach Hause gehen?

Macht dies alles hier tatsächlich überhaupt keinen Sinn?

Wieder gibt es niemanden, der mir darauf eine Antwort geben kann. Ich muss selbst eine Antwort auf diese Fragen finden. Ich bleibe eine ganze Weile stumm und leer dort liegen.

Ganz allmählich dringen dann aber die Geräusche um mich herum wieder zu mir vor. Die Autos, die immer noch in der Nähe an mir vorbeibrausen, das Geraschel in den Gräsern und aus den Büschen, die Vögel, die in den Bäumen hocken und der Wind, der um alles herumstreicht.

Eine Erinnerung kommt mir in den Sinn. Die Erinnerung, als ich eines Morgens nackt im Regen stand und meine Füße sich anfühlten, als würden sie sich mit der Erde verbinden. Als das klare Wasser des Regens mich wusch und ich mich so eins fühlte mit der Natur um mich herum.

Und an noch etwas anderes erinnere ich mich: Dass wir den freien Willen bekommen haben, das zu tun, was immer wir tun wollen.

Ich rappele mich auf. Schnalle mir meinen Gürtel mit der Wasserflasche und meiner Kartentasche um und packe mir meinen Rucksack wieder auf den Rücken.

Ich gehe wieder los. Was auch immer mir diese Reise bringen mag, sie ist noch nicht zu Ende. Ich werde mir einfach weiter meinen Weg nach Norden suchen, zu Fuß oder mit Hilfe und ich werde nach Flensburg kommen. Danach werde ich weitersehen.

Ich überquere wieder das lange Feld, gehe zurück neben die Straße und setze einen Fuß vor den anderen.

Dieser Ausbruch, der mich so durchgeschüttelt hat, hat mich einiges an Kraft gekostet und ich bin sehr müde. Mein linker Oberschenkel schmerzt jetzt und ich weiß nicht, ob ich nur blöd gefallen bin oder ob das etwas mit meinem Seelenschmerz zu tun hat, der sich einfach einen Platz in meinem Körper gesucht hat.

Ich werde nicht mehr lange unterwegs sein, sondern mir bald einen Lagerplatz suchen. Zeit zu laufen hätte ich noch genug, es ist noch nicht sehr spät, aber ich habe einfach keine Kraft mehr. Ich möchte meine Plane aufspannen, den Schlafsack ausbreiten und mich verkriechen. Egal wie früh es noch ist.

Bald darauf finde ich in einem Wäldchen einen Platz, der mir geeignet erscheint. Dass ich kein Wasser zum Duschen habe, stört mich heute nicht, nur mit meinem Trinkwasser muss ich vorsichtig umgehen. Davon habe ich nicht mehr sehr viel. Ich hätte zwar die Möglichkeit gehabt, meine Flaschen auffüllen zu lassen, aber selbst das war mir zu viel. Ich werde schon klarkommen.

Sobald ich in meinem Schlafsack liege, dauert es nicht lange und ich schlafe ein.

Mitten in der Nacht werde ich wach. Es stürmt. Der Wind hat sich aufgebläht und rüttelt an den Bäumen und zerrt an meiner Plane. Sie hat sich an einem Ende schon vom Boden losgerissen, ich kann den Hering in der Dunkelheit nicht gleich finden und muss erst einmal meine Taschenlampe hervorkramen.

Da ich es gestern Abend so eilig hatte, in die Koje zu kommen, ist mein Rucksack auch nicht richtig ausgepackt und während ich eine Hand in die Plane kralle, taste ich mit der anderen in meinem Gepäck herum, um endlich diese blöde Lampe zu finden.

Das passt ja zu meiner Verfassung wie die Faust aufs Auge! Erst alles anzweifeln und rumheulen und jetzt auch noch eine stürmische Nacht, die mir keine Ruhe gönnt.

»Innen wie außen und außen wie innen«, fällt mir dazu ein. Diese Worte habe ich mal gehört oder gelesen – sie gehören in der Spiritualität zu den kosmischen Gesetzen. In diesem Fall passen diese Worte jedenfalls.

Aber auch der Sturm geht vorüber und mitten zwischen den Bäumen habe ich so viel Schutz, dass er keinen Schaden anrichten kann. Es war bestimmt auch nur ein kleiner Sturm, doch wenn man ihn hautnah, sozusagen auf Tuchfühlung erlebt, dann ist das schon sehr aufregend. Als es schon dämmert, schlafe ich noch einmal tief und fest ein.

Termine und wertvolle Lebenszeit

Der nächste Morgen ist klar und hell und ich bin spät dran. Meine trüben Gedanken sind komplett verflogen und ich verschwende auch keine Zeit mehr damit, darüber nachzudenken, was gestern mit mir los war.

Schnell packe ich alles zusammen und mache mich wieder auf die Socken. Heute werde ich ein Stück auf meinem Weg begleitet und ich freue mich darauf.

Ich bin schon eine Weile unterwegs, als ich Kontakt zu Britta aufnehme und wir verabreden, dass ich einfach weitermarschiere und sie sich ins Auto setzt und mir von Oldenburg aus entgegen kommt. Sie weiß jetzt wo ich ungefähr bin und kann sich mit ihrem Navi daran orientieren.

Der Einfachheit halber bleibe ich in der Nähe der Straße und laufe neben ihr her. Das macht zwar nicht so einen Spaß, aber so weiß ich immer, wo ich gerade bin und kann ihr das gegebenenfalls durchgeben.

Mit meinem Kopf ist wieder alles in Ordnung. Kein Nachdenken mehr und somit auch keine Fragen, die ich mir doch nicht beantworten kann. Ich will einfach nur geradeaus schauen und mich auf mein Treffen mit Britta freuen.

Eine lange Strecke muss ich dann direkt auf der Straße gehen und das erfordert meine ganze Aufmerksamkeit. Wieder habe ich meine Ohren auf beide Richtungen eingestellt. Das heißt, wenn von vorne ein Wagen kommt, horche ich schon nach hinten, ob von dort auch etwas herangerauscht kommt. Wenn ich höre, dass auch aus dieser Richtung ein Auto anbraust, gehe ich immer wieder von der Straße herunter, damit der Fahrer von vorne nicht abbremsen muss, um nicht auf die Gegenfahrbahn zu geraten.

So geht es eine ganze Weile und ich bin sehr konzentriert, um nur ja keinen Unfall zu verursachen. Irgendwann kommen mir auf einmal keine Autos mehr entgegen und auf der anderen Seite der Straße bildet sich ein Stau. Wahrscheinlich ist weiter vorne etwas passiert und die Straße ist blockiert. Es ist lustig, zu Fuß schneller zu sein als all die Autos, die nach und nach eine lange Schlange bilden, doch für mich ist es natürlich wesentlich entspannter, so ohne Gegenverkehr einfach drauflos laufen zu können.

»He, junge Frau, darf ich Sie mal was fragen?«

Ich drehe mich zu der Stimme um, die mich da auf einmal angesprochen hat. Sie gehört einem Mann mittleren Alters, der die

Scheibe seines Wagens heruntergelassen hat und jetzt fragend zu mir herüber schaut.

»Ja, klar«, antworte ich und gehe zu ihm hinüber. »Was möchten Sie denn wissen?«

Und denke schon, dass er mich nach dem Weg fragen möchte, womit ich ihm dann leider nicht dienen könnte. Aber er fragt etwas ganz anderes: »Sind das Solarzellen da hinten auf ihrem Rucksack?«

Ich kann mir ein Grinsen nicht verkneifen – Männer und Technik!

Und während ich langsam neben ihm hergehe, wenn sein Auto mal wieder rollt, erkläre ich dem Mann wie meine Solarzellen funktionieren und wie hilfreich das auf einer Tour sein kann, wenn man nicht völlig von der Außenwelt abgeschnitten sein will.

Er ist ganz begeistert und lässt sich sogar den Namen dieser Firma geben, von der ich meine Zellen bezogen habe. Dann verabschiede ich mich und gehe wieder auf meine Straßenseite.

Keine zehn Autos später: »Entschuldigen Sie bitte, aber sind das Solarzellen da auf Ihrem Rucksack?« ....

Ich erreiche ein Straßenschild, das mir sagt, dass ich auf diesem Wege wohl direkt nach Essel komme und rufe Britta an und gebe ihr das durch. Sie gibt diesen Ort in ihr Navi ein und sagt dann, ich solle direkt dorthin laufen, sie würde mich dort treffen.

Super! In Essel also schon und ich freue mich darauf, sie bald zu sehen. Auf dem letzten Stück bis dorthin macht sich mein linker Oberschenkel wieder bemerkbar. Meine Wasserflasche, die an meinem Gürtel hängt, muss ich festhalten, sonst schaukelt sie beim Gehen immer dagegen und ich überlege, ob dieser Schmerz vielleicht auch daher rührt. Nach anderthalb Stunden bin ich dann in Essel, suche mir in dem kleinen Örtchen einen ruhigen Platz in einer abzweigenden Nebenstraße, die aber von der großen Dorfstraße gut einzusehen ist und warte auf Britta. Nicht lange und sie kommt in ihrem tollen Flitzer angerauscht. Was für eine herrliche Freude!

Und sie hat mir sogar etwas mitgebracht: Käsebrötchen und Milchkaffee.

Köstlich!

Wir hocken uns wie zwei Schulmädchen auf einen großen grauen Kasten – wahrscheinlich irgend so ein Stromgenerator – lassen die Beine baumeln und genießen unseren Kaffee und die mitgebrachten Brötchen. Und natürlich kommen wir aus dem Erzählen gar nicht mehr heraus. Es gibt so viel zu berichten!

Einige Zeit später rollt ein älterer Mann auf seinem Aufsitzrasenmäher zu uns heran. Schon von weitem können wir sehen, dass mit dem nicht gut Kirschen essen ist, so ein griesgrämiges Gesicht wie er macht.

»Ist das ihr Auto da?«, bellt er da auch schon und deutet dabei auf Brittas schicken weißen Mercedes.

»Ja, das ist meiner«, antwortet Britta. »Was ist damit?«

»Sie können da nicht stehen bleiben. Da darf man nicht parken.«

Der Mann guckt uns böse von seinem Rasenmäher aus an. Ganz dicht ist er jetzt an uns herangefahren.

»Wieso denn nicht?«, fragt Britta, ist aber schon fast auf dem Sprung.

»Das ist kein Parkplatz, sondern ein Wendeplatz«, sagt der Mann. »An ihrem Auto kommt ja gar keiner vorbei.«

Das Auto steht mitten auf freier Flur, rechts und links so viel Platz, dass ein LKW daran vorbei käme.

»Da ist doch ganz viel Platz«, sage ich. »Außerdem sitzen wir ja hier. Wenn wirklich etwas ist, könnten wir ihn ja immer noch wegfahren.«

Der Mercedes steht keine fünf Meter von uns entfernt.

»Da darf man aber nicht stehen.«

Der Mann lässt sich nicht beirren.

Britta wird unruhig und sagt, dass sie ihren Wagen gleich wegfahren würde. Der Mann aber sagt mit verkniffenem Gesichtsausdruck: »Ich kann auch das Ordnungsamt anrufen, dort kennt man mich.«

Bevor Britta etwas erwidern kann, kann ich es mir nicht verkneifen und sage zu dem Mann auf seinem Aufsitzrasenmäher: »Wow! Sie sind ja richtig wichtig hier in diesem Dorf!«

Das ist jetzt allerdings zu viel des Guten. Der Mann schaut noch böser, schaltet seinen Rasenmäher hoch und wendet das Gefährt. Beim Wegfahren zückt er demonstrativ sein Handy und hält es sich ans Ohr.

Britta sieht tatsächlich ein kleines bisschen aufgeregt aus. Ich muss direkt lachen und sage: »Ach, lass ihn doch. Der Arme wollte jetzt mal ganz wichtig sein und nun hat das nicht geklappt. Er wird sich auch nicht besonders wohlfühlen.«

Britta regt sich ein kleines bisschen über diesen Mann auf. Und dann regt sie sich über sich selbst auf, dass sie das so aufregt.

Ich kann nicht anders, ich muss lachen.

Britta muss auch grinsen. Und dann wird sie wieder ernst. Sie muss mir etwas beichten. Sie wollte mir unbedingt etwas Gutes tun auf meinem langen, anstrengenden Weg und hatte hin und her überlegt, was das denn sein könnte. Und sie wollte mir unbedingt eine Unterkunft besorgen. Aber sie wusste ja nicht so ganz genau, wo meine Route entlang führen würde. Sie hat sich immer wieder die Karte angesehen und hat dabei versucht, herauszufinden, wie ich denn wohl gehen würde. Und sie hätte da ein paar Freunde, die wahrscheinlich gar nicht so abwegig wohnen würden. Sie wollte ja eigentlich auch mit mir laufen, aber das haue jetzt irgendwie nicht so ganz hin.

Ich höre ihr aufmerksam zu und versuche herauszufinden, was sie mir eigentlich sagen möchte. Dass ihr nicht ganz wohl in ihrer Haut ist, kann man ihr ansehen.

»Was kommt denn jetzt?«, frage ich mich und bin ganz gespannt.

»Ja, also …«, sagt Britta, »du hast heute noch einen Termin.«

»Termin!?«

Ich habe heute einen Termin? Was für ein Wort! Das habe ich schon lange nicht mehr gehört, dieses Wort war aus meinem Vokabular ganz und gar gestrichen.

»Äh, ja, einen Termin. Aber nur, wenn du wirklich willst. Du musst das nicht. Nur wenn du willst. Und übernachten kannst du auch bei meinen Freunden. Also, eigentlich sind das Uwes Freunde. Aber ich habe da schon nachgefragt und sie würden sich freuen, wenn du zu ihnen kommst.« (Uwe ist Brittas Lebensgefährte – Anm. d. Red.)

»Was für einen Termin habe ich denn?«, frage ich vorsichtig nach.

»Ach so, ja, ich habe mir überlegt, dass das ja alles ganz schön anstrengend ist und da dachte ich mir, eine Massage würde dir echt gut tun.«

»Eine Massage? Eine richtige Massage?«

Ich bin platt. Und weiß zunächst nicht, was ich davon halten soll.

»Wo denn und wann denn?«

Britta erzählt mir also, wie sie recherchiert hat, wo ich wohl ungefähr lang ginge und sie hätte drei Massagepraxen zur Auswahl gehabt und diese eine hätte dann noch einen Termin frei gehabt. Um achtzehn Uhr. Heute. Und leider wäre das auch ein bisschen weiter weg.

Aha.

Ja, ich müsse das aber nicht tun, nur weil sie das jetzt so arrangiert hätte und man könne ja nach der Massage auch noch zu Fuß zu diesen Freunden gehen, das ginge auch. Nur für sie selbst wäre das dann natürlich ganz schön spät, aber der Freund würde sie wahrscheinlich auch zu ihrem Auto zurückfahren.

»Wie weit weg ist das alles denn? Und wo wohnen die Freunde?«

Also, die Massagepraxis läge ca. 30 Kilometer weiter nördlich, in Bomlitz und von dort aus könne man noch zu Fuß – wenn man nach einer Massage noch Bock dazu hat – bis nach Visselhövede gehen. Dort wäre dann meine Übernachtung.

Nach kurzer Überlegung erscheint mir das mit der Entfernung überhaupt nicht schlimm. Erstens bin ich während meiner Tour schon zweimal eine so lange Strecke gefahren worden und zweitens bin ich gestern auch nicht gerade weit gekommen.

Aber eine andere Frage beschäftigt mich noch mehr.

»Weiß die Masseurin, dass ich letzte Nacht im Wald geschlafen habe? Und nicht gerade frisch geduscht rieche?«

Dabei kommt mir in den Sinn, dass ich mich noch nicht mal gewaschen habe. Weder gestern Abend, noch heute Morgen. Ich hatte ja nicht genügend Wasser. Aber das sage ich jetzt nicht. (Falls Monika Kleiber, die tolle Masseurin, das jetzt in diesem Buch liest – ich bitte nachträglich noch um Entschuldigung!)

Diesen Tag mit Britta zu verbringen, ist also sehr verlockend und meinem schmerzenden Oberschenkel würde eine Massage bestimmt sehr gut tun.

Und dann sagt Britta noch: »Ich würde sehr gerne mit dir essen gehen.«

Jo, ich komme gerade vollkommen ungewaschen aus dem Wald und gehe heute in ein schickes Restaurant.

Kurz lodert der gestrige Tag in mir auf. Doch dieses Gedankengebäude bricht auch sofort wieder in sich zusammen und freudestrahlend sage ich Britta in allem zu.

Wir packen die Reste unseres Picknicks zusammen, verstauen alles und dann will Britta mit einem Schwung meinen Rucksack aufnehmen, um ihn zu ihrem Wagen hinüberzutragen. Ihre Augen werden zuerst ganz groß, dann fällt der Rucksack runter.

»Ach du meine Güte! Den kann doch kein Mensch schleppen! Was hast du denn da drin?«, fragt sie und mit neuerlicher Anstrengung und lautem Ächzen hievt sie sich mein Gepäck über die Schulter. Sie schleppt ihn die paar Meter rüber zu ihrem Auto und wirft ihn aufstöhnend in den Kofferraum.

»Na ja«, sage ich, »mit achtzehn Kilo habe ich angefangen. Aber ein bisschen was ist schon raus und wie schwer er jetzt noch ist, weiß ich nicht.«

Britta starrt mich an.

»Achtzehn Kilo? Bist du verrückt?«

Ich erkläre ihr, dass ich auch wüsste, dass das viel zu viel ist, aber ich auch immer noch nicht wüsste, was ich noch zurücklassen könnte.

Wir setzen uns ins Auto und fahren los, auch dieses Mal weiter in Richtung Norden. Da wir noch Zeit haben, suchen wir uns auf dem Weg ein kleines Restaurant und werden auch fündig.

Ich habe so eine Lust auf eine heiße Suppe. Trotz der Wärme. Britta freut sich wie ein kleines Kind, als ich mich mit unglaublichem Genuss über diese klare Gemüsesuppe hermache und es wird sogar ein Foto davon gemacht.

Während wir essen, erzähle ich ihr zwar nicht von meinem Fast-Zusammenbruch, aber unsere Themen gehen dennoch in diese Richtung. Es geht in ihnen darum, wie wir Menschen uns gegenseitig behandeln, wie wichtig gegenseitige Anerkennung und Wohlwollen sind und wie gefangen wir uns oft fühlen, weil wir nicht die Dinge tun, die eigentlich gut für uns wären. Wir reden darüber wie oft andere uns von unseren Ideen abhalten, bzw. dass wir uns von der Meinung anderer so beeinflussen lassen, dass wir eigene Pläne und Träume einfach wieder über den Haufen werfen.

Es tut mir gut, in Britta einen aufmerksamen und interessierten Gesprächspartner zu haben, beschäftigen sie doch auch die gleichen Dinge. Auch sie ist auf der Suche nach ihren Puzzleteilen und wie sie damit in ihrem Umfeld manchmal aneckt.

Die Zeit vergeht wie im Fluge und bald müssen wir uns auf den Weg machen, damit ich meinen *Termin* nicht verpasse.

Wir düsen weiter nach Bomlitz und suchen die Massagepraxis auf, in der ich ordentlich durchgeknetet werden soll. Monika, die Masseurin, nimmt mich freundlich und mit neugierigen Blicken in Empfang. Ich erzähle ihr von meinem schmerzenden Bein und dann liege ich auch schon auf der Liege und lasse ihre Hände Wunder vollbringen. Währenddessen beantworte ich all ihre Fragen über mein Woher und Wohin und genieße dabei die wohltuende Massage. Bevor sie anfing, hatte ich mich noch vergewissert, ob sie wisse, dass ich nicht gerade frisch wie eine Badekugel bin, doch sie hatte nur gelacht und gesagt, dass sie so eine Wanderin auch noch nicht unter ihren Fittichen hatte und dass sie das sehr gerne für mich tun würde.

Nach dieser Massage beruhigt sich mein Bein etwas und obwohl ich auch ein bisschen müde bin, fühle ich mich sehr gut.

Britta hatte unterdessen mit meinen nächsten Gasteltern telefoniert und da diese noch auf ihrem Neubau zu tun haben, bleibt uns noch etwas Zeit. Wir beschließen aber dennoch, den Weg nicht mehr zu Fuß zurückzulegen; zum einen weil ich nach dieser Wellness-Stunde wirklich keine Anstrengung mehr gebrauchen kann und zum anderen ersparen wir den Freunden das Hin- und Herfahren zu Brittas Auto.

Auf dem Weg nach Visselhövede suchen wir nochmals ein kleines Lokal auf und lassen es uns gut gehen.

Was für ein Tag!

Später dann sitzen wir gemütlich in der geräumigen Küche von Marcel und Petra und wieder erzähle ich meine Geschichte.

Diese beiden freundlichen und aufgeschlossenen Menschen haben mich, eine Fremde, in ihr Haus eingeladen und das mitten im eigenen Baustress an ihrem neuen Haus. Sie geben mir ein gutes Gefühl von Wärme und Freundschaft. Abends liege ich wohlig in meiner Koje und lasse diesen unglaublichen Tag Revue passieren.

Danke, Britta, für deine Gedanken, deine Zeit und dein Lachen.

Am nächsten Morgen mache ich mich mit meiner Route vertraut, verabschiede mich von diesem gastfreundlichen Haus und ziehe meiner Wege.

Ich hoffe, dass es ein langer, guter Tag wird, die Witterung ist angenehm, meinem Bein geht es besser und mental bin ich auch wieder ganz auf der Höhe.

Jetzt, ein ganzes Stück von Hannover entfernt, befinde ich mich wirklich schon im Norden und wenn ich um Hamburg herum bin, ist das Ende meiner Reise fast schon in Sicht.

Wie einige Tage zuvor, gelingt es mir, meine Füße einfach voreinander zu setzen. Ich beobachte dabei mit gesenktem Kopf, wie sie sich in gleichmäßigem Rhythmus vorwärts bewegen und kann meine Gedanken abschalten.

Ich durchquere kleine Ortschaften und lasse mir dort hin und wieder meine Wasserflasche auffüllen. Eines dieser Örtchen heißt Grauen und ich finde diesen Namen nicht gerade sehr anheimelnd. Woher nimmt man bloß so einen Namen? Aber wahrscheinlich hat er gar nicht mit etwas Furchterregendem zu tun, sondern eher mit grauer Erde? Grauen Steinen? Ich weiß es nicht und es begegnet mir auch niemand, den ich danach hätte fragen können.

Die Straße unter mir scheint nicht viel befahren und das Gehen ist leicht, ohne ständig auf die Autos aufpassen zu müssen. Unzählige Felder begleiten mich rechts und links, nur hin und wieder treffe ich mal auf eine kleine schattige Baumgruppe. Ich lege dann auch unter einem dieser Bäume endlich eine Rast ein.

Ich sitze einfach nur da, kaue mein Brot und schaue in die Landschaft. Keine quälenden Gedanken, keine bohrenden Fragen. Der Tag ist klar und hell und die Luft so angenehm, fast wie im Frühling.

Bald schon bin ich an der Elbe, eine Grenze, die zu überqueren mir bedeutet, dass ich schon ganz nahe an meiner alten Heimat bin. Vor vielen Jahren hatte ich meine Geburts- und Heimatstadt Lübeck verlassen und wenn ich auch nicht durch Lübeck kommen werde, so nähere ich mich ihr dann doch von einer Seite, von der ich niemals vermutet hätte, dass ich das tun würde. Wenn ich die Elbe überquert habe, weiß ich, dass ich wirklich im Norden angekommen bin.

Ich mache mich wieder auf die Socken. Heute werde ich einfach nur laufen, so weit mich meine Füße tragen.

Tostedt ist mein nächstes Ziel, doch wenn ich auch zügig unterwegs bin, werde ich das heute wohl noch nicht erreichen. Aber das macht nichts, dann komme ich eben erst morgen dort durch.

Weiter geht`s. Ich folge einfach immer der Landstraße, dann bin ich sicher, dass ich meine Richtung auch halte. Schöner wäre es, wenn ich mich hier mit den Radwegen auskennen würde, aber da ich kaum auf Leute treffe, kann ich noch nicht einmal danach fragen, so wie ich es sonst so oft getan habe.

Welchen Tag haben wir heute eigentlich? Vielleicht ist es Sonntag, weil unterwegs so wenig los ist. Aber das kann ja nicht sein – gestern war bestimmt nicht Samstag, sonst wäre die Massagepraxis ja geschlossen gewesen.

Mir kommt das Wort Termin von gestern wieder in den Sinn und ich muss wieder lachen. Mein Gesicht hätte ich gerne gesehen, als Britta mir mitteilte, dass ich einen Termin hätte. Dieses Wort klingt auch heute noch völlig abstrus in meinen Ohren.

Termin. Was für ein hartes Wort. Ein Wort, das fast alle unsere Tage in verschiedene Abschnitte einteilt und uns durch unsere Zeit lenkt. Zahnarzttermin, Friseurtermin und Arbeitstermin. Termine mit dem

Schornsteinfeger, dem Ableser der Wasseruhr und dem Versicherungsonkel. Termine, um etwas abzugeben oder abzuholen. Termine mit Freunden, Kollegen und dem Nachbarn. Termine im Fitnessstudio, in der Schule oder – bei der Massage.

Termine sind meist nicht nur begrenzt – sie beginnen dann und dann und sie enden dann und dann – sondern sie begrenzen auch unsere Zeit. Sie ziehen Grenzen durch unsere Lebenszeit. Diese zu überschreiten, bedeutet meist Ärger. Wie bei jeder Grenze.

Unsere Tage sind eingeteilt und oft hetzen wir von einem Termin zum nächsten. Mit Herzklopfen und schlechter Laune, um nur ja nicht zu spät zu kommen. Hetz, hetz! Lauf, lauf! Unsere Zeit ist eingeteilt.

Unsere Zeit zu leben. Unsere Lebenszeit.

Ich habe keine Termine. Ich weiß nicht, was morgen ist, ich weiß noch nicht einmal, wie der heutige Tag zu Ende geht. Und was morgen kommt, wird sich schon ergeben.

Was für ein grandioses Gefühl! Zeitlos zu sein.

Die Zeit los zu sein.

Als ich Fintel erreiche, bin ich immer noch nicht müde und meine Knochen machen ganz gut mit. Dank der gestrigen Massage tut der Oberschenkel auch nicht so weh und ich kann ganz gut noch eine Strecke weiterlaufen.

Mein Kopf wird wieder leer und meine Beine bewegen sich fast von alleine. Joey Kelly hatte doch recht, als er sagte, dass alles irgendwann zur Gewohnheit wird. Nur, dass es bei mir etwas länger gedauert hat.

Und dann findet meine Reise doch fast ein jähes Ende.

Ich tuckere weiter, mit gesenktem Kopf, auf meine Füße schauend und gehe Schritt für Schritt. Nur manchmal schaue ich hoch und werfe einen Blick in die Landschaft.

Und einmal hebe ich den Kopf und sehe ein Auto auf mich zurasen!

Mir bleibt Null Zeit, zu überlegen. Der Fahrer sieht mich nicht. Vielleicht dreht er gerade am Radio rum oder sucht sein Handy. Instinktiv weiß ich, dass er nicht ausweichen wird.

Mit einem großen Satz springe ich seitwärts von der Straße. Die Böschung ist abschüssig, ich lande mit dem rechten Fuß in einer Kuhle und bleibe darin hängen, während mein Gewicht und das des Rucksacks mich weiter nach unten ziehen. Ich lasse mich nach vorne fallen, der Rucksack haut mir mit voller Wucht in den Nacken und in meinem verdrehten Fuß, der noch hinter mir in der Erdkuhle hängt, knackt es.

Sekundenlang verharre ich wie erstarrt in dieser ungemütlichen Position, bevor ich mich traue, mich zu bewegen und komme langsam und keuchend hoch. Ich werfe einen Blick auf die Straße hinter mir, sehe in der Ferne das Auto fahren und bin mir sicher, dass der Fahrer überhaupt nichts mitbekommen hat.

Langsam ziehe ich den Fuß aus der Kuhle und bewege ihn hin und her. Hurra, das geht! Super!

Beim Hochkraxeln der Böschung merke ich dann zwar, dass da drin doch etwas weh tut, aber es kann nix gebrochen sein. Vielleicht ein bisschen gezerrt oder so.

Als ich wieder auf der Straße stehe und mich gesammelt habe, wird mir klar, wie knapp das eigentlich war! Wenn ich nicht gerade in diesem Moment hochgeschaut hätte...

Der Ort mit dem Namen Grauen fällt mir jetzt kurioserweise ein. Blöd.

Eine ganze Weile stehe ich noch da und muss ein bisschen um meine Fassung ringen, die mir irgendwie abhanden gekommen ist.

Das war wirklich knapp.

Ich glaube, in diesem Moment wurden endgültig meine Pustebackenengel geboren!

Schon eine ganze Weile habe ich manchmal das Gefühl, als würde ich irgendwie geleitet *werden. Gerade hier auf meinem Weg. Immer wenn ich Hilfe brauchte, kam sie auch. Und wenn keine kam, dann war sie auch nicht nötig. Was mir zum Beispiel schon aufgefallen war: Gerade wenn ich jemanden nach Wasser fragen wollte, tauchte jemand mit einem Gefäß in der Hand auf. Ein Mann mit einem Eimer, ein anderer mit dem Wasserschlauch, eine Frau mit einer Gießkanne, eine andere mit einer Flasche. Klar, es ist Sommer, das weiß ich auch, aber aufgefallen ist es mir trotzdem.*

Kann man etwas hineininterpretieren oder nicht.

Und als es einmal kein Wasser für mich gab, sollte ich wohl lernen, besser darauf aufzupassen. Kann man so sehen. Oder auch nicht.

Da ich mit der Kirche nichts am Hut habe, ist das mit Gott und mir so eine Sache. Die Kirche ist von Menschen gemacht. Im Namen der Kirche gab und gibt es in der Geschichte so viele fürchterliche Sachen, dass es mir schwerfällt, diesen Ort schön zu finden.

Aber mit Gott ist das etwas anderes. Der ist einfach nur da. Wahrscheinlich. Und da ich mich so schwer mit meinem Glauben tue, ich aber auch etwas brauche, woran ich mich manchmal festhalten kann, stelle ich mir oft vor, dass Gott und das Universum und Mutter Natur zusammenarbeiten. Alle drei gehören zusammen.

Allerdings haben diese drei es auch echt schwer mit uns und wenn ich es jetzt so recht überdenke, dann können sie uns mit unserem Freien Willen ja auch nicht so einfach handhaben. Damit dennoch einiges in der Bahn bleibt, brauchen sie Hilfe.

Und diese bekommen sie von den Pustebackenengeln.

Diese kleinen, frechen Engel mit ihren Pustebacken regeln alles Mögliche. (Doch diese Geschichte erzähle ich euch in meinem nächsten Buch!)

Der Pustebackenengel von diesem Autofahrer hat mal wieder geschlafen – diese Kleinen sind oft ziemlich müde, da sie ständig sehr aufmerksam sein müssen und obendrein auch noch auf die Menschen aufpassen müssen, deren Pustebackenengel *gerade am Dösen sind – und so hat meiner mich im richtigen Moment so kräftig angepustet, dass ich endlich meinen Kopf hob, um zu sehen, was da auf mich zugerast kam.*

Endlich bin ich so weit, dass ich weiterlaufen kann. Allerdings schaue ich jetzt gar nicht mehr runter auf meine Füße, mein Takt ist verloren gegangen und tja – was soll ich sagen – ich bin wieder am Humpeln.

Dennoch gehe ich weiter und schaue mich hin und wieder nach einem Lagerplatz um. Was auch immer mit meinem Fuß los ist, wenn ich ihm jetzt ein wenig Ruhe gönne, ist das bestimmt nicht das Verkehrteste.

Nach einer Weile, als ich schon drauf und dran bin, quer über ein Feld zu laufen, um weiter hinten eine Baumgruppe zu erreichen – vielleicht wieder eine Ruhezone für Tiere? – hält ein Auto neben mir an.

Wo ich denn hin wolle? Es sähe so aus, als ob mir das Laufen schwer fiele. »Mal wieder«, denke ich für mich, »das scheint auf dieser Tour mein Fluch zu sein.«

Zu dem jungen Mann aber sage ich: »Eigentlich möchte ich nach Tostedt. Das ist zwar nicht mehr weit, aber ich glaube, heute wird das nix mehr.«

Er dreht sich nach hinten um und ich entdecke auf der Rückbank einen kleinen Jungen. Er fragt den Kleinen, ob es okay wäre, wenn er mich erst nach Tostedt bringen würde. Das wäre nicht weit und die Mama würde ja sowieso schon auf sie beide warten. Dann käme es auf die paar Minuten auch nicht mehr an. Bei diesen Worten sage ich ihm, dass das nicht nötig wäre, aber die beiden scheinen sich schon einig zu sein, denn der Mann steigt aus seinem Auto, öffnet den Kofferraum und bedeutet mir, meinen Rucksack dort hinein zu legen.

Na ja, wenn das so ist. Ich werde die letzten paar Kilometer also wieder gefahren und komme so heute doch noch in Tostedt an.

Dort danke ich meinen beiden Helfern, Klein wie Groß und die beiden brausen ab, Richtung Mama.

Ich aber denke: »Hm … jetzt muss ich erst einmal den richtigen Ausgang aus dieser Stadt finden und dann noch nach einem Lagerplatz suchen. War vielleicht doch keine so gute Idee, unbedingt schon heute hierher kommen zu wollen.«

Aber das nützt mir jetzt nichts und so frage ich mich durch, wie ich denn jetzt am besten weiter nach Buxtehude komme. Als ich Tostedt hinter mir lasse, bin ich aber inzwischen auch wirklich platt und müde und will nur noch mein Lager machen und mich hinhauen. An einer Tankstelle hatte ich mir noch meine Flaschen auffüllen lassen und so bin ich bereit für mein nächstes nächtliches Ruhelager.

Trotz allem schaffe ich noch ein paar Kilometer, aber dann ist auch wirklich Schluss. Ich schlage mich querfeldein, umrunde ein riesiges Maisfeld und finde dann endlich meine geliebten Bäume. Schnell ist mein Lager aufgebaut, meine Dusche erledigt und bald liege ich platt wie eine Flunder in meinem Schlafsack. Zu essen habe ich noch genug, aber sehr hungrig bin ich heute Abend nicht und so spare ich mir meine Mahlzeit für morgen auf.

Die Nacht verbringe ich tief und traumlos.

Früh am nächsten Morgen weckt mich ein lautes Geräusch.

Rataratarata!

Ich schieße hoch, reiße dabei fast die Plane ab und recke mich dann, um diesen Lärm zu orten. Durch ein paar Büsche kann ich jemanden auf seinem Trecker fahren sehen. Gestern Abend habe ich das nicht mehr mitbekommen, aber jetzt sehe ich, dass meine Bäume ziemlich nahe an einem Feld stehen und nur dieses Gebüsch vor mir, mich vor neugierigen Blicken schützt. Der Trecker fährt auf diesem Feld hin und her und ich schaue ein Weilchen zu. Das nächste Mal stelle ich ein Schild auf: »Keine Ruhestörung bitte!« Ich muss grinsen. Der Bauer selbst kann mich nicht sehen, es sei denn, er wüsste, dass ich hier bin. Aber danach sieht es nicht aus.

Mit der Zeit wird das Geräusch leiser, der Trecker entfernt sich immer weiter von mir und ich versuche, noch ein wenig zu dösen. Ich habe heute Morgen keine Lust aufzustehen. Doch mein Fuß meldet sich und so schaue ich erst einmal nach, was mit ihm los ist. Der Rist ist etwas angeschwollen und schmerzt. *Ach Menno! Jetzt reicht es mir langsam. Ständig habe ich etwas Neues an irgendwelchen Wehwehchen.*

Ich bin nun mal kein harter Survivalkämpfer, der sich noch mit gebrochenen Knochen durch den Dschungel schleppt.

Und noch etwas anderes bemerke ich heute Morgen: Ich habe nicht nur keine Lust aufzustehen, ich habe auch keine Lust, meine Sachen zusammenzupacken. Alles wieder zu verstauen und weiterzuziehen, nur um heute Abend alles wieder auszupacken und aufzubauen. Nö, heute bleibe ich einfach hier.

Der Platz ist gut, weitab von der Straße und schön versteckt vor allen Menschen. Also fast allen. Meinem Fuß wird das gut tun und mir selbst auch. Zu essen habe ich noch genug, wenn ich mit meinem Wasser sparsam umgehe, reicht es aus und morgen ist auch noch ein Tag – da werden die Karten neu gemischt.

Ich werde hier bleiben, die Sonne und meine Freizeit genießen und ein bisschen schreiben. Vielleicht erkunde ich auch die Gegend und gehe nur ein bisschen spazieren.

Also mache ich eine klitzekleine Katzenwäsche, putze mir die Zähne und reibe meine schmerzenden Stellen mit den Kräuteressenzen ein, die ich von meiner Kräuterfrau aus Borgentreich geschenkt bekommen habe. Zu guter Letzt klebe ich noch ein Magnetherz auf meinen Fuß, räume ein bisschen um mich herum auf und genieße dann einfach nur die Sonne, die durch das Blätterdach scheint.

Einfach nur da liegen und nichts tun. Ich schlafe wieder ein.

Als ich wieder aufwache, ist die Sonne zwar schon weiter gewandert, aber es ist immer noch Vormittag. Ich habe so viel Zeit. Ein herrliches Gefühl!

Ich stehe auf, sehe mich ein bisschen um und entdecke auf einer angrenzenden Wiese Gänseblümchen und Klee und pflücke mir von beidem etwas ab.

Zurück an meinem Lagerplatz, nehme ich mir etwas von meinem Proviant, den ich noch von Marcel und Petra habe und lasse mir alles zusammen schmecken. Danach lege ich mich wieder in die Sonne und genieße einfach meine Zeit. Ich genieße sie ganz bewusst und meine Gedanken kreisen ein bisschen um dieses Wort und seine Bedeutung.

Zeit – was ist das überhaupt? Lapidar wird ja einfach gesagt: »Zeit ist das, was du daraus machst.«

Aber wie geht das? Wir haben alle immer so furchtbar wenig Zeit. Jedenfalls kommt mir das so vor. Bedeutet das, dass ich einfach ein paar Termine weniger mache? Hm … das ist aber auch nicht so einfach. Und überall hört man: »Je älter man wird, desto schneller verfliegt die Zeit.«

Auch blöd, wenn man mal richtig darüber nachdenkt.

Ich döse schon fast wieder ein, als mir plötzlich eine lang zurückliegende Begebenheit in den Sinn kommt. Ewig lange her.

Ich war achtzehn und gerade mal wieder unterwegs, als ich diesen alten Mann auf irgendeiner Bank an irgendeinem Fluss traf. Wir saßen nebeneinander, kickten hin und wieder ein Steinchen ins Wasser und unterhielten uns – die Sonne schien, es war angenehm warm und weder dem Alten noch mir stand der Sinn nach Eile ... wozu auch?

Damals machte ich mir noch keinen Kopf um die Zeit. Ich hatte einfach genug davon und ich wäre auch nie auf die Idee gekommen, dass ich einmal zu wenig davon haben könnte. Ein Kind denkt auch nicht darüber nach, ob die Zeit zum Spielen reichen könnte – es packt einfach so viel wie es will in den Augenblick und genießt das, was gerade geschieht.

Der alte Mann saß hemdsärmelig neben mir auf der Bank, beide Hände vor sich auf einen Stock gestützt, auf den er hin und wieder auch sein Kinn legte und dann so über das Wasser schaute. Wir plauderten über das Woher und Wohin, als er mit einem mal begann über die Zeit zu philosophieren und mir versuchte klar zu machen, dass ich meine Zeit ganz bewusst genießen solle und dass ich auf sie aufpassen müsse.

Also, ganz ehrlich, wie soll man denn auf seine Zeit aufpassen und warum?

Er sagte folgendes: »Wir Menschen ticken wirklich seltsam ... fast nichts wünschen wir uns mehr als Zeit ... und wenn wir sie dann wirklich mal haben, sitzen wir auf dem Sofa und warten, bis sie wieder weggeht. Es kann gut passieren, dass wir dann aufspringen und rufen: Ach Mensch, meine Zeit ist weg.«

Es war das Jahr 1978 und ich hatte eher den Eindruck, dass alle und alles immer in Bewegung ist und überhaupt niemand irgendwo herumsitzt, geschweige denn wartet, dass seine Zeit endlich weg ist.

Doch heute höre ich ganz viel über die Zeit. Ich spreche mit so vielen Menschen und einer der häufigsten Sätze, die ich zu hören bekomme ist: »Ich habe keine Zeit.«

Und wenn ich dann frage: »Warum hast du denn keine Zeit?«, bekomme ich meist zur Antwort: »Mein Job ... meine Familie ... mein Haus, mein Garten ... immer was zu tun – ach, du weißt doch wie das ist.«

Hm ... und wenn ich dann sage: »Aber dann hast du doch ganz viel Zeit. Für den Job, für die Familie, für das Haus, für den Garten«, wird schon mal irritiert geguckt und dann kommt meistens: »Jaaaa ... aber für mich bleibt da ja nix.»

Heißt das, dass wir das was wir tun, für Zeitverschwendung halten? Oder einfach nur, dass wir die Dinge gern tun sollten? Mir fällt dazu etwas Nettes ein, das ich mal gehört habe: Benenne die Dinge einfach um. Mach zum Beispiel aus dem täglichen Hausputz – »Schöner Wohnen« – das hört sich doch gleich ganz anders an und macht vielleicht auch mehr Spaß.

Nachdem ich diese Gedanken zu Ende gedacht habe, beschließe ich, mit meiner Zeit besser umzugehen. Wie mir das gelingen soll, weiß ich noch nicht, aber mir wird schon etwas einfallen. Aber der alte Mann hatte recht: Wir sollten auf unsere Zeit aufpassen.

Jetzt jedenfalls genieße ich jede Sekunde.

Gegen Mittag schaue ich auf mein Handy und finde eine Nachricht von Eric vor. Jemand, der mich auf Facebook verfolgt hat, würde mich gerne für eine Nacht aufnehmen. Name, Adresse und Telefonnummer hat er mir auch gleich mitgeschickt.

Na endlich! Auf der Skala, auf der die Facebook-Freunde ganz und gar in den Keller gerutscht waren, steigen sie durch diese eine Nachricht wieder ein kleines Stück nach oben. Ich wurschtele mich durch diese komische Kartenapp auf meinem Handy, um mal zu schauen, wo dieser gute Mann wohnt und als ich das endlich hinkriege – *nach vielen Versuchen, in denen ich immer nur feststelle, wo* ich *gerade bin* – entdecke ich, dass die Adresse gerade hier um die Ecke ist!

Ich rufe ihn also mit einem kleinen bisschen Herzklopfen an und bekomme den Guten auch gleich an die Strippe. Eine tiefe Stimme meldet sich: »Volker ...«

»Hallo, hier ist Sabine Marthiensen.«

Stille.

»Hallo?« Ich bin verunsichert.

»Wer ist da?«, kommt die Frage zurück.

»Sabine Marthiensen. Sie hatten doch eine Nachricht hinterlassen, dass Sie mich aufnehmen würden.« Ich fühle mich unwohl.

Eine weitere zehntel Sekunde Pause. Dann: »Sunnysmile? Bist du sunnysmile?«

»Ja, genau, die bin ich.« Erleichterung.

»Na, Mensch, klar will ich dich aufnehmen! Wo bist du denn jetzt?«

Ich erkläre, dass ich gar nicht weit entfernt bin und Volker ist ein bisschen geplättet, weil er mich zwar verfolgt, aber nicht damit gerechnet hat, dass ich tatsächlich schon so nah bin. Aber sofort will er in sein Auto springen und mich abholen.

Vergessen ist, dass ich heute nichts mehr packen und diesen Tag eigentlich nur chillen wollte. Mein erster echter Facebook-Kontakt!

Trotzdem muss ich Volker ein bisschen bremsen – ich muss ja wirklich erst noch packen und dann noch bis zur Straße kommen. Hierher findet niemand und ich könnte noch nicht mal erklären, wo ich bin. Auch wenn ich das auf dieser Kartenapp sehen kann, weiß ich es trotzdem nicht.

»Da kommt ein riesiges Feld, da musst du rüber und dann um das angrenzende Maisfeld herum, rechts an den Sträuchern vorbei, durch das Gestrüpp hindurch und dann Baum Nr. 4. Da bin ich gerade.«

Wir verabreden, dass ich jetzt packe, mich auf den Weg mache und wenn ich an der Straße bin, mich dann einfach noch einmal melde.

Genau so machen wir es.

Als Volker geraume Zeit später in seinem Auto neben mir hält und aussteigt:

1. Sekunde: sehr groß, Spiegelsonnenbrille, Tattoos – *Schluck* –

2. Sekunde: ein herzliches Lächeln, mein geliebter norddeutscher Schnack und ein großer lieber Hund. – *Okay, alles tutti* –

Die Begrüßung ist herzlich und ich habe sofort Vertrauen. Der große schwarze Hund, der auf den Namen Louis hört, gehöre eigentlich seiner Nachbarin, die aber gerade auf Reisen sei, erklärt mir Volker. Aber irgendwie gehöre er auch schon fast zu ihm, da er sich auch sonst viel um ihn kümmere. Mein Vertrauen ist also berechtigt.

Volker erklärt mir, dass er ja noch nicht mit meinem Besuch gerechnet habe und, um mich ein bisschen kulinarisch verwöhnen zu können, wolle er noch ein bisschen was einkaufen. So kommt es, dass ich nach fast vier Wochen zum ersten Mal wieder einen Supermarkt betrete.

Ich fühle mich tatsächlich fremd zwischen all den bunten Verpackungen, Konservendosen und in dem grellen Neonlicht. Und den vielen Menschen, die geschäftig mit ihren Einkaufswagen hin und her eilen.

Bei Volker zu Hause, zeigt er mir dann das Bad und wo ich nächtigen kann und während ich mich frisch mache, bereitet er ein köstliches Essen zu. Während wir beide gemütlich schmausen, bekomme ich interessante und auch lustige Geschichten aus seiner Journalistenlaufbahn zu hören. Er erzählt von bekannten und berühmten Menschen, die ich nur aus den Medien kenne und ganz gespannt höre ich ihm zu. Ausgerechnet so ein weitgereister Mensch hat mich auf Facebook verfolgt und sich sofort gesagt: »Wenn sunnysmile hier durchkommt, biete ich ihr eine Bleibe.«

Auch ich muss haarklein von meinen Erlebnissen berichten und Volker stellt mir nicht nur viele interessierte Fragen, sondern er nimmt direkt so etwas wie ein kleines Interview mit mir auf!

Später, am Abend, drehen wir noch eine Runde mit Louis. Und ich erfahre, dass der Hund in die Familie der Schauspielerin Sophie Schütt gehört. Ihre Mama ist die Nachbarin, die gerade auf Reisen ist! Wow! Es gibt einige deutsche Schauspieler, die ich mag und Sophie Schütt gehört definitiv dazu. Jo, so nah bin ich jetzt sogar einer Berühmtheit!

Da ich wegen der Schwellung an meinem Fuß meine Schuhe nicht so gerne tragen mag, kommt es mir sehr gelegen, dass Volker mitten zwischen riesigen Rollrasenfeldern wohnt (ja, so etwas gibt es!) und ich zeitweise einfach auf Socken über dieses gleichmäßige grüne Rasenmeer laufen kann. Das tut richtig gut.

Der Abend klingt bei einem gemütlichen Gespräch aus und ich falle später todmüde und zufrieden in meine Koje.

Ich überquere eine Grenze – die Elbe

Bei einem ausgiebigen Frühstück am nächsten Morgen, erkundigt sich Volker, wie mein weiterer Weg aussieht und als er hört, dass es über Buxtehude weitergeht, meint er spontan, dass er mich dorthin bringen würde. Mir gefällt sein Vorschlag sehr gut und nach dem Frühstück machen wir uns auch gleich auf die Socken.

In Buxtehude angekommen, gilt es mal wieder Abschied zu nehmen und nach einer herzlichen Umarmung geht es für mich alleine weiter.

Aus Buxtehude raus, geht es gleich hinauf auf den Deich und dann immer Richtung Elbe. So komme ich endlich auch einmal durch das vielbesagte Alte Land mit seinen unzähligen Obstbäumen. Es ist richtig schön, hier entlangzulaufen und von hier oben kann ich weit über die Apfelplantagen schauen.

Ich habe noch nie eine Deichwanderung unternommen und genieße die Aussicht, die sich mir immer wieder bietet. Zu meiner großen Verwunderung führt dieser Deich direkt durch einige kleine Ortschaften durch. Das heißt, die Häuser stehen teilweise direkt auf ihm und ich muss praktisch auf dem Deich durch einige Vorgärten durch.

In einem kleinen Örtchen bin ich etwas irritiert, weil ich meine, den Deich verloren zu haben, aber als ich eine Bäckersfrau frage, wo er denn nun wäre, der Deich, lacht sie und sagt: »Sie stehen doch direkt drauf.«

Sehens- und beneidenswert sind auch die vielen Bootsanleger, die direkt an den Gärten der Häuser liegen. Man steigt aus dem Boot und geht durch den kleinen Garten direkt ins Haus. Vor einem der Häuser, die alle ziemlich nah am Wasser stehen, entdecke ich sogar einen Kran, mit dem man das Boot direkt aus dem Garten in den Fluss heben kann – hier gibt es nämlich keinen Bootsanleger, da das Ufer dafür viel zu hoch ist.

Ich bin so beeindruckt von dieser ganzen Szenerie, dass ich mir vornehme, hier auf jeden Fall noch einmal herzukommen und mir alles genauer anzusehen.

Neben mir die Este, ein kleiner alter Fluss, der sich bis zur Elbe hinschlängelt, durchwandere ich dann ein Dorf mit Namen Königreich. Dieser Name gefällt mir und ich frage mich, wie dieser Ort zu seinem Namen kam.

Und dann, kurz vor der Elbe, komme ich an einem Ortsschild vorbei, das ich hier noch nicht erwartet habe: Hamburg

Dieser altvertraute Name spült ein so derartiges Gefühl in mir hoch, dass ich tatsächlich schlagartig anfange, zu heulen.

Hamburg!

Ich hocke mich hin und lasse meinen Tränen freien Lauf. Es ist ja nicht nur die alte Heimat, die ich schon so lange vermisse. Hamburg bedeutet auch, dass ich bald angekommen bin. Dass meine Reise bald zu Ende ist.

Heute vor vier Wochen bin ich aufgebrochen. Ich wusste nicht, ob ich es schaffen würde und manchmal sah es so aus, als ob aufgeben einfacher gewesen wäre, als sich den ständigen Selbstzweifeln und auch den Schmerzen auszusetzen.

Nun aber bin ich hier. Und ich habe jetzt schon das Gefühl, angekommen zu sein. Ich überquere also die Grenze von Niedersachsen nach Hamburg und laufe strahlend der Elbe entgegen.

Dann erreicht mich eine Nachricht: Ich habe mein Ladekabel bei Volker vergessen.

Bevor ich noch richtig überlegen kann, ob ich das eigentlich noch brauche, sagt Volker, dass er nach Cranz käme, um es mir zu bringen. Zum einen hätte Louis dann noch einen schönen Auslauf und zum anderen würden wir uns so einfach nochmal sehen. Wer weiß, wann das das nächste Mal sein wird. Wir verabreden uns also in Cranz, von wo ja auch meine Fähre gehen soll.

Während ich meinen Weg fortsetze, überlege ich, ob ich meine Kollegin Karin anrufen soll. Vor ein paar Tagen hatte sie sich über Facebook gemeldet und dort auch gleich ihre Nummer, unter der ich sie erreichen könnte, hinterlassen. Soweit ich weiß, arbeitet sie irgendwo in Hamburg, aber ansonsten kenne ich die liebe Karin ja auch nur über meine Firma.

Da ich aber nun gerade erst eine Herberge hatte, weiß ich nicht so richtig, ob ich jetzt schon wieder gleich Hilfe in Anspruch nehmen soll. Andererseits – warum nicht? Meinem angeschwollenen Fuß würde es guttun und überhaupt – ich bin in Hamburg und also fast schon da! Ich muss selber lachen.

Ich kann ja mal anrufen und fragen, wie die Aktien stehen. Vielleicht ist sie gar nicht da oder sie hat keine Zeit oder sonst was. Aber erst gehe ich zur Elbe.

Ich laufe also weiter und komme dabei an dem Alten Fährhaus vorbei, in dem ich vor so vielen Wochen angerufen hatte, um herauszufinden, was mich die Fähre über die Elbe kosten würde.

Da war das alles noch so weit weg. Damals hatte ich noch schlaflose Nächte, weil ich mir ständig Gedanken und Sorgen um alles gemacht hatte.

Und nun bin ich hier. Ich muss einen Blick hinein werfen.

Als ich in die Gaststube trete, kommt mir eine Frau entgegen und sieht mich fragend an. Ich sage ihr, wer ich bin und frage sie, ob sie mir damals am Telefon so nett Auskunft gegeben hatte. Sie verneint, lächelt aber und sagt, dass sie aber trotzdem wisse, wer ich sei. Man hätte sich nach meinem Anruf damals darüber unterhalten. Sie fragt mich, seit wann ich unterwegs sei, wie lange ich bis hierher gebraucht hätte und wie es mir ginge. Ich beantworte all ihre Fragen und sage zum Schluss: »Ich habe jetzt schon das Gefühl, ich bin angekommen.«

Mit diesen Worten und noch ein paar guten Wünschen, die sie mir mit auf den Weg gibt, verabschiede ich mich auch schon wieder und ziehe weiter, zur Elbe runter. Und dann bin ich da.

Meine Tränen fließen schon wieder.

Ein Weilchen später rufe ich Karin an. Sie ist sofort am Apparat.

Als ich ihr sage, wo ich bin, fällt sie fast aus allen Wolken!

»Waaas?«, ruft sie mir ins Ohr. »Wieso bist du denn schon da? Ich habe frühestens morgen mit dir gerechnet oder eher noch übermorgen.«

»Tja, liebe Karin, das passiert, wenn man immer wieder in ein Auto steigt«, sage ich, »dann ist man schneller als zu Fuß.«

Und muss mir einen grinsen, weil sie ganz aufgeregt ist, dass ich jetzt schon da bin und weil sie doch etwas für mich vorbereiten wollte und weil sie jetzt gar nicht wisse, was sie für mich tun könne und, und, und …

»Wo bist du gerade? Das ist ja ganz bei mir in der Nähe!«, ruft Karin so laut in ihr Handy, dass ich meine, alle Umstehenden in meiner Nähe müssten ihre Worte hören.

»Ich arbeite doch ganz in der Nähe. Mensch, ich habe gleich Feierabend, dann komme ich und hole dich. Du musst nicht mit der Fähre fahren, ich bringe dich um Hamburg herum.«

Na, das ist doch ein Angebot, zu dem ich nicht »Nein« sagen kann. Wir verabreden, dass ich einfach dort warte, wo ich gerade bin und wir dann besprechen, wie es weitergeht.

Volker taucht auch gleich darauf auf, wir umarmen uns und grinsen über meine Vergesslichkeit, die uns ein so schnelles Wiedersehen beschert hat.

Wir beide, bzw. wir drei - mit dem Hund Louis - drehen eine Runde bis zu der Fähre, die mich eigentlich über die Elbe hätte bringen sollen und machen uns dann fix zu seinem Auto zurück, weil es blöderweise zu regnen begonnen hat und auch ganz schön windig wird.

Eine halbe Stunde später düst eine ganz aufgeregte Karin heran, wir laden meinen Rucksack um und Volker und ich verabschieden uns erneut, mit den Worten, er solle mal gucken, ob ich nicht noch etwas vergessen hätte. Und dann brause ich mal wieder per Auto um eine große Stadt herum.

Karin ist immer noch ganz aus dem Häuschen, dass ich schon da bin und sie erzählt mir, wie sie sich ausgedacht hätte, mit welchen Leckereien sie mich überraschen wollte, wenn sie mich irgendwo am Straßenrand aufgegabelt hätte. Sie könne mich ja nicht zu sich nach Hause bringen, da sie schon fast in Lübeck wohne und das läge ja gar nicht auf meiner Route oder aber ich könne doch mit und morgen früh würde sie mich dann wieder in die Nähe von Hamburg bringen und sie wisse gar nicht, was sie mir jetzt Gutes tun könne …so bricht es mit aufgeregten Worten aus ihr heraus. In ihrer Vorstellung bin ich wahrscheinlich einer armen Obdachlosen nahe und halb verhungert. Ach, du liebe Karin!

Ich habe direkt ein kleines bisschen Mühe, sie zu beruhigen und als sie darauf besteht, dass sie jetzt unbedingt etwas für mich tun wolle – irgendetwas muss es da doch geben! – sage ich ihr, dass eine kleine Zahnpasta nicht so schlecht wäre. Karin steuert daraufhin sofort einen Supermarkt an, sprintet hinein und bringt mir neben der Zahnpasta noch ein bisschen Proviant mit.

Da ich beschlossen habe, heute Nacht lieber draußen zu schlafen und ich dafür erst aus all diesen Wohngegenden, die um Hamburg herum sind, heraus muss, machen wir uns auf den Weg, um diese hinter uns zu lassen. Auf dem Weg beruhigt Karin sich allmählich, möchte dann aber doch noch so gerne darauf bestehen, mit mir eine Kleinigkeit essen zu gehen. Irgendetwas Gutes möchte sie mir tun und so kommt es, dass ich nun schon zum zweiten Mal in Kürze in einem kleinen Restaurant sitze. Ich finde das gar nicht so schlecht und genieße diese Stunde mit Karin bei einer leckeren Pizza und vielen Geschichten und Anekdoten aus meiner Reise.

Danach machen wir uns auf die Socken, endgültig heraus aus diesen ganzen Stadtbezirken, um einen geeigneten Lagerplatz für mich zu finden. Das ist aber gar nicht so einfach! Die Außenbezirke Hamburgs sind riesig und ziehen sich endlos dahin. Diese

Häuserfronten und Wohnbezirke nehmen gar nicht ab. Immer wenn wir denken, jetzt haben wir`s, entdecken wir wieder was, was nicht richtig ist.

Wir irren regelrecht durch die Gegend! Dann sagt Karin: »Jetzt reicht`s!«, und fährt Richtung Pinneberg, wo wir auch endlich fündig werden. Sie hält auf einem Weg, von dem wir erst nicht so ganz sicher sind, ob der nun wieder zu irgendeinem Sportplatz, Golfclub oder sonst einem Verein gehört und schauen uns ein wenig um. Ich entscheide, dass es hier für mich okay ist, packe meine Sachen und marschiere über das hochgewachsene Gras einer Wiese auf ein kleines Wäldchen zu. Karin stapft hinter mir her und wiederholt immer: »Hier kann man doch nicht schlafen. Das geht doch so nicht. Hier würde ich kein Auge zukriegen. Oh mein Gott, wie soll denn das gehen?«

So oder so ähnlich höre ich sie hinter mir brubbeln, während wir auf die Bäume zuhalten, die mir mein nächtliches Dach bieten sollen. Karin will einmal sehen, wie ich mein Lager baue und macht sich deshalb mit auf den Weg hierher.

Da ich lieber alles alleine mache – jeder Handgriff ist ja schon Routine – kann sie nur zuschauen und immer wieder dabei nur mit dem Kopf schütteln. Bevor ich ganz fertig bin, sage ich ihr, dass sie mich jetzt ruhig alleine lassen könne. Ich habe das leichte Gefühl, dass sie an den Weg zurück denkt, den sie ohne mich bis zu ihrem Auto zurückgehen muss. Ob das stimmt, muss ich sie später einmal fragen.

Wir verabschieden uns herzlich, ich danke ihr für ihre Hilfe und liebevolle Fürsorge und Karin macht sich auf die Socken.

Ich baue zu Ende auf, mache mich für die kommende Nacht fertig und kümmere mich nochmal um meinen Fuß, der einfach nicht so richtig abschwellen will. Später liege ich dann schmunzelnd in meinem Schlafsack und denke an diesen verrückten Tag zurück.

Heute Morgen noch vor den Toren Hamburgs, dann eine entdeckungsreiche Deichwanderung und ein Volker, der mir hinterherrast. Die Emotionen, die mich beim Erreichen der Stadtgrenze zu Hamburg und letztendlich an der Elbe überkamen. Eine ganz aufgeregte Karin und eine Pizza und letztendlich die fast vergebliche Irrfahrt nach einem Lagerplatz.

Jetzt habe ich schon Pinneberg fast hinter mir und nähere mich mit Riesenschritten meinem endgültigen Ziel. Ich habe das Gefühl, dass auch der letzte Teil meiner Reise schneller vonstattengehen wird, als ich es mir vorher gedacht hatte. Aber das macht mir nichts mehr aus.

Der nächste Morgen überrascht mich dann auch schon wieder mit einer Nachricht: Sandra würde mich gerne treffen!

Hier im Norden würde es mich allerdings auch nicht mehr wundern, wenn es noch so einige Menschen gäbe, die zu mir an meine Route kommen – hier gibt es viele Kollegen und Freunde, die ich kenne.

Ich verabrede mit Sandra, dass ich erst einmal losmarschiere und ihr von unterwegs durchgebe, wo ich mich befinde. Jetzt kann ich ihr nur sagen, in welche Richtung wir uns gestern ungefähr bewegt haben, aber ich habe keine Ahnung. wo genau ich bin. Also heißt es wieder packen, auf den Weg von gestern Abend zurückkehren und schauen, wie ich von dort weiterkomme.

Zunächst treffe ich auf niemanden, den ich nach dem Weg fragen könnte, den Weg nach Norden. Hier treibt sich niemand herum und wieder einmal frage ich mich, welchen Tag wir heute eigentlich haben. Aber dann fällt es mir ein: Es muss Freitag sein. Gestern hatte Karin einige Male gesagt, dass sie mich erst für ein, zwei Tage später erwartet hätte und das wäre dann das Wochenende gewesen. Also muss es doch auch Leute geben, die ich nach dem Weg fragen könnte.

Es bleibt mir aber nichts anderes übrig, als bis zur nächsten Straße zu gehen und einfach eine Richtung einzuschlagen. In der Hoffnung, dass ich die richtige erwische. So ein bisschen kenne ich mich hier ja mit den Ortsnamen aus und weiß, wenn ich ein richtungsweisendes Schild mit den entsprechenden Städtenamen finde, ob ich in etwa richtig getippt habe. Viel falsch machen kann ich ja eigentlich nicht, es sei denn, ich bewege mich wieder gen Süden – das wäre blöd.

Aber dann finde ich doch noch ein paar freundliche Menschen, die mir weiterhelfen können und tatsächlich hatte mein Orientierungssinn wohl ein paar lichte Momente und hat mich den Weg nach Norden einschlagen lassen. Ich weiß jetzt, wo ich bin und wo ich in etwa lang komme und informiere Sandra darüber. Die Gute sitzt schon wie auf heißen Kohlen, jederzeit abfahrbereit und schnappt sich nur noch ihre Kiddis, um sich dann gleich auf den Weg zu machen. Sie wohnt übrigens in Hamburg und fährt praktisch hinter mir her. Nur, um mich mal zu treffen! Ich freue mich sehr darauf.

Geraume Zeit später ist es so weit und Sandra kommt freudestrahlend und mit einer Thermoskanne heißen Kaffees bei mir an. Die Freude ist groß, denn wir haben uns lange nicht gesehen und während ich bei ihr und ihren Kindern im Auto sitze, muss ich hunderterlei Fragen beantworten. Und das tue ich sehr gerne.

Sandra fragt mich dann, ob sie einfach mal losfahren solle, sie könne mich ja auch mal ein Stück bringen. Ich sage: »Klar, mach doch.«

Und so fahren wir gemächlich, schauen wo es lang geht, verfransen uns ein bisschen und landen nach ein paar Kilometern in Bullenkuhlen. Derweil genieße ich mal wieder die Gesellschaft von lieben Menschen und den wunderbar heißen Kaffee und freue mich über die regen Fragen von Sandras Kindern, die mit aufgerissenen Augen zuhören, wenn ich über meine Nächte im Wald berichte.

»Dort ist es doch so dunkel!«

»Ja, davor hatte ich auch mal riesige Angst«, denke ich. *»Davor und noch vor vielen anderen Dingen.«*

Die beiden hatten ihrer Mutter schon Löcher in den Bauch gefragt und jetzt erfahren sie so einiges aus erster Hand. Auch Sandra hört gespannt zu und viel zu schnell ist die Zeit um und ich stehe wieder auf der Straße. Sandra würde mich gerne noch weiter bringen wollen, doch mir ist die Idee gekommen, noch bei jemandem auf dem Weg vorbeizuschauen. Und ich möchte trotz schmerzendem Fuß und dem immer noch anhaltenden Gefühl des Schon-angekommen-seins noch ein bisschen laufen.

Wieder ist der Abschied herzlich, mit festen Umarmungen und dem Versprechen, sich bald wiederzusehen. Ich schaue ihnen nach und denke, dass ich noch nie so viele Menschen verabschiedet habe, wie in den letzten Wochen.

Doch ich habe auch noch nie so viele Menschen in meinem Leben begrüßt.

Inzwischen sieht es nach Regen aus, doch es ist immer noch warm und das Gehen sehr angenehm. Ich rufe Susi und Dirk an, zwei liebe Bekannte, die ich auch schon eine Ewigkeit nicht mehr gesehen habe und die auf meiner weiteren Etappe nach Norden wohnen. Ich überrasche sie mit meiner Frage, ob ich mir auch bei ihnen einen Kaffee abholen könnte. Das *Hallo* ist riesengroß und ich bin natürlich herzlich willkommen. Dirk fragt mich, wo ich sei und ob er mich holen soll, doch ich möchte erst noch ein Stück des Weges alleine zurücklegen.

Seit ich die Elbe überquert habe, hat sich etwas verändert. Ich kann nicht genau sagen, was es ist und eigentlich ist es auch nicht wichtig. Dennoch kommen mir seitdem immer wieder Gedanken über den Anfang meiner Reise und an die Wochen und Monate, die noch lange davor lagen.

Wie einsam und getrieben ich mich manchmal gefühlt habe, wie unglücklich ich war und dennoch immer Gewehr bei Fuß, um meine Arbeit zu erledigen und all die Dinge, die man in seinem Leben eben tun muss. Und nun? Habe ich etwas erreicht mit meiner Reise? Wird sich etwas ändern, wenn ich zurück bin? Noch bin ich unterwegs, doch schon bald kehre ich in meinen Alltag zurück.

Was dann?

Zunächst einmal werde ich in den nächsten Wochen viel arbeiten, denn für die kommende Zeit habe ich etliche Termine für Homepartys in meinem Kalender stehen. Damit verdiene ich schließlich meinen Lebensunterhalt und das finde ich auch schön und ich freue mich auch sehr darauf.

Aber darum geht es nicht. Mich beschäftigt etwas anderes.

Wenn ich zurück bin ... Was wird aus meinen nächsten Zentimetern Leben? Womit fülle ich sie und welche Träume habe ich? Ich weiß inzwischen dass es nie zu spät ist, etwas Neues zu beginnen und dass es sich immer und auf jeden Fall lohnt, sein Leben in die Hand zu nehmen und seinen Träumen Raum zu geben.

All die Fragen die ich mir jetzt stelle, fühlen sich aber nicht mehr so bedrückend an, sondern sie machen mich eher neugierig und erzeugen ein Gefühl von vibrierender Spannung in mir.

Ich habe eine Ahnung, dass die Antworten auf meine Fragen schon in mir sind.

Sie warten nur noch darauf, freigelassen zu werden.

Nun beginnt es doch noch zu regnen und ich rufe Dirk an, damit er mich holt. Bei den Beiden angekommen, werde ich begrüßt wie eine lang Vermisste und es gibt ein großes Hallo, Umarmungen und heißen, frisch gebrühten Kaffee für mich. Die Wärme und das Lachen tun mir gut. Wieder einmal erzähle ich von meinen Erlebnissen und den Menschen, die mir auf meiner Tour begegnet sind und innerlich ziehen sie alle an mir vorbei und scheinen mich freundlich zu grüßen.

Susi und Dirk laden mich ein, die Nacht bei ihnen zu verbringen und ich nehme auch dieses Angebot dankend an. Die kleine Susi jammert ein bisschen, weil sie mir so gerne eine 5-Sterne-Unterkunft bieten möchte und ich muss lächeln.

Sie ist selbst ein Stern, sie nimmt mich doch einfach auf.

Wir besuchen dann noch ein paar Freunde, die ganz in der Nähe wohnen, lassen den Abend bei Geschichten und Anekdoten ausklingen und später liege ich wohlig in einem gemütlichen Bett und schlafe ausgeruht und zufrieden ein.

Dann heißt es mal wieder Abschied nehmen und Dirk bringt mich bis kurz vor Kellinghusen zurück auf meine Route. Die Luft ist feucht und warm, ich fühle mich wohl und ich lasse mir Zeit bei meinem Weg, der mich durch dieses anheimelnde norddeutsche Städtchen führt.

Ein idyllisches Plätzchen am Flüsschen Stör lädt mich bald schon wieder zum Verweilen ein. Entspannt und mit einem Gefühl tiefer Dankbarkeit für meine Zeit, die ich genießen darf, sitze ich lange auf einer Parkbank in der Sonne.

Eine ältere Dame setzt sich zu mir. Sie schaut meinen Rucksack und mich fragend an und kann sich auch nicht lange mit ihrer Frage nach dem Grund und dem Ziel meiner Reise zurückhalten.

Mein Ziel ist schnell erklärt, der Grund warum ich mich auf diese Reise begeben habe, nicht. Sie hört mir aufmerksam zu und sagt dann eine Weile nichts. Ich denke schon, dass meine Geschichte vielleicht ein bisschen zu verrückt für sie geklungen haben muss, als sie, den Blick auf das träge fließende Wasser gerichtet, sagt:

»Wenn man merkt, dass auf dem eigenen Weg so viele Stolpersteine liegen, dass man meint, man könne kaum noch geradeaus gehen, und wenn es auf diesem Weg Hürden gibt, die so hoch und groß werden, dass sie unglaubliche Mühe kosten, sie zu überwinden – dann sollte man sich auf eine Reise begeben, die einen weit weg von alle dem bringt, um herauszufinden, ob es nicht noch einen anderen Weg gibt, den zu gehen es sich lohnt.«

Ich schaue sie an und denke: »Mit so wenigen Worten hat sie alles gesagt.«

Wir sitzen noch eine Weile plaudernd nebeneinander, als sie in ihre Jackentasche greift und ein Zwei-Euro-Stück herausholt und mir hinhält. Ich sage ihr, dass das lieb gemeint ist, ich aber kein Geld bräuchte. Außerdem hätte ich noch selbst welches von meinem Notgeld.

Die alte Dame erwidert: »Man kann nie wissen, wozu man plötzlich Geld brauchen kann und Ihre Reise ist noch weit.«

Ich antworte ihr: »Nein, ich glaube, meine Reise ist zu Ende. Dennoch möchte ich gerne bis nach Flensburg kommen, denn dort habe ich Freunde, die ich unbedingt sehen möchte und außerdem wird es sich gut anfühlen, dieses Ziel zu erreichen. Doch Geld brauche ich dafür bestimmt nicht mehr.«

Die Dame schaut mich immer noch an.

»Wenn Sie sich jetzt etwas kaufen könnten – was würde das sein?«

»Einen Pfirsich«, kommt von mir, wie aus der Pistole geschossen.

Sie lacht, streckt mir das Geld noch näher entgegen und sagt: »Ich möchte so gerne, dass Sie sich davon einen Pfirsich kaufen.«

Ich muss auch lachen und nehme das Geld.

Bald darauf verabschieden wir uns und dabei erklärt sie mir noch, wie ich zu einem türkischen Obst- und Gemüsehändler komme, wo die Sachen immer so besonders lecker schmecken.

»Wir werden uns nie mehr wiedersehen«, denke ich noch, nehme meine Sachen und lasse die alte Dame auf der Bank zurück.

Über Kopfsteinpflaster erreiche ich das türkische Geschäft in einer der vielen schönen Seitengassen und suche mir in der Auslage einen großen Pfirsich aus.

Ein junges Mädchen steht im Laden und sieht mich mit großen Augen an. Ich frage, was der Pfirsich kostet und ob es für zwei Euro vielleicht sogar auch zwei Stück geben würde.

Statt zu antworten, fragt mich das Mädchen rundheraus, ob ich auf Wanderschaft wäre. Ich erkläre in kurzen Worten, dass ich (fast) ohne Geld unterwegs bin und dass diese zwei Euro ein Geschenk einer alten Dame wären. Daraufhin dreht sie sich nach hinten um und ruft etwas. Eine ältere Frau mit einer Schürze und eine Frau mittleren Alters betreten durch eine Zwischentür das Geschäft und ich werde neugierig beäugt, während das junge Mädchen vor mir aufgeregt gestikulierend etwas auf türkisch zu den beiden sagt. Die Ältere der beiden verschwindet mit einem Lächeln hinter der Ladentheke und beginnt, verschiedene Waren in Papier und Tütchen einzupacken, während die andere Frau neugierig näher kommt und mir ein paar freundliche Fragen stellt. Sie füllt mir noch meine Wasserflasche auf und gibt mir mit einem freundlichen Nicken noch eine Dose mit Sprudel.

Die drei sehen sich übrigens so ähnlich, dass es sich hier bestimmt um Tochter, Mutter und Oma handelt. Und Oma kommt dann mit einer Tüte voller Leckereien hinter der Ladentheke hervor, packt zwei der großen Pfirsiche noch obendrauf und hält mir alles zusammen hin. Sie lacht.

Bezahlen soll ich bitte gar nichts, ich solle gut auf mich aufpassen und sie wünschen mir eine gute Weiterreise und ein gesundes Ankommen.

Ich bin mal wieder den Tränen nahe, so sehr rührt mich diese einfache Menschlichkeit.

Niemals während meiner ganzen Tour, in nicht einem einzigen deutschen Geschäft, in denen ich nach etwas Obst oder Wasser fragte, habe ich so viel Fürsorge und Wärme gespürt.

Schon zum zweiten Mal an diesem Tag berührt etwas meine Seele.

Mit vielen freundlichen Worten werde ich verabschiedet und über die Straßen dieser Stadt wandere ich hinaus und suche mir weiter meinen Weg in Richtung Norden.

Ziemlich schnell finde ich einen Radweg, der mich erst durch die angrenzenden Felder und kleine Wäldchen führt und dann endlich befinde ich mich in einem riesigen alten Wald.

Der Weg, den ich gehe, besteht nicht aus Schotter oder Waldboden, sondern es liegen große graue Betonplatten, die sich mit weniger oder mehr kleinen Abständen aneinander reihen, unter meinen Füßen. So etwas habe ich in einem Wald noch nie gesehen und auch nicht erwartet. Dennoch sieht diese Straße gar nicht mal so fehl am Platze aus. Wie ich entdecke, stehen hin und wieder auch zwei oder drei kleine Häuschen eng beieinander am Wegesrand. Hier im Wald wohnen tatsächlich Menschen.

Der Weg sieht aus, als würde er von Fahrzeugen befahren und das wundert mich gar nicht, denn irgendwie müssen die Leute, die hier wohnen, ja auch hierherkommen.

Die Luft ist so angenehm und der Geruch der Bäume würzig und fast aromatisch. Es gefällt mir hier so gut, dass ich auch hier beschließe, mir das alles später noch einmal anzusehen. Ich will wissen, was das für ein Wald ist.

Tatsächlich muss ich während meiner Wanderschaft durch dieses satte Grün hin und wieder auf die Seite gehen, um ein Auto an mir vorbeizulassen. Zwar wirklich nur selten, aber jedes Mal wundere ich mich, wohin diese Leute fahren, denn für mich sieht es aus, als würde dieser Wald riesig sein und gar kein Ende nehmen.

Und dann habe ich ein menschliches Bedürfnis.

Ich schaue mich um. Weit und breit ist niemand zu sehen oder zu hören. So denke ich, seitlich tiefer in den Wald zu gehen, macht keinen Sinn – kannst dich auch an den Wegrand hocken. Also Rucksack runter und Buxe ebenfalls. Doch kaum habe ich die richtige Stellung eingenommen, höre ich ein Auto herannahen. Flink komme ich wieder auf die Beine und ziehe mir gerade noch die Hose hoch, als der Wagen auch schon an mir vorüberzuckelt. Ich stehe da am Wegesrand und tue so, als wäre nix. Als das Auto hinter der nächsten Kurve verschwindet, mache ich einen neuerlichen Versuch und treffe die nötigen Vorbereitungen.

Doch auch dieses Mal: Ein herannahendes Auto!

»Ja, sag mal, gibt`s das denn? Das ist ja hier schlimmer als auf der Autobahn!«, schimpfe ich vor mich hin und gucke dabei ganz interessiert in die Baumspitzen, während der Wagen an mir vorbeizieht.

Ein dritter Versuch. Jetzt müssten ja wohl alle Autos, die hier je entlang kommen, durch sein. Es war ja vorher auch nicht so ein Verkehr hier.

Also, Hose runter und in die Hocke.

Und dann haut`s mich regelrecht um!

Ich höre schon wieder etwas, versuche noch hochzukommen, was mir auch gelungen wäre – ich habe ja schließlich schon Übung – als ein Feuerwehrauto an mir vorüber düst.

Und das Martinshorn einschaltet!

Das ist dann wohl ein Gruß an mich.

Ich jedenfalls falle vor Schreck hintenüber und liege dann da wie ein Maikäfer auf dem Rücken und schnappe erschrocken nach Luft. Dann werde ich mitten in diesem schönen grünen Wald rot wie eine Tomate. Oder wie ein Feuermelder.

Nach dieser Aktion muss ich nicht mehr.

Ich wandere weiter, genieße alles um mich herum in vollen Zügen und freue mich, dass es mir so gut geht.

Über Facebook erhalte ich die schöne Nachricht, dass Kirsten mich noch gerne treffen würde und wir verabreden uns für morgen. Wenn ich weiß, wo ich gelandet bin, kann ich ihr vielleicht meinen Standort per WhatsApp durchgeben, denn der Wald hat keine Straßennamen.

Doch leider ist auch der schönste Wald irgendwann zu Ende und nach geraumer Zeit lande ich nach ein paar Wegen wieder auf der Straße. Ich werde mir bald einen Lagerplatz suchen. Straße zu laufen, habe ich einfach keine Lust und außerdem habe ich einen Riesenhunger. Zwischendurch hatte ich zwar mal eine kleine Rast gemacht, aber die Leckereien, die mir diese netten türkischen Frauen mitgegeben haben, möchte ich ganz in Ruhe zu mir nehmen. Als ich meine, dass es genug ist, schlage ich mich wieder querfeldein und suche mir ein kleines Wäldchen, in dem ich übernachten kann.

Heute Abend gleicht meine Mahlzeit einem kleinen Fest! Die Schlepperei hat sich gelohnt. Verschiedenes eingelegtes Gemüse, würziger Ziegenkäse und leckeres Fladenbrot. Fehlt mir nur noch der Wein. Doch auch mit meinem Wasser muss ich sparsam sein, denn unterwegs habe ich einfach vergessen, nach Wasser zu fragen. Die Dose mit dem Sprudel habe ich schon ausgetrunken.

Es war heute zwar warm, aber nicht so sehr, dass mich großer Durst geplagt hätte und so habe ich heute eigentlich viel zu wenig Flüssigkeit zu mir genommen – aber das wird mein Körper bestimmt einmal verkraften.

Nach dieser Völlerei bin ich zwar hundemüde, mache mir aber noch reichlich Notizen und verfasse einen Bericht für Facebook. Im Gegensatz zu der ersten Zeit, schreibe ich inzwischen viel öfter alles auf, vor allem meine Gedanken – denn sie wurden einfach zu viel.

Während des Schreibens muss ich selber lachen, als ich mir die Feuerwehrleute vorstelle, die mich heute so nett gegrüßt haben. Die haben heute Abend in ihren Familien etwas zu erzählen.

Als ich endlich gemütlich in meinem Schlafsack liege, bekomme ich noch Besuch von dicken schwarzen Käfern, die meinen, dass sie quer durch mein `Wohnzimmer` laufen müssten. Ich höre kleine tippelnde Geräusche oberhalb meines Kopfes und schaue nach, was das denn wohl zu bedeuten habe.

Fette schwarzglänzende Käfer suchen sich ihren Weg über meine Nässeschutzplane, die ich immer erst unter meiner Schlafmatte ausbreite, damit ich vor der Feuchtigkeit vom Boden her ein wenig geschützt bin. Ich muss lachen und sage ihnen eindringlich, dass das so nicht ginge! Heute schlafe ich hier und morgen könnten sie wieder langlaufen wo sie wollen. Vorsichtig schiebe ich meine Besucher wieder nach draußen und baue einen kleinen Wall aus Erde und Zweigen, damit sie nicht wieder den Weg zu mir herein finden. Es dauert ein Weilchen bis sie begreifen, dass ihnen der Zugang verwehrt ist und sie sich einen anderen Weg suchen müssen. Amüsiert schaue ich zu, wie sie sich vor dem kleinen Wall beleidigt in die Erde buddeln und vielleicht krabbeln sie jetzt unterirdisch unter mir durch.

Mir macht das nichts aus.

Früh am nächsten Morgen schreibe ich schon mit Kirsten, da sie sich schon auf die Socken machen möchte. Die Gute kommt von etwas weiter weg, so wie ich das verstehe und muss etwas Zeit einplanen. Ich schicke ihr, wie besprochen, per Whatsapp meinen Standort, lasse mir dann noch etwas Zeit und meine Gedanken schweifen.

So viele Menschen habe ich getroffen, so viele haben mir geholfen und einige von ihnen sind nur gekommen, um mir einfach etwas Gutes zu tun. Ich hatte nichts, was ich ihnen dafür hätte geben können und es hatte auch niemand etwas erwartet. Nur meine kleinen Helferbuttons mit dem Namen dieser Tour – »noch 29 cm« – konnte ich ihnen zustecken, sodass sie eine kleine Erinnerung an diese Begebenheit erhalten. Jeder, der mir irgendwie geholfen hatte, bekam so einen Button. Wie viele von ihnen jetzt wohl durch die Gegend schwirren?

So viele Namen, so viele Gesichter.

Während ich immer wieder über meine kleinen und großen Erfahrungen berichtet habe, entdeckte ich meine Liebe zum Schreiben wieder neu und die Texte wurden im Laufe der Zeit länger und länger. Nur über meine Gedanken habe ich nicht so viel erzählt – da war ich mir zum einen unsicher, ob das überhaupt jemanden interessiert und zum anderen haben meine ständigen Zweifel es nicht zugelassen, allzu viel von mir preiszugeben.

Ich glaube, ich habe ganz schön viel gejammert. Meine Güte, wie oft fühlte ich mich auch in einem Jammertal und konnte mich nicht daraus lösen.

*Während der letzten Tage ist eine Idee in mir herangereift. Nein, eigentlich zwei Ideen: Ich schreibe wirklich ein Buch über meine Tour und ich besuche alle Menschen, die mir geholfen haben, noch einmal. Ob dieses Buch jemand lesen wird, weiß ich nicht und die Idee dazu ist schon ziemlich verwegen, aber meine `*Engeltour*´, die mache ich auf jeden Fall. Ich möchte alle noch einmal wiedersehen.*

Ich mache mich endlich fertig, versorge meinen Fuß und beginne, meine Sachen zusammenzupacken. Und per WhatsApp bekomme ich schon die Nachricht, wo ich denn stecken würde. Kirsten könne zwar meinen Standort auf ihrem Navi sehen, aber finden könne sie mich nicht. Sie führe immer an mir vorbei.

Ich muss grinsen. Ich habe mich ja auch versteckt.

Dann höre ich ihr Auto und komme ihr von meinem Lagerplatz aus entgegen. Karin hat mich vor ein paar Tagen in den Wald gebracht, Kirsten holt mich heute aus dem Wald ab.

Sie hilft beim Abbau des Lagers und kommt mir gerade recht, weil sich eine der Schnüre, mit denen meine Plane an einem der Bäume befestigt ist, total verknotet hat. Kirsten pult das mit einer Engelsgeduld wieder auf und als alles wieder in meinem Rucksack verstaut ist, machen wir uns auf den Weg.

Jetzt begreife ich endlich, wie weit sie gefahren ist, als sie mir erzählt, wo sie eigentlich losgefahren ist – ein ganzes Stück östlich von Hamburg ist Kirsten gestartet und hat gerade ungefähr hundert Kilometer zu mir zurückgelegt. Außerdem hat sie gerade Renovierungsstress zu Hause und der Sohnemann muss das jetzt irgendwie alleine regeln.

Ich bin mal wieder geplättet.

Kirsten braust los und ich habe zunächst keine Ahnung, wohin es geht. Sie erklärt mir dann, dass ihre Eltern in Kropp wohnen, also schon ziemlich weit im Norden und ob es mir recht wäre, wenn wir dahin führen. Sie könne mich ja nicht selbst beherbergen, dazu müssten wir dann komplett zurück, aber auch sie würde mir so gerne etwas Gutes tun und sie hätte ihre Eltern gefragt, ob es recht wäre, wenn ich dort eine Dusche und ein ordentliches Frühstück bekäme. Den Eltern ist es sehr recht. Und mir auch.

Was soll ich zu so viel Fürsorge sagen? Wir besprechen, dass wir das jetzt einfach so machen und dann schauen, bis wohin sie mich später zurück bringt. Sie muss ja nachher auch wieder Richtung Hamburg düsen und kann mich auf dieser Strecke wieder ein Stück mit zurücknehmen. Ich möchte noch einen kleinen Teil vom Ochsenweg laufen und nun auch nicht ganz so schnell meinem Ziel entgegen rasen und so wird Kirsten mich dann irgendwo an diesem Weg wieder aussetzen.

Jetzt fahren wir also nach Kropp. Das ist schon fast Flensburg. Gefühlt jedenfalls. So nahe ist das Ziel schon.

Auf dem Weg dorthin, plaudern wir ganz entspannt und die Zeit vergeht mal wieder wie im Fluge.

Als wir bei den Eltern ankommen, werde ich auch hier ganz herzlich begrüßt und gleich darauf darf ich meine Dusche nehmen und bekomme hinterher ein ordentliches Frühstück.

Wenn ich daran denke, wie oft ich mir einen Kopf gemacht habe, was ich wohl da draußen in der Wildnis essen soll, kann ich heute nur noch schmunzeln. So oft wie ich in den vergangenen Wochen eingeladen worden bin, hat das wohl kaum ein Mensch vor mir hinbekommen.

Ich lasse es mir schmecken und beantworte dabei all die Fragen, die meinen lieben Gastgebern auf der Zunge brennen. Als die Rede auf den Ochsenweg kommt, erzählt Kirstens Papa, dass dieser Weg auch direkt durch Kropp führt. Der komplette Weg ist leider nicht mehr überall vorhanden, weite Strecken sind entweder selbst für Radfahrer nicht mehr passierbar, da vollkommen zugewachsen, oder aber als Straßen zubetoniert. Er macht den Vorschlag, mich nach *Alt-Duvenstedt* zu bringen, von dort aus könne ich dann bequem weiterlaufen.

Ich verabschiede mich also wieder einmal und gemeinsam mit Kirsten und ihrem Vater fahren wir ein Stück zurück, an meine Route.

In der Nähe von *Alt-Duvenstedt* angekommen, halten wir auf einem Parkplatz, an dem eine Schautafel die Geschichte des Ochsenweges erzählt und nach ein paar Erinnerungsfotos und vielen guten Wünschen und Umarmungen bin ich wieder allein.

Die liebe Kirsten muss noch den langen Weg nach Hause fahren und in Gedanken schicke ich ihr nochmal ein herzliches Dankeschön für all die Umstände, die sie meinetwegen in Kauf genommen hat. Doch in meiner Vorstellung sehe ich Kirsten nur lächeln.

Ich schultere mein Gepäck und gehe los.

Nicht lange danach zieht sich der Himmel so richtig zu und nur wenig später beginnt es zu regnen. Der Regen wird so heftig, dass ich meine Regenjacke anziehen muss und mich bis oben hin verschließe, damit mir das Wasser nicht den Rücken hinunter läuft.

Gerade jetzt wird mir bewusst, wie viel unglaubliches Glück ich hatte, dass ich von den vielen Unwettern und Regengüssen, die es auf meiner Reise gab, verschont geblieben bin. Wann auch immer der Himmel meinte, er müsse sich mal so richtig entladen, hatte ich bei irgendjemandem ein sicheres Plätzchen gefunden und konnte am nächsten Tag mit trockener Ausrüstung meinen Weg fortsetzen. Nur hin und wieder hatte ich das Pech, etwas Regen abzubekommen. Im Großen und Ganzen war das Glück aber immer auf meiner Seite. Oder meine Pustebackenengel.

Mit gesenktem Kopf und eingezogenen Schultern – soweit mein Rucksack es zulässt – marschiere ich durch eine scheinbar verlassene Gegend und habe leider keinen Sinn für die Schönheit der Natur um mich herum. Zu dem Regen gesellt sich dann noch ein ziemlich starker Wind und ich ziehe den Kopf noch mehr ein.

Straße laufen macht mir keinen Spaß - und im Regen zu laufen auch nicht. Doch es gießt immer mehr wie aus Eimern. Und das so kurz vor dem Ziel.

Ich denke noch, dass ich meine Tour wohl längst abgebrochen hätte, wenn es mich täglich so erwischt hätte, als mir klar wird, dass ich mir das heute auch nicht sehr lange antun werde. Der stundenlange Regen macht mir einfach keinen Spaß und es scheint auch keine Besserung in Sicht zu sein. Doch da gibt es noch ein anderes Problem: Hier ist nur plattes Land und von ein paar zusammenstehenden Bäumen, geschweige denn einem Wald, in dem ich mich verkriechen könnte, gibt es keine Spur. So etwas Verrücktes. Da habe ich nur noch zwei Tage, die ich unterwegs sein werde und auf den letzten Metern muss ich noch so etwas Ungemütliches erleben.

Jedem Outdoorfreak wäre das egal – ich finde es nur noch doof. Einmal bekomme ich von dem Regen eine ganz kurze Ruhepause und nur der Wind haut mir weiter um die Ohren. Ich stehe gerade unter einem dieser riesigen Windräder, als ich endlich meine Kapuze abnehmen kann und höre zum ersten Mal ganz deutlich mit welch dumpf dröhnendem Geräusch die Rotorblätter sich um die eigene Achse drehen. Ein immer wiederkehrendes *Wusch, Wusch, Wusch.*

Es hört sich nicht nur schrecklich an, sondern mein ganzer Körper scheint darauf zu reagieren. Wie ein inneres Beben strömt es durch meinen Brustkorb und ich finde dieses Gefühl ziemlich unheimlich. Man sieht diese Windräder ja wirklich überall stehen, meist fährt man mit dem Auto an ihnen vorbei, aber mir war nie klar, dass das Drehen der Rotorblätter so eine körperliche Auswirkung haben könnte.

Nur einige hundert Meter vorher hatte ich ein Gehöft gesehen und wenn ich daran denke, dass ich in der Nähe von so einem Ding wohnen müsste … mir fallen sogar die Kühe ein, die unter so einem Windrad grasen müssen – denen muss doch die Milch schlecht werden.

Ich wandere weiter über dieses platte Land und alsbald hält die Ruhe vor dem Regen nicht mehr an und es schüttet wieder wie aus Kübeln. Ich muss mich und auch meinen Rucksack ein weiteres Mal komplett einpacken und nach einiger Zeit, in der mir der Regen ununterbrochen ins Gesicht schlägt, halte ich auch wieder Ausschau nach einem Blätterdach, unter dem ich mich verkriechen könnte. Es ist zwar noch nicht ganz so spät, aber ich würde mich jetzt langsam gerne unter meiner Plane verkriechen und all das Wasser, das ununterbrochen von einem grauen Himmel strömt, vor meiner Haustür lassen.

Aber hier gibt es nur Birken. Und die bevorzugen kühle, feuchte Böden. Nach einer Weile bleibt mir nichts anderes übrig, als mein Glück in einem dieser Birkenwäldchen zu versuchen. Ich verlasse den Weg und stolpere querfeldein über brachliegendes Land auf eines dieser Wäldchen zu. Hier versuche ich herauszufinden, welche von den Bäumen mir wohl am meisten Schutz gewähren könnten und wer Birken kennt, weiß, dass das eigentlich ein ziemlich sinnloses Unterfangen ist.

Da ich aber absolut keine Lust mehr habe, mich wieder zurück auf den Weg zu machen, nur um festzustellen, dass es auch weiterhin nur Birken rechts und links gibt, gebe ich auf und schlage einfach mein Lager auf, wo ich gerade stehe.

Der Boden ist durch das flache Wurzelwerk dieser Bäume so uneben, dass diese Nacht wohl nicht gerade die bequemste werden wird, die ich während meiner Tour hatte, und ich mache mich auf ein paar, zwar trockene, aber ruhelose Stunden gefasst.

Ich mache so schnell, wie es mir nur möglich ist, mit meinem Lagerbau, denn der Regen tropft durch die Blätter und ich will meine Klamotten, so trocken wie es nur geht, unter meine Plane bringen.

Als ich endlich fertig bin, verkrieche ich mich auch sofort und liege dann still in meinem Schlafsack und höre dem Regen zu, der unaufhörlich auf meine Plane pladdert.

Das Wetter meint es leider nicht gut mit mir und der Regen wird stärker und stärker. So stark, dass ich bald befürchte, dass meine Plane das nicht aushält. Eine ganze Weile horche ich nur nach draußen, höre den laut rauschenden Wind, der ebenfalls an Stärke immer weiter zunimmt und hoffe, dass ich diese Nacht einigermaßen überstehe. Es wäre ja wirklich zu blöd, wenn ich so kurz vor dem Ziel noch wegfliegen würde.

Während ich da so liege, mitten in dieser Einöde, umgeben von dem wütenden Prasseln des Regens und dem Getöse des Windes, der die Bäume um mich herum ächzen lässt, wünsche ich mir eine menschliche Stimme, die mir Zuspruch gibt. Ich krame in der Enge meiner Behausung mein Handy hervor, überprüfe, ob ich Empfang habe und rufe meine Freundin Sabine an.

Sie kann sofort hören wie es mir geht. Und sie hört den Regen und den Wind. Sogleich macht sie sich große Sorgen, wie immer wenn sie merkt, dass jemand Hilfe braucht und macht im Hintergrund wohl schon wilde Zeichen zu ihrem Mann Jörg. Der bekommt so auch gleich mit, was bei mir los ist und lässt fragen, wo ich bin. Ich erkläre meinen ungefähren Standort und nach einer Minute sagt Sabine: »Jörg hat sich die Strecke angesehen. Wenn er jetzt losfährt, ist er in ungefähr vier Stunden bei dir. Dann holt er dich da raus.«

Ich könnte mal wieder heulen, wegen dieser unglaublichen Bereitschaft, mir zu helfen, aber andererseits will ich nicht, dass Jörg so einen weiten Weg nur wegen eines bisschen Regens auf sich nimmt. Außerdem weiß ich gar nicht, wo genau ich bin und bei dem Versuch, in der Dunkelheit aus diesem Wäldchen herauszufinden, geschweige denn, heil über all die hochstehenden Wurzeln und durch das Gestrüpp zu kommen, habe ich Angst, mich entweder endgültig zu verlaufen oder mir tatsächlich noch die Beine zu brechen.

Ich kann Sabine beruhigen, dass es so schlimm nun auch nicht ist und ich bis morgen auch erst einmal abwarten möchte. Vielleicht nimmt der Regen auch wieder ab und der Wind lässt noch ein bisschen nach. Außerdem, wenn mich jemand holen könnte, dann wären das meine Freunde aus Flensburg. Dennoch blieben mir immer noch die gleichen Probleme beim Verlassen meines Lagerplatzes und da meine Orientierung sich im Laufe der letzten Wochen um keinen Deut gebessert hat, traue ich mir ohne weiteres zu, mich wirklich in dieser Dunkelheit zu verlaufen. Im Großen und Ganzen möchte ich einfach abwarten, wie sich das Wetter entwickelt und hoffe einfach, dass es sich insoweit beruhigt, dass ich morgen meinen Weg fortsetzen kann.

Sabine und ich reden noch eine Weile miteinander und ihre Stimme und ihre Zuneigung tun mir gut.

Als ich auflege, bemerke ich, dass das Wasser zu mir herein tropft. Wenig später klingelt mein Handy plötzlich und Silvia aus Flensburg ist dran - Sabine hat sie in ihrer Sorge um mich angerufen. Silvia würde auch sofort losfahren, um mich aus meiner misslichen Lage zu befreien, aber da ich die anderen beiden Probleme, wie meine Orientierungslosigkeit und das wild wuchernde Wurzelwerk, nicht beseitigen kann, verabreden wir, dass ich mich morgen früh noch einmal melde und ich dann berichte, wie es mir ergangen ist. Und ob ich nun weiterlaufen werde oder nicht.

Als auch dieses Gespräch beendet ist, zerre ich meinen Kleidersack aus meinem Rucksack und lege mich bäuchlings darauf, um ihn vor der Nässe zu schützen, die allmählich beginnt, von allen Seiten zu mir hereinzukriechen. Vielleicht habe ich so morgen wenigstens noch ein paar trockene Klamotten.

Die Nähte meiner Plane geben zuerst nach.

Aus dem Regen ist ein dauerhafter Starkregen geworden und der Wind reißt ununterbrochen an meinem kläglichen Schutz über mir.

Während der Nacht gibt die Imprägnierung der Plane ihren Geist auf und der Regen trommelt zuerst auf das Zelttuch, nur um dann ungehindert auf meinen Schlafsack, den ich mir bis über den Kopf gezogen habe, durchzusickern. Völlig übermüdet und allmählich pitschenass liege ich dort und warte, dass Wind und Regen vielleicht einmal Erbarmen mit mir haben.

Es wird eine durchgängig stürmische und sehr nasse Nacht und gegen vier Uhr morgens weiß ich, dass meine unglaubliche Reise ein Ende gefunden hat.

Ich werde morgen nicht weiterlaufen. Da ich sowieso nicht schlafe, krame ich mein Handy unter mir hervor, tippe Silvias Nummer ein und spreche auf die Mailbox: »Liebe Silvia, wenn du das hier morgen früh abhörst, kannst du dich bereit machen, mich abzuholen. Es ist mir nichts passiert, keine Sorge, du musst nicht sofort lossprinten. Ruf mich einfach an, wenn du so weit bist. Bis morgen dann. Sabine.«

Das war`s.

Ich liege zusammengerollt da, wie ein Igel, lasse es auf mich herabregnen und warte auf den Morgen. Kurz vor acht geht mein Handy. Silvia ist dran. Sie sitzt schon im Auto.

Ein letztes Mal packe ich alles zusammen und es ist egal, wie ich das alles in meinen Rucksack stopfe. Dann suche ich mir einen Weg durch das jetzt sumpfige Gelände, suche den Weg und dann die Straße.

Eine liebevolle Silvia gabelt mich am Straßenrand auf, packt mich in ihr Auto und ich rausche auf vier Rädern nach Flensburg.

Bis hierhin und nicht weiter. Und angekommen bin ich doch.

DAS ENTSPANNTE NACHWORT

So, lieber Freund, du hast es geschafft. :-)

Du bist mit mir den ganzen langen Weg gegangen und hast meine ständige Jammerei, mein Nörgeln und meine blöden Zweifel mit Bravour ertragen. Dafür danke ich dir.

Während unserer gemeinsamen Zeit habe ich mich nackig gemacht und immer frei über meine Gedanken und Gefühle gesprochen – dabei hast du genauso viel über mich erfahren wie ich selbst.

32 Tage war ich unterwegs und von den über 1000 Kilometern, die es eigentlich werden sollten, bin ich zwar nur etwas über 600 gelaufen, aber das ist okay. Auf dem Rest des Weges habe ich es mir ja schön bequem gemacht. Während meiner Tour war ich aber wirklich sparsam, mein Freund – wer kann schon sagen, dass er so lange unterwegs ist und nur 9,30 Euro ausgibt?

Wie du dir denken kannst, hat sich mein Orientierungssinn kein Stück verbessert und ein richtiger Camper bin ich auch noch nicht geworden. Jedoch habe ich meine Angst vor der Dunkelheit verloren – genauso wie ein paar Kilos, erfreulicherweise.

Viele Dinge, die mich so beschäftigt haben, sind ebenfalls auf dem Weg geblieben und viele andere Dinge gehören einfach zu mir.

Viele Menschen haben mich begleitet, real und virtuell. Einige von ihnen haben sich während dieser Zeit verabschiedet, weil sie ein echtes Survivalabenteuer mit dem Kampf ums Überleben erwartet hatten, viele, sehr viele haben mich angefeuert, ermuntert und mit lieben Worten getröstet. All diesen anderen danke ich von ganzem Herzen!

Ich glaube, das Leben ist ein Puzzle und wenn man nicht die richtigen Teile dafür hat, muss man sich auf die Suche danach machen. Oder alles bleibt, wie es ist.

Ich werde mein komplettes Puzzle auseinandernehmen und nach und nach die richtigen Teile finden. Ich habe auch schon ein paar Ideen, wo ich suchen muss.

Es ist nicht zu spät. Es ist nie zu spät.

Der 28. Zentimeter naht und ich freue mich darauf, denn er wird ebenfalls ungewöhnlich und spannend werden.

Später …

Ich sitze auf einer Mauer aus großen alten Steinen – sie sind warm von der Sonne und glatt poliert durch tausende von Regenschauern. Hinter mir verläuft eine alte rissige Straße und vor mir beginnt der Wald. Ich schaue nach oben in den grünen Blätterhimmel und sehe, wie sich helle, freundliche Sonnenstrahlen ihren unbeirrten Weg durch das dichte Laub suchen. Darin tanzen Blütenpollen wie Sternenstaub, meine Haut atmet den Duft von Kräutern, Gräsern und Blumen – und meine Seele freut sich ein Loch in den Bauch.

Sabine

Noch mehr zu lesen …

Jetzt hocke ich schon seit Stunden über dieser Danksagung und weiß immer noch nicht, wie ich die am besten schreiben soll. Das macht mich ganz verrückt!

Vor und während meines Abenteuers gab es so viele, bei denen ich mich bedanken möchte – und dann darf ich ja auch keinen vergessen, das wäre echt blöd.

Ich hänge diesen ganzen Text einfach hinten dran, dann kannst du nochmal gucken, ob du dich noch an alles erinnern kannst *schmunzel* und versuche es mal so: (in der Reihenfolge, wie ich sie alle traf):

In den Hauptrollen vor der Tour:

Antony Fedrigotti – er gab mir mein Zentimetermaß.
Joey Kelly – mein Ideengeber für dieses Abenteuer.
Julia Engelmann – sie brachte mich dazu, dass ich diese Geschichte überhaupt erzählen kann.
Eric Pott Design – ohne ihn hätte ich kein Logo und keinen Blog. Er hielt mich die ganze Zeit online und das alles komplett umsonst.
Alexandra Pape-Viktor (SCS-Onlinedrucke) – entwarf und druckte meine Visitenkarten und die Spenden-T-Shirts und war immer begeistert.
Verena Arendes – meine "Kräuterhexe" brachte mir im Wesentlichen bei, wie ich *da draußen* nicht verhungere.
Jan Marthiensen – probte mit mir meine erste Nacht im Wald und war dabei so unglaublich geduldig.
Ole Marthiensen - bestärkte mich immer, machte mir Mut und fand seine Mutter einfach nur cool.
Sabine Breda – starb vor Angst um mich und rang mir mein *Notgeld* ab
Jörg Breda – beriet mich in Technikfragen und hörte sich mein Geheule an, wenn ich etwas nicht verstanden hatte.
Thomas Leuschner – festigte meine Idee, auf dieser Tour auch Spenden zu sammeln.
Judith Scherf – beriet mich in allen Outdoorfragen und verpasste mir lange wollene Unterwäsche

In den Hauptrollen während der Tour:

Franz und Gabi an der Iller-Hängebrücke – mein erstes selbst erbetteltes Obdach.
Claudia und Peter Blum – ohne sie wäre ich schon am Anfang total gescheitert.
Steffi und Thomas N. – mein liebevolles Rucksacktaxi
Martin, die Eule – ein Mensch mit vielen Seiten.
Wolfgang – verpasste fast seinen Hochzeitstag, um mir zu helfen.
Brigitte – wollte nicht schuld sein an meinem Tod
Ulrich Schlienz – meine ersten und letzten Pommes auf dieser Tour
Pastor – Nächstenliebe ist manchmal doch nicht so einfach
Christa aus Wallmersbach – Nächstenliebe ist dann doch ganz einfach
Michaela und Sarah aus dem "Glücksgarten" – retteten mich mit Betaisadona und ganz viel menschlicher Wärme
Arno Schenk oder "Arno aus Hammich" – liebevolle, meterdicke Butterstullen sorgten fast für Maulsperre
Kati Thulke – fuhr unfassbare 180 km für eine Dusche für mich
Tino Sielaff und Torben Siska – totale Entspannung in einem Vollbad und endlich Hilfe für meinen Fuß
Die Frau am Holzhaufen – erklärte mir etwas sehr Wichtiges für mein Leben
Der Waldgeist – besuchte und beschützte mich
Sara und Florian Schwaja – machten einen Riesenumweg, um mich aufzugabeln
Andrea Müller – Herzlichkeit ist nicht nur ein Wort, sie steht ihr ins Gesicht geschrieben
Jutta Sauthoff - brachte mir (unwissentlich) bei, was Freundschaft wirklich bedeuten kann.
Britta Hartmann – begleitete mich einen Tag und verpasste mir einen unglaublichen Termin.
Monika Kleiber – massierte mich, ohne die Nase zu rümpfen.
Marcel und Petra – nahmen mich mitten in ihrem eigenen Baustress auch noch auf.
Volker Kleinophorst – sah mich auf Facebook und verschaffte mir einen entspannten Abend.
Karin Breßner – strich mit mir durchs Gestrüpp, um einen geeigneten Lagerplatz zu finden.
Sandra Heinrich – kam mit ihren Kindern und meinem heißgeliebten Kaffee an meine Route.

Susi und Dirk Knafla – gaben mir Obdach und hätten mir gerne ein 5-Sterne-Hotel geboten.
Kirsten Stein – fuhr mir 100 Kilometer hinterher und suchte mich in der Pampa.
Silvia Leuschner – rettete mich vor dem Ertrinken und brachte mich an mein Ziel.

Viktoria Hasenstab – eine Weltenbummlerin, traf ich auf meinem "28. Zentimeter". Sie nahm die erste Korrektur vor und merkte an, dass ich auch mal Orte nenne, damit man beim Lesen weiß, wo ich gerade bin.

Meddi Müller – Feuerwehrmann, Autor und Verleger – fiel mir praktisch vor die Füße, las mein Manuskript und schrieb mir folgende Mail:
»Ich habe jetzt die ersten Seiten gelesen. Das sollte gedruckt werden!!! Du machst neugierig. Ich denke, die kleinen Falten in den Sätzen bekommen wir beim Bügeln locker raus.
Jetzt die Frage: Was hast du damit vor? Wie groß soll die Glocke sein, an die du es hängen willst? Ich würde es in meinem Verlag gerne übernehmen.
Ich fordere:
Hartnäckigkeit, Leidenschaft, und ein offenes und ehrliches Miteinander.
Ich könnte das Buch im nächsten Frühjahr herausbringen, wenn du dich bis Ende des Jahres entscheidest.
Denk in Ruhe drüber nach … ich warte so lange. Es liegt bei Dir.«

Das hat mir gefallen.
Und so hältst du meine Geschichte jetzt in deinen Händen.

Ich danke allen, die an mich geglaubt haben, die mich bestärkten und mir halfen und all jenen, die mich so treu auf Facebook begleitet, getröstet und angefeuert haben!

Ich hab` euch alle lieb :-)

Zum guten Schluss

Bevor ich loslief, kam mir die Idee, diesen Lauf auch zum Spendensammeln zu nutzen.
Dies war ja nicht mein Hauptgrund, aber warum sollte ich es nicht versuchen? Ich wurde in dieser Idee sehr bestärkt und so sprach ich unterwegs immer über die Kinderhäuser der Hugo-Tempelman-Stiftung.
Über 1.300,- Euro haben die Menschen so auf das Konto dieser Stiftung überwiesen!
Hugo Tempelman hat sich unglaublich darüber gefreut und sich tatsächlich persönlich bei mir bedankt.
Ich gebe diesen Dank liebend gerne an all diese netten Menschen weiter.
Natürlich wurde ich gefragt, warum ich für die Hugo-Tempelman-Stiftung in Afrika gesammelt habe und nicht für ein deutsches Projekt.
Zwei entscheidende Punkte waren es, die mich diese Entscheidung treffen ließen: Ich kenne Hugo und Liesje Tempelman persönlich. Und was die Beiden in mehr als zwanzig Jahren in Südafrika auf die Beine gestellt haben, ist unglaublich. Hugo und Liesje Tempelman haben buchstäblich aus dem absoluten Nichts etwas geschaffen, das seines gleichen sucht. Das war nur möglich, weil sie unermüdlich gearbeitet und an ihre Sache geglaubt haben.
Sie sind ehrlich und wirklich jeder Cent geht ohne Umwege direkt in ihre Projekte!
Außerdem übernehmen sie neben der medizinischen Versorgung auch die sozialen Dienste und fördern infrastrukturelle Projekte. Sie kümmern sich um alles was ein Leben lebenswert macht!
So wurde aus dem Township Elandsdoorn eine eigenverantwortliche Sozialgemeinschaft mit Schulen, Arbeitsplätzen und kulturellem Bildungsangebot.
Der zweite Punkt ist ebenfalls einfach:
Es gibt auch hier in Deutschland viel, das verbesserungswürdig ist – das stimmt – aber

- **unsere Kinder genießen entweder den Schutz der Eltern oder einer Einrichtung**
- **unsere Kinder sind bekleidet und dürfen in die Schule gehen**
- **unsere Kinder wohnen in festen vier Wänden**
- **unsere Kinder müssen nicht irgendwo in einer Ecke sterben**

Das ist, wie in vielen Ländern, so auch in Afrika, anders. Deshalb will ich dort helfen.
Ich würde mich sehr freuen, wenn es noch den einen oder anderen gibt, der so denkt wie ich.

Hugo-Tempelman-Stiftung
DE 21 1012 0100 0007 7770 06
BIC WELADED1WBB
Stichwort: Deutschlandlauf
Weberbank AG

Danke!

Jetzt bin ich fertig. Tschüss und gutes Gelingen in allem was du tust!

Herzlichst, Sabine :-)